1 MONTH OF
FREE
READING

at
www.ForgottenBooks.com

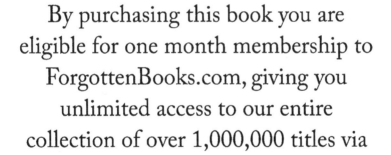

By purchasing this book you are eligible for one month membership to ForgottenBooks.com, giving you unlimited access to our entire collection of over 1,000,000 titles via our web site and mobile apps.

To claim your free month visit:

www.forgottenbooks.com/free538318

ISBN 978-0-666-20611-4
PIBN 10538318

Kobelt

Mollusca für 1901-1904

1899 Kobelt

Carded

Carded

Sonder-Abdruck aus „Archiv für Naturgeschichte" Jahrg. 1899. Band II. Heft 1.

Mollusca für 1901—1904.

Geographische Verbreitung, Systematik und Biologie.

Von

Dr. W. Kobelt.

Verzeichniss der Publikationen.

a) Jahrgang 1901.

Adams, L. E. & B. B. Woodward. Land- and Freshwater Mollusca of Hampshire. — In: Sci. Gossip vol. 7 p. 301—303, 338, 362.

Ancey, C. F. (1). On the genus Ashmunella Psbry & Ckll., with anatomical notes by R. Murdoch. — In: J. Malac. vol. 8 p. 73 —85 pl. VII.

— **(2).** Considérations sur les faunes malacologiques des parties australes du globe. — In: J. de Conchyl. vol. 49 p. 12—39.

— **(3).** Études sur la faune malacologique des îles Sandwich. — 1. Discussion sur l'habitat du Papuina barnaclei E. A. Smith. — 2. Sur la valeur du genre Philonesia. — 3. Sur le groupe des Baldwinia. — 4. Sur quelques Auriculella. — Ibid. p. 132–138.

— **(4).** Notes critiques et synonymiques de quelques mollusques. — Ibid. p. 138—148, 219—225.

— **(5).** Notes sur divers mollusques de l'Amérique du sud. — In: Naturaliste, 1901 p. 81, 82; 92, 93; 103, 104.

André, E. Note sur une Limnée de la faune profonde du Lac Léman. — In: J. of Malac. vol. VIII p. 35.

Baker, C. F. (1). New varieties of freshwater shells. — In: Nautilus vol. XV p. 17, 18.

— **(2).** Limnaea auricularia in America. — Ibid. p. 58.

— **(3).** Description of a new species of Limnaea (woodruffi). — In: Bull. Chicago Acad. p. 229, Textfig.

— **(4).** A revision of the Limnaeas of Northern Illinois. — In: Trans. Ac. St. Louis, vol. XI p. 1—24, pl. 1.

— **(5).** The Molluscan Fauna of the Genesee River. — In: Amer. Naturalist vol. XXXV p. 659—664.

Bavay, A. & Ph. Dautzenberg. Description de deux Unio et d'un Corbicula nouveau provenant de l'Indo-Chine. — In: J. de Conchyl. vol. 49 p. 5—9, pl. 1.

Berg., C. Noticias malacozoologicas. — Comm. Mus. Buenos Aires, vol. 1 p. 292.

Bergh, R. (1). Beitrag zur Kenntniss der Gattung Harpa. — In: Zool. Jahrb. Anat. vol. XIV p. 609—629, pl. 47.

— (2). Bullacea. — In: Sempers Reisen Philipp vol. VII Abth. IV, Abschn. 2, Lfg. 1 & 2, p. 209—312, Taf. XVII—XXIV.

Bernier, vide Dautzenberg & Bernier.

Blanford, W. T. (1). Note on Bensonia and on an apparently undescribed species, B. mimela. — In: Pr. mal. Soc. London vol. 4, p. 178, 179, Textfig.

— (2). Note on Bensonia mainwaringi and Macrochlamys dalingensis. — Ibid. p. 180—182, Textfig.

— (3). Notes on Ariophanta, Xestina, Nilgiria and Euplecta, with lists of species. — Ibid. p. 241—253, pl. XXV.

Blatchley, H. H. & G. H. Ashley. The Lakes of Northern Indiana and their associated Marl Deposits. — In: Rep. Indiana Geol. vol. XXV p. 31—321, mit Karten.

Boettger, O. Diagnose einer neuen Clausilia von Creta. — In: Nachrbl. D. mal. Ges. vol. 33 p. 127, 128,

Bonnemère, L. Les mollusques des eaux douces de France et leurs Perles. — Paris 1901, 155 p. avec figs.

Borcherding, F. Diagnosen neuer Achatinellen-Formen von der Sandwich-Insel Molokai. — In: Nachrbl. D. mal. Ges. vol. 33 p. 52—58.

Brasil, L. Faune marine de la region de St. Luc-sur-mer. Mollusques. — In: Bull. Soc. Normand. IV p. 18—74.

Brøgger, W. C. Om de senglaciale og postglaciale Nivå forandringer i Kristianiafeltet (Molluskfaunen). In: Norges geol. Undersog. No. 31. — 731 S. mit 19 Tafeln und 65 Textfig.

Buddicom, R. A. Mollusks. — In: „Church Stretton" by C. W. Campbell-Hyslop. Shrewsbury. 8°.

Bullen, R. A. (1). On two apparently new species of Corbicula. — In: Pr. mal. Soc. London, vol. 4 p. 223, 224, pl. XXIV.

— (2). Pleistocene Mollusca from the raised beach deposits of Perim Island. — Ibid. p. 254, 255.

— (3). Notes on Helicella cantiana as food for the Turdidae. — In: J. of Conch. Leeds, vol. 10 p. 27.

Bulman, G. P. The Marine Molluska of Northumberland. — In: Rep. Northumberland Sea Fish Comm. 1900 p. 78—82.

Byne, L. St. G. & A. Leicester. The Marine Mollusca (and Brachiopoda of the Isle of Man. — In: J. of Conch. Leeds, vol. 10, p. 75—85.

Carpenter, H. F. The shell bearing mollusca of Rhode Island. — In: Nautilus, vol. XV p. 92—96.

Caziot, vide Locard & Caziot.

Chaster, G. W. Changes in generic names in the Pyramidellidae. — In: J. of Conch. Leeds vol X p. 8.

Chaster, G. W., Melvill, J. C., Knight, G.A.F. & Hoyle, W.E.
List of British Marine Mollusca (and Brachiopoda). — In: J. of
Conch. Leeds vol. X p. 9—27.

Clapp, G. H. A new Jamaican Land-Shell. — In: Nautilus,
vol. XV p. 33 pl. 2.

Clessin, S., vide Martini & Chemnitz.

Cockerell, T. D. A. (1). On a slug of the Genus Veronicella
from Tahiti. — In: Pr. U. S. Nat. Mus. vol. 23 p. 835—836.

— (2). Three new Nudibranchs from California. — In: J. Mal.
vol. VIII p. 85—87.

— (3). Notes on two Californien Nudibranchs. — Ibid. p. 121, 122.

— (4). A new Tethys (ritteri) from California. — In: Nautilus,
· vol. XV p. 90, 91.

Collett, O. Pearl Oysters and Pearl Fisheries. — In: Ceylon
Observer, 1900 [read Oct. 27].

Collier, E. Reversed Helices recently found in Lancashire.
— In: J. of Conch. Leeds vol. X p. 91.

Collinge, Walter E. (1). On a further Collection of South
African Slugs, with a Check-list of known Species. — In: Ann.
South Afr. Museum, 1901 vol. II p. 229—236 pl. 14.

— (2). On the Anatomy of a Collection of Slugs from N. W.-
Borneo; with a List of the Species recorded from that Region. —
In: Transact. Roy. Soc. Edinburgh 1901, vol. 40 p. 295—312, pl. 1—3.

(3). On the Anatomy of certain Agnathous Pulmonate Mollusks.
— In: Ann. nat. Hist. ser. 7 vol. 7, p. 65—73, pl. I, II.

— (4). Description of two new species of Microparmarion from
the Andaman Islands (rectius Annam). In: J. Mal. vol. XIII p. 16
—18, pl. 1 (cfr. p. 52).

— (5). Note on the Anatomy of Amphidromus palaceus, Mouss.
— Ibid. p. 50—52, pl. 4.

— (6). On the Anatomy of Vitrina irradians Pfr. Ibid. p. 63
—70, pl. V—VI.

— (7). Note on the Anatomy of Apera burnupi E. A. Smith.
Ibid. p. 71—72.

— (8). Description of some new species of slugs, collected
by Mr. H. Fruhstorfer. — Ibid. p. 118—121.

Cooke, A. H. Notes on the references for authorship of species,
as given in Jeffreys, British Conchology, vols. II—IV. — In: J. Mal.
vol. 8 p. 1—14.

Cort, H. de. De la valeur marchande et du degré de rareté
actuel de Pleurotomaria beyrichi. — In: Ann. Soc. mal. Belgique.
vol. XXXVI, Bull. p. VIII—X.

Cossmann, M. (1). Essais de Paléoconchologie comparée.
Livr. 4. Paris 1901. 8°. 293 S., 10 pl.

— (2). Rectifications de Nomenclature. — In: Revue paleo.-
zool. vol. V. p. 58, 123 u. 124, 220.

Cotter, J. C. B. Sur les Mollusques terrestres de la nappe basaltique de Lisbonne. — In: Comm. geol. Portugal IV p. 127—147, avec pl.

Chandall, O. A. The American Physae. — In: Nautilus vol. XV p. 25—30, 42—45, 54—58, 69—81, pl. II.

Da Costa, S. J. (1). Descriptions of new species of Land-Shells from Central- & South America. — In: Pr. mal. Soc. London, vol. IV p. 238—240, pl. XXIV.

— (2). Description of a new species of Land-Shell from Co-lumbia. — In: Ann. nat. Hist. ser. 7, vol. 8, p. 557—558, with fig.

Dall, W. H. (1). Synopsis of the Lucinacea and of the American Species. — In: Pr. U. S. Nat. Mus. vol. 23 p. 779—783, pl. 39—42.

— (2). Results of the Branner-Agassiz Expedition to Brazil. Mollusks from the vicinity of Pernambuco. — In: Pr. Washingt. Ac. vol. III p. 139—147.

— (3). The Morphology of the Hinge Teeth of Bivalves. — In: Amer. Naturalist, vol. XXXV p. 175—182.

— (4). A new species of Subemarginula from California. — In: Nautilus, vol. XIV, p. 125, 126.

— (5). A new Pinna from California. — Ibid. p. 142, 143.

— (6). A new species of Liomesus. — In: Nautilus, vol. XV p. 89.

Dall, W. H. & P. Bartsch. A new Californian Bittium. — In: Nautilus, vol. XV p. 58, 59.

Dall, W. H. & Simpson, C. T. The Mollusca of Portorico. — In: Bull. U. St. Fish Comm. 1900. I p. 351—524, pl. 53—58.

Dautzenberg, Ph. (1). Note sur le Voluta (Mamillana) ma-milla Gray. — In: J. de Conch., vol. 49 p. 10, 11, pl. II.

— (2). Description de deux Bulimulidae nouveaux provenant du Pérou. — Ibid. p. 132, 213, t. 8.

— (3). Sur deux déformations observés chez les Placostylus de la Nouvelle-Calédonie. — Ibid. p. 217 t. 7 (ex parte).

— (4). Description de trois Mollusques nouveaux, provenant de l'état independant du Congo. — In: Ann. Soc. Mal. Belgique, vol. XXXVI, p. 3—7, pl. 1.

Dautzenberg, Ph. & J. Bernier. Description d'un Bulimidé nouveau, provenant de la Nouvelle Calédonie. — In: J. de Conchyl. vol. 49 p. 215, pl. 7 (ex parte).

Vide Bavay & Dautzenberg.

Dean, B. Notes on living Nautilus. — In: American Naturalist vol. XXXV p. 819—837.

Drew, G. A. The Life History of Nucula delphinodonta (Migh.). — In: Quart. J. Micr. Sci., vol. 44 p. 313—391, pl. 20—25, figs.

Dumas, —. Conchyliologie bourbonaise. Mollusques terrestres testacés. — In: Rev. Sci. Bourbonais, vol. XIV p. 61—74, 129—159 (Contin.).

Dupuis, P. & Putzeys, S. Diagnoses de quelques espèces de coquilles nouvelles et dun genre nouveau provenant de l'état independant du Congo, suivies de quelques observations relatives à des espèces déja connues. — In: Ann. Soc. mal. Belgique, vol. 36, Bull. p. XXIV—XLII; p. LI—LVI, avec figs.

Dybowski, W. (1). Diagnosen neuer Choanomphalus-Arten. — In: Nachrbl. D. mal. Ges., vol. 33 p. 119—125.

— **(2).** Studien über die Binnenmollusken des Amur-Gebietes. — Ibid. p. 129—144.

— **(3).** Contribution à la connaissance de l'Ancylodoris baikalensis (polnisch). — In: Wozechświat Warszawa, vol. 20 p. 141.

Eliot, C. Notes on a remarkable Nudibranch from Northwest-America. — In: Pr. mal. Soc. London, vol. 4 p. 163—165, Textfig.

Elrod, M. J. Collecting Shells in Montana. — In: Nautilus, vol. XV p. 86—89.

Fischer, H. Liste des Coquilles recueillies par M. de Gennes à Djibouti et Ali-Sabieh, avec la description de plusieurs formes nouvelles. — In: J. de Conch. vol. 49 p. 96—130, pl. 4 et figs. Vide Bouvier & Fischer.

Friele, H. & Grieg, J. A. Den Norske Nordhavs Expedition 1876—1878.˙ VII. Mollusca, Lfg. 3. 128 S. mit Textfigur u. Karte˙

Frierson, L. S. A new Unio from Texas. — In: Nautilus, vol. 15 p. 75 pl. IV.

Fulton, H. (1). Descriptions of some supposed new Species of Diplommatina, Opisthostoma, and a new variety of Alycaeus from North Borneo, Banguay Island and Darjeeling. — In: Ann. Nat. Hist. ser. 7, vol. 8 p. 242—245.

— **(2).** Descriptions of new species of Xesta, Amphidromus and Cyclostoma from Madagascar and Perak. — In: J. of Malac. vol. 8 p. 103, pl. 9.

Gallenstein, H. von. Die Bivalven- und Gastropodenfauna Kärntens. II. Die Gastropoden Kärntens. Ordnung Stylommatophoren. — In: Jahrb. Mus. Kärnten, vol. 26 p. 1—169.

Godwin-Austen,H. H. (1). On the Anatomy of the Helix ampulla Benson and its generic position in the Ariophantinae. — In: Pr. Mal. Soc. London, vol. 4 p. 187—190 pl. 18.

— **(2).** On the Anatomy of Helix politissima, Pfeiffer, of Ceylon, and on its generic position in the Ariophantinae. — Ibid. p. 261 —263, pl. 26.

— **(3).** On the Anatomy of certain Agnathous Pulmonate Mollusks. — In: Ann. Nat. Hist., ser. 7, vol. 7 p. 488.

Gordon, W. J. Our Countrys Shells, and how to know them. London. 8 º. — 152 S. 32 platés.

Gratacap, L. P. Catalogue of the Binney & Bland Collection of the Terrestrial Air-Breathing Mollusks of the United States and Territories in the American Museum of Natural History, with Enumeration of Types and Figured Specimens, and Supplementary Notes. — In: Bull. Amer. Museum, vol. XV p. 335—404, pl. 41—46 (maps).

84 Dr. W. Kobelt:

Grave, C. The Oyster reefs of North Carolina, a geological and economic Study. — In: John Hopkins Univ. Circ., vol. 20 p. 50—53.

Gravier, C. Guide de Zoologiste collectioneur. Méthodes de récoltes, de fixation et de conservation des Invertebrés. Paris. 8⁰. 1901. — 104 S. u. 113 Textfig.

Gredler, V. Drei neue Landconchylien aus China. — In: Nachrbl. D. mal. Ges., vol. 33 p. 150—153.

Grieg, J. A. vide **Friele & Grieg.**

Grierson, P. H. Notes on the Mollusca of County Leitrim. — In: Irish Naturalist, vol. 10 p. 110, 111.

Gude, G. K. (1). A third report on Helicoid land-shells from Japan and the Loo Choo Islands. — In: Pr. mal. Soc. London vol. 4 p. 191—201, pl. 19—21.

— **(2).** Description of a new Species of Chloritis from the Loo Choo Islands. — In: Ann. Nat. Hist., ser. 7 vol. 8 p. 157 (Textfig.).

— **(3).** Descriptions of new Helicoid land shells from Japan. — In: Pr. Ac. Philad. p. 617.

— **(4).** Description of two new species of Helicoid landshells. — In: J. of Malac., vol. 8 p. 14—16, figs.

— **(5).** Notes on some known species of Plectopylis, and description of a new variety of Plectopylis plectostoma Benson. — Ibid. p. 47—49, with figs.

— **(6).** On two new and three hitherto unfigured species of Plectopylis from Tonkin. — Ibid. p. 110—117, with figs.

— **(7).** Sur une collection de Plectopylis du Tonkin, avec la description de six espèces nouvelles. — In: J. de Conchyl, vol. 49 p. 197—212, pl. 6, figs.

Harder, P. En ny svenderjysk Lokalitet for marins Diluvium. — In: Medd. Dansk. Geol. For. no. 6 p. 83—96.

Heath, H. & M. H. Spaulding. Cymbuliopsis vitrea, a new species of Pteropod. — In: Pr. Ac. Philad. p. 509—511, with fig.

Hedley, Charles. (1). Studies on Australian Mollusca. Part. IV. — In: Pr. Linn. Soc. N. S. Wales, 1901 p. 16—25, pl. 2. [1])

— **(2).** A Revison of the Types of the marine Shells of the „Chevert"-Expedition. — In: Record. Austr. Museum 1901, vol. 4 p. 121—130, pl. 16, 17.

— **(3).** The Marine Wood-borers in Australasia and their work. — In: Rep. Austral. Assoc. Adv. Sci. 1901, vol. VIII p. 237—255, pl. 7—10.

— **(4).** Some new or unfigured Australian Shells. — In: Record Austral. Mus., vol. 4 p. 22, with figs.

— **(5).** Mollusca. — In: Roth, North Queensland Ethnography. Bulletin no. 3. Food, its search, capture and preservation. Brisbane, 1901.

----

[1]) Part I—III sind in vol. XXV 1900 enthalten, aber erst 1901 ausgegeben und im letzten Berichte nicht besprochen.

Hemphill, H. A contribution to West Coast Conchology. — In: Nautilus, vol. XIV p. 109, 121, 136, pl. I.

Henderson, J. B. (1). Collecting in Haiti. — In: Nautilus, vol. XV p. 13—16.

— **(2).** A new Jamaican Adamsiella. — Ibid. p. 49, 50, Textfig.

— **(3).** Land Shells of Fortune Island, Bahamas. — Ibid. p. 85, 86, pl. V.
Vide Simpson & Henderson.

Henking, H. Austern und Austernzucht in Norwegen. — In: Abh. deutsche Seefischerei-Verein, vol. VI p. 173—182, pl. 20.

Heude, P. Observations sur la faune Conchyliologique de l'Annam. — In: J. de Conchyl., vol. 49 p. 35—36.

Hidalgo, J. G. Obras Malacologicas. Entr. 5. Madrid 1901.

Hilgendorf, F. Der Uebergang des Planorbis multiformis trochiformis zum Planorbis multiformis oxystomus. — In: Archiv f. Naturg., vol. 67. Beiheft p. 331—348, t. XI. mit Textfig.

Horsley, J. W. Notes [on Landshells] from Porthleven, Cornwall. — In: J. of Conch., vol. X p. 48.

Howe, P. Report of a dredging expedition off the Southern coast of New England, September 1899. — In: Bull. U. S. Fish Comm. vol. XIX, p. 239.

Hoyle, W. E. (1). Note on D'Orbignys figure of Onychoteuthis dussumieri. — In: Mem. Manchester Soc., vol. 44 No. 4.

— **(2).** On the generic names Octopus, Eledone and Histiopsis. — Ibid. No. 9.

Hoyle, W. E. & R. Standen. On a new species of Sepia and other shells collected by Dr. R. Koettlitz in Somaliland. — In: Mem. Manchester Soc., vol. 44 No. 6, with pl.

Hutchinson, F. On the Freshwater Shells of Rissington, Hawkes Bay. — In: Trans. N. Zealand Inst., vol. 33 p. 207—213.

Imhof, O. E. Die Wassermolluskenfauna der Schweiz, insbesondere der Seen. — In: Biolog. Centralblatt, vol. 21 p. 43—62.

Issel, Raf. Osservazioni sopra alcuni animali della fauna italiana. — In: Atti Soc. Ligustica, vol. 12 p. 58—73, t. 1 u. 2, und Bull. Mus. Genova No. 106 p. 1—15, t. 1 u. 2.

Jameson, H. L. On the identity of the Mother of Pearl Oysters; with a revision of the Subgenus Margaritifera. — In: Pr. zool. Soc. London 1901 p. 372—394, with 4 figs.

Jensen, A. S. Studier over nordiske Mollusker. I. Mya. — In: Vid. Meddel 1900. p. 133—158.

Johansen, A. C. On the variations observable in some northern species of Littorina. — In: Vid. Meddel. 1901 p. 295—307.

Johnson, J. P. The Pleistocene Fauna of West Wittering. — In: Pr. Geol. Assoc., vol. XVII p. 261—264.

Johnson, W. H. & G. White. Some new sections in, and contributions to the faunas of the River Drift of the Uphall Estate, Ilford, Essex. — In: Essex Naturalist, vol. XI p. 157—160.

Keep, J. Exotic Mollusks in California, — In: Nautilus, vol. 14 p. 114, 115.

Kellogg,J. L. (1). The clam problem and clam culture. — In: Bull. U. St. Fish Comm., vol. XIX p. 39—44, map.

— **(2).** Observations on the life-history of the common clam, Mya arenaria. — Ibid. p. 139—202. Mit Textfig.

Knight, G. A. F. (1). Notes on the marine Mollusca of Port-Stewart, North Ireland. — In: Trans. Soc. Glasgow, vol. VI p. 1—17.

— **(2).** Marine Mollusca and Brachiopoda. — In: Brit. Assoc. Handbook, Glasgow. 1901. 8 °.

Knipówitsch, N. W. (1). Zoologische Ergebnisse der russischen Expedition nach Spitzbergen im Jahre 1900. Ueber die postpliocänen Mollusken und Brachiopoden von Spitzbergen. — In: Bull. Ac. St. Petersb., vol. XII p. 377—386.

— **(2).** Explorations zoologiques sur le bateau cass-glace „Ermak" en été de 1901. — In: Ann. Mus. St. Petersb. VI. p. 1—20. Avec carte.

— **(3).** Zur Kenntniss der geologischen Geschichte der Fauna des Weissen und des Murman-Meeres (Postpliocäne Mollusken und Brachiopoden). — In: Verh. Russ. Mineral Ges. vol. 38 p. 1—169.

Kobelt, W. (1). Neue Cerastus-Arten aus Abessynien, gesammelt von Baron C. v. Erlanger. — In: Nachrbl. D. mal. Ges., vol. 33 p. 86—89.

— **(2).** Ein neuer Clavator (heimburgi). — Ibid. p. 96.

— **(3).** Iconographie der schalentragenden europäischen Meeresconchylien, vol. II, Lfg. 14 u. 15. — Wiesbaden.

— **(4).** Rossmaesslers Iconographie, neue Folge, vol. 9 Lfg. 3 u. 4. Vide Martini & Chemnitz.

Kräpelin, K. Die Fauna der Umgegend Hamburgs. In: Hamburg in naturwissenschaftlicher und medizinischer Beziehung. Hamburg 1901.

Lebuer, W. V. The Marine Mollusca of Northumberland. — In: Rep. Sea Fish Comm. North. 1901 p. 49—53.

Letacq, A. L. La Mulette perlière (Unio margaritifer Rossm.) et ses stations dans l'ouest de la France. In: Naturaliste 1901 p. 241—242.

Levander, K. M. Materialien zur Kenntniss der Wasserfauna in der Umgebung von Helsingfors, mit besonderer Berücksichtigung der Meeresfauna. — In: Acta Soc. Fauna Fenn. XVII No. 4 23 S.

Lindholm, W. A. Beiträge zur Kenntniss der Weichthierfauna Süd-Russlands. — In: Nachrbl. D. mal. Ges. vol. 33 p. 161—186.

Locard, A. Les Fissurella des côtes de France. — In: Echange, vol. XVII p. 6—8.

Locard, A. & E. Caziot. Les coquilles marines des cotes de Corse. — In: Ann. Soc. Linn. Lyon, vol. 47 p. 1—80, 159—291.

Long, F. C. The Land a Freshwater shells of Burnley District. — In: J. Burnley Lit. Phil. Soc. 1901 no. 17.

Luther, A. (1). Verzeichniss der Land- und Süsswasser-Mollusken der Umgebung Revals. — In: Acta Soc. Faun. Fennica vol. XX no. 2.

— **(2).** Bidrag till kännedomen om land- och sötvattengastropodernes utbredning i Finland. — Ibid. no. 3. 125 S. mit Karte.

Mabille, J. Testarum novarum diagnoses. — In: Bull. Soc. philom. vol. III p. 56—58.

Margier, G. Notes malacologiques: le Pupa (Torquilla) similis Brug. (P. cinerea Drp.) Sa distribution géographique. — In: Feuille jeunes Naturalistes No. 365 p. 139—141.

Marsh, W. A. Description of a new Unio from Missouri. — In: Nautilus, vol. 15 p. 74.

Marquand, E. D. The marine shells of Guernsey and the Lesser Channel Islands. — In: Rep. Guernsey Soc. 1901 p. 70—86.

Marshall, W. T. (1). Note on Myrina simpsoni Marsh. — In: J. Malac. vol. 8 p. 19.

— **(2).** Tapes geographicus and T. pullastra. — In: J. of Conch. Leeds vol. X p. 27.

— **(3).** Additions to British Conchology. — Ibid. p. 122—128.

Martel, H. Liste des Coquilles marines, terrestres et d'eau douce recueillies aux environs de Cancale. In: Feuille jeunes Naturalistes No. 364—369, avec pl. XIII—XIV.

Mazzarelli, G. Sulla affinità del genere Phyllaplysia P. Fischer. — In: Zoolog. Anzeiger vol. 24 p. 433—437, mit 6 Textfig.

Martens, Ed. von (1). Die Bezeichnung der verschiedenen Richtungen von Farbenbändern, Rippen und Furchen bei den Mollusken-Schalen. — In: Nachrbl. D. mal. Ges. 1901 vol. 33 p. 1—8.

— **(2).** Diagnosen neuer Arten. — Ibid. p. 148.

— **(3).** Neue Meeresconchylien von der deutschen Tiefsee-Expedition. — In: Sitzber. Ges. naturf. Fr. Berlin 1901 no. 1.

— **(4).** Eine neue Süsswasserschnecke aus Kamerun (Semisinus zenkeri (Rhinomelania) n.

— **(5).** Vide Stuhlmann.

Martini & Chemnitz. Conchylien Cabinet, Lfg. 459—468. — Auriculacea, Naninidae, Buliminidae, von Kobelt; — Pleurotomaria, von Schmalz; — Pyramidellidae, Styliferidae, Vermetidae, Caecidae, von Clessin.

Mayfield, A. Norfolk Marine Mollusca. — In: J. of Conch. Leeds, vol. X p. 49, 50.

Meek, A. On Mussel cultivation on the Coast of Northumberland. — In: Rep. North. Sea Fish Comm. 1900 p. 62—63.

— **(2).** The Mussel experiment on the Coquet. Ibid. 1901 p. 35.

Melvill, J. C. A few further remarks upon the Erythraean Molluscan Fauna, with descriptions of Seven Species from Aden, in the Collection of Commander E. R. Shopland, R. J. M. — In: Ann. nat. Hist. ser. 7 vol. 7 p. 550—556, pl. IX.

(2). Cypraea chrysalis Kien. and C. microdon Gray. — In: J. of Conch. Leeds vol. X p. 117—119.

Melvill, J. C. & J. H. Ponsonby. Description of Fourteen new Species of Terrestrial Mollusca from South Africa. — In: Ann. nat. Hist. ser. 7 vol. 8 p. 315—321, pl. II.

Melvill, J. C. & R. Standen. The Mollusca of the Persian Gulf, Gulf of Oman and Arabian Sea, as evidenced mainly through the collections of Mr. C. W. Townsend 1893—1900, with descriptions of new species. — In: Pr. zool. Soc. London, p. 327—460 pl. XXI—XXIV.

— (2). Mollusca collected by Mr. Rupert Valentin at Stanley Harbour, Falkland Isles 1897—99. — In: J. of Conch, Leeds vol. X p. 43—47.

Moebius, K. Gedanken über die aesthetischen Eigenschaften der Mollusken. In: Archiv f. Naturg. vol. 67 Beiheft p. 1—8.

Moellendorff, O. von. Neue und kritische Landschnecken von Japan und den Liu-kiu Inseln. — In: Nachrbl. D. mal. Ges. vol. 33 p. 33—45.

— (2). Zur Binnenmollusken - Fauna von Annam. IV. Ibid. p. 45—50.

— (3). Diagnosen neuer von **H.** Fruhstorfer in Tongking gesammelter Landschnecken. Ibid. p. 65—81.

— (4). Zur Südpolarland-Frage. Ibid. p. 125—127.

— (5). Landmollusken. In: C. Semper, Reise Philippinen, wissenschaftl. Resultate vol. VIII Heft 3 u. 4. Wiesbaden, Kreidel.

— (6). Binnenmollusken aus Westchina und Centralasien. II. In: Ann. Mus. zool. Acad. St. Petersbourg, Année VI p. 299—412. Mit Tabelle und pl. 12—17.

— (7). Landmollusken. Ergänzungen und Berichtigungen zu Band III. — In: C. Sempers Reisen im Archipel der Philippinen. Wissensch. Result. vol. VIII p. 98—146, t. 11—13.

Monterosato, T. A. di. Eine neue italienische Hochgebirgsschnecke. In: Nachrbl. D. mal. Ges. vol. 33 p. 186.

Moore, J. E. S. Further Researches concerning the Molluscs of the Great African Lakes. — In: Pr. zool. Soc. London 1901 p. 461—470, pl. 25 u. 26.

Moutier, F. R. Supplément au Catalogue des Mollusques terrestres et fluviatiles des environs de Caën. — In: Bull. Soc. Normand. vol. IV p. 8—17.

Murdoch, R. On the anatomy of some Agnathous Molluscs from New Zealand. In: Pr. mal. Soc. London vol. 4 p. 166—173, pl. XVII.

— (2). On the anatomy of the Buliminus djurdjurensis, Ancey from the Djurdjura Mountains, Kabylia. — Ibid. p. 174—177, with figs.

Naegele, G. Einige Neuheiten aus Vorderasien. In: Nachrbl. D. mal. Ges. vol. 33 p. 16—31.

Orcutt, C. R. West American Mollusca. Vol. I (Schluss) San Diego Cal. 1900—1901 and **W.** American Scient. vol. XI p. 27, 41, 63, 74, 78.

Pace, S. On the rediscovery of Euselenops (= Neda) luniceps (Cuv.). In: Pr. mal. Soc. London vol. 4 p. 202—204, Textfig.

— (2). Note on the Anatomy of Thersites (Hadra) bipartita (Fér.). Ibid. p. 205—207, Textfig.

Pallary, P. Apport à la Faune Malacologique d'Egypte. — In: Bull. Inst. Egypte vol. II p. 239—244, avec pl.

— (2). Troisiéme Contribution à l'étude de la Faune malacologique du Nord-Ouest de l'Afrique. — In: C. R. Assoc. franç. 1900 p. 731—735, pl. XI.

— (3). Sur les mollusques fossiles, terrestres, fluviatiles et saumâtres de l'Algérie. — In: Mem. Soc. geol. France Pal. No. 22; 213 S. mit 4 Taf. und 16 Textfig.

— (4). Diagnoses de quelques coquilles nouvelles provenant du Maroc. In: J. de Conchyl. vol. 49 p. 226—228.

Pilsbry, H. A. Relationship of the Genus Neobeliscus. — In: Proc. Acad. Sci. Philadelphia 1901 vol. 53 p. 142.

— (2). New species of Mollusks from South-Afrika and Burmah. Ibid. p. 188, with pl. 5.

— (3). New Mollusca from Japan, the Loo-Choo Islands, Formosa and the Philippines. Ibid. p. 193.

— (4). New Land-Mollusca from Japan and the Loo-Choo Islands. Ibid. p. 345.

— (5). New Japanese Marine, Land- and Freshwater Mollusca. Ibid. p. 385 t. 19—21.

— (6). The Land Mollusca of the Loo-Choo Islands. Clausiliidae. Ibid. p. 409 pl. 22, 23.

— (7). Additions to the Japanese Land Snail Fauna. Ibid. p. 465—496 p. 25—28.

— (8). Notices on new Land Snails from the Japanese Empire. Ibid. p. 496—502.

— (9). New Land Mollusca of the Japanese Empire. Ibid. p. 545, 562, 614.

— (10). Fasciolaria gigantea subsp. reevei. — Ibid. p. 552.

— (11). Additions to the Japanese Land Snail Fauna. V. Ibid. p. 622—647, with pl. 35—38.

— (12). Catalogue of the Clausiliidae of the Japanese Empire. Ibid. p. 647—657.

— (13). Anatomy of Beddomea and Relationships of Amphidromus. With pl. 16. — Ibid. p.

— (14). Notices on some new Japanese Land snails. — In: Nautilus vol. 14 p. 107, 115, 127.

— (15). Polygyra stenotrema without a lip-notch. Ibid. p. 135.

— (16). The subspecies of Pyramidula alternata. — Ibid. vol. 15 p. 6.

— (17). New land Shells from the Loo-Choo Islands and Japan. Ibid. p. 18—24.

— (18). A new Columbian Pleurodonte. — Ibid. p. 34, pl. 2 (pars.).

— (**19**). A new Columbian Clausilia. Ibid. p. 39. pl. 2 (pars.).

— (**20**). Land mollusks of the northeastern group of the Loo-Choo-Islands. Ibid. p. 61.

— (**21**). Tryons Manual of Conchology. Series 2 vol. 14 Bulimi & Bulimulidae.

Pollonera, C. Diagnosi preventive di alcune specie nuove di Molluschi. In: Boll. Mus. Torino vol. XVI no. 392.

Preston, H. B. Description of Cymbiola maugeri, a supposed new species from the Falkland Island. — In: Pr. mal. Soc. London vol. 4 p. 237 fig.

Robert, A. Sur une Monographie ancienne de Purpura lapillus. In: Arch. Zool. Expér. IX. Notes et Revue No. 1 p. XXV—XXX.

Rolle, H. Ein neuer Bulimus aus Peru. In: Nachrbl. D. mal. Ges. vol. 33 p. 93—95.

Rosen, 0. W. von. Zur Kenntniss der Stadt Charkow und ihrer nächsten Umgebung (Russisch). — In: Tagebl. Zool. Abth. Ges. Moskau vol. 3 no. 2 p. 12, 13.

— (**2**). Materialien zur Kenntniss der Molluskenfauna des Kaukasus und Centralasiens. Ibid. p. 7—12.

Rossmaessler, E. A., vide Kobelt.

Sacco, F. I molluschi dei terreni terziarii del Piemonte e della Liguria. — Part 29. Torino 1901. 216 S., 29 Taf. (Bivalvia).

— (**2**). Novita malacologiche. In: Revista ital. Pal. vol. VII, p. 107—111.

Sarasin, P. & F. Ueber die geologische Geschichte der Insel Celebes auf Grund der Thierverbreitung. — Wiesbaden 1901. 169 S., 15 Karten.

Scalia, S. Revisione della fauna post - pliocenica dell' argilla di Nizzetti presso Acicastello (Catania). — In: Atti Acad. Gioen. vol. XIII no. 19 (26 S.).

Shepman, M. M. An undescribed Natica. — In: Notes Leyden Museum vol. XXII p. 188, Textfig.

Schierl, A. Die Land- und Süsswassermollusken Mährens. In: Club f. Naturk. Brünn 1901 p. 49—60.

Schmaltz, C. vide Martini & Chemnitz.

Schmidt, L. Ueber das Vorkommen von Pupa secale Drp. und Patula rupestris Drp. in Thüringen. In: Nachrbl. D. mal. Ges. vol. 33 p. 51.

— (**2**). Physa acuta Drp. eingeschleppt. Ibid. p. 95.

— (**3**). Die Mollusken des Seebergs. — In: Naturw. und Geschichte des Seebergs. Gotha 1901 p. 114—117.

Scott, T. The Land- and freshwater Mollusca [of the Clyde Area]. — In: Brit. Assoc. Handbook, Glasgow 1901, p. 183—188.

Sell, H. Beitrag zur Kenntniss der Molluskenfauna des Furesös. — In: Nachrbl. D. mal. Ges. vol. 33 p. 97—110, 153.

Seurat, L. G. L'huitre perlière. Exposé des connaissances actuelles sur l'histoire naturelle de ce mollusque, les essais de culture dont il a été le object et l'histoire de la formation des perles. In: Rev. Sci. Nat. appl. 1901 p. 129—146, 161—162.

— (2). L'huitre perlière. Nacre et Perles. — In: Enc. Sci. Aide-Mémoire. Paris 1901. 195 p., figs.

Sherborn, C. D. & Woodward, B. B. Notes on the dates of publications of Kiéners „Species général et monographie des coquilles vivantes" etc. 1834—1880. — In: Pr. mal. Soc. London, vol. 4 p. 216—219.

— (2). Notes on the Dates of Publication of the Natural History Portions of some French Voyages. Part I. In: Ann. nat. Hist. ser. 7 vol. 7 p. 388—392.

— (3). On the Dates of Publication of the Zoological and Botanical portions of some French Voyages. Part II. Ibid. ser. 7 vol. 8 p. 161—164, 333—336, 491—494.

— (4). On the Dates of Publication of the Histoire naturelle générale et particulière des Mollusques terrestres et fluviatiles", and the „Tableaux systématiques des Animaux mollusques", by the Barons Férussac and G. P. Deshayes. — Ibid. vol. 8 p. 74—76.

Simpson, C. T. Alasmidonta marginata Say. — In: Nautilus, vol. 15 p. 16, 17.

— (2). On the classification of the Unionidae. Ibid. p. 77—82.

Simpson, C. F. & Henderson, J. B. A new land operculate from Haiti. — In: Nautilus vol. 15 p. 73 pl. 5.

Simroth, H. Ueber die Raublungenschnecken. — In: Naturw. Wochenschr. 1901, vol. XVII p. 109—114, f. 1—14; p. 121—127, f. 15—18; p. 137—140, f. 19.

— (2). Ueber eine merkwürdige neue Gattung von Stylommatophoren. — In: Zoolog. Anzeiger 1901 vol. 25 p. 62—64.

— (3). Die Nacktschnecken des Russischen Reichs. — St. Petersburg 1901. Mit 27 Tafeln, 10 Karten und 17 Textfiguren.

— (4). Clausilia mimicked by a Microlepidopteron. In: J. of Malac. vol. 8 p 33, 34.

— (5). Ueber die Abhängigkeit der Nacktschneckenbildung vom Klima. — In: Biolog. Centralblatt vol. 21 p. 501—512.

— (6). Ueber das Problem früheren Landzusammenhangs auf der südlichen Erdhälfte. In: Geogr. Zeitschr. 1901 p. 655—676. Mit Karte.

Smith, E. A. Notice on a species of Paludestrina, new to the British Fauna. In: Ann. nat. Hist. ser. 7 vol. 7 p. 191, 192.

— (2). A list of the known forms of Volutidae from South Afrika, with Descriptions of two new species of Voluta from Natal. In: Pr. mal. Soc. London vol. 4 p. 231—235, with figs.

— (3). On some new Land shells from British East Afrika. In: J. Malac. vol. 7 p. 93—96, with figs.

— (4). Note on the Subgenus Salinator of Hedley. — In: Pr. Linn. Soc. N. S. Wales vol. XXVI p. 14, 15.

— (5). On some South African Marine shells, with descriptions of new species. — In: J. of Conch. Leeds vol. 10 p. 104—116 pl. 1.

Sowerby, G. B. Descriptions of new species of marine Mollusca collected by the late Otto Koch at the Island of Cebù, Philippines. II. In: Pr. mal. Soc. London vol. 4 p. 208—211, pl. 22.

— (2). Description of Marginella princeps n. sp. Ibid. p. 212 pl. 22, pars.

— (3). On seven new species of marine Mollusca collected by Dr. H. Becker at „the Kowie", South Afrika. Ibid. p. 213—215 pl. 22, pars.

— (4). Descriptions of five new species of Shells. — In: J. Mal. vol. 8 p. 100—103, pl. 9.

Standen, R. vide Hoyle & Standen.

Standen, R. vide Melvill & Standen.

Stearns, R. E. C. Japanese Vivipara in California. — In: Nautilus vol. 15 p. 53, 54.

Stenroos, K. E. Das Thierleben im Murmijärvi - See. Eine faunistisch-biologische Studie. In: Acta Soc. Fauna Fenn. vol. XVII No. 1. 259 S. mit 3 Tafeln.

Steep, E. Shell Life, an introduction to the British Mollusca. London. 8⁰. 1901. 414 p., 35 pl.

Sterki, V. Nordamerikanische Pisidien und deren Beziehungen zu den europäischen. In: Nachrbl. D. mal. Ges. vol. 33 p. 82—86.

— (2). New Pisidia. — In: Nautilus, vol. XIV p. 99—101.

— (3). New North American Sphaeria. Ibid. p. 140—142.

— (4). New Pisidia. Ibid. vol. XV p. 66—69.

Stuhlmann, F. vide Martens.

Sturany, R. Lamellibranchiaten des Rothen Meeres. — In: Bericht Comm. Ocean Forsch. VII. 1901. — In: Denkschr. Akad. Wien vol. 255—359.

— (2). Mollusken. In: Dritte Asiatische Forschungsreise des Grafen Eugen Zichy. Vol. 2. Budapest 1901. 4⁰.

Suter, H. Note upon Trophon umbilicatus, Tenison Woods. In: J. Mal. vol. 8 p. 61—63.

Sykes, E. R. Digesta malacologica. No. 1. A Summary of the American Journal of Conchology, 1865—1872. London 1901, 8⁰. 46 p.

— (2). Description of Helicina pelewensis n. sp. from the Pelew Islands. — In: Pr. mal. Soc. London vol. 4, p. 260, fig.

— (3). Notes on the genus Temesa H. & A. Adams, with descriptions of two new landshells (Clausilia and Temesa) from South America. — Ibid. p. 220—222, Textfig.

(4). Malacological Notes. — In: J. Mal. vol. VIII. — 5. The Genus Rhodea p. 20; 6. On a new species of Helicina from Kangean Island. 7. The value of the name Ctenopoma. 8. Note on Cecina manchurica A. Ad. Ibid. p. 59—60, figg. — 9. What is Cyclostoma giganteum? 10. Note on Voluta beaui Fisch. & Bern. — 11. Note on Cypraea talpa and C. exusta. — 12. The value of Murdochia Ancey. — Ibid. p. 105—109, pl. X.

— (5). Conchology at the dawn and close of the nineteenth century. — In: J. Conch. Leeds, v. X, p. 35—42. —

Tate, R. Note on the Nomenclature of Cingulina brazieri Angas, a Port Jackson Mollusc. — In: Pr. Linn. Soc. N. S. Wales, vol. XXVI, p. 204.

Tate, R. & W. L. May. A revised Census of the Marine Mollusca of Tasmania. — In: Pr. Linn. Soc. N. S. Wales, vol. XXVI, p. 344—471, pl. 23—27.

Thiele, J. Bemerkungen zur Systematik der Landdeckelschnecken. — In: Nachrbl. D. mal. Ges. vol. 33, p. 89—93.

Tryon, G. W. vide **Pilsbry.**

Vanatta, E. G. New marine Molluska. — In: Pr. Ac. Philad. 1901, p. 182—187, pl. V.

Vayssière, A. Recherches zoologiques et anatomiques sur les Mollusques Opisthobranches du golfe de Marseille. Troisiéme partie. Nudibranches. — In: Ann. Mus. Marseille VI, p. 1—130, pl. I—VII.

— (2). Etude zoologique et anatomique de la Mitra zonata Marryat. In: J. de Conchyl. vol. 49, p. 77—95, pl. 3.

— (3). Monographie de la Famille des Pleurobranchidés. II.

— (4). Etude comparée des Opisthobranches des côtes francaises de l'Océan atlantique et de la Manche avec ceux de nos côtes Mediterranéennes. — In: Bull. Soc. France Belgique, vol. XXXIV, p. 281—315.

Vendryes, H. Description of two new species of Glandina from Jamaica. In: Nautilus vol. XIV, p. 133—135, figg.

— (2). New Jamaica Urocoptidae. Ibid. vol. XV, p. 1—5, pl. 1.

Vest, W. von. Bivalven-Studien. Erweiterung meiner Arbeit, über das Bivalvenschloss. — In: Verb. Siebenb. Ver. p. 89—96.

Voigt, W. Entocolax schiemenzi n. sp. In: Zool. Anzeiger vol. XXIV, p. 285—292.

Walker, B. New varieties of Physa ancillaria Say. In: Nautilus, vol. XIV, p. 97—99.

— (2). New Amnicola (letsoni). — Ibid. p. 113, 114.

— (3). The synonymy of Bythinella obtusa Lea. Ibid. vol. XV, p. 30—32.

— (4). A new species of Strophitus. Ibid. p. 65, 66, pl. III.

Walker, B. & A. C. Lane. Recent Shells (of the Marl). — In: Geol. Survey Michigan, VII, p. 247—255.

Weldon, W. F. R. A first. Study of Natural Selection in Clausilia laminata (Mont.) — In: Biometrica I, p. 109—124.

Westerlund, C. A. Synopsis Molluscorum in regione Palaearctica viventium ex typo Clausilia Drp. — In: Mem. Acad. St. Petersbourg XII, no. 11, XXVII & 203 p.

Whiteaves, J. F. Notes on some Land- and Freshwater Mollusca from Forst Chima, Ungava Bay, Ungava. — In: Ottawa Natural. vol. XIV, p. 177—179, fig.

Whitwell, W.   Notes of Shells observed and collected in East Sussex. — In: J. of Conch. Leeds vol. X, p. 85, 86.

Wiedermayer, L.   Beiträge zur Conchylienfauna Tirols. Die Conchylien des Thales Karteitsch. — In: Zeitschr. Ferdinand. Tirol vol. 44, p. 153—174.

Wiegmann, F.   Beiträge zur Anatomie. 1. Anatomische Untersuchung einiger mittelitalienischer Arten. 2. Ueber Coryda dennisoni Pf. — In: Nachrbl. D. mal. Ges. vol. 33, p. 8—16.

— **(2).**   Binnen-Mollusken aus Westchina und Centralasien. Zootomische Untersuchungen II. Die Bulimiden. In: Ann. Mus. St. Petersbourg VI, p. 220—298, pl. X & XI.

Wilcox, M. A.   A revision of the systematic names employed by writers in the Morphology of the Acmaeidae. In: Pr. Boston Soc. vol. 29, p. 217—222.

Williams, J. W.   Land- and Freshwater Shells; an Introduction to the study of Conchology. London 1901, 8°, 112 p. fig.

Willey, Arthur.   General Account of a Zoological Expedition to the South Seas during the years 1894—1897. — In: Pr. zool. Soc. London 1899, p. 7.

Williamson, M. B.   How Potamides (Cerithidea) californica Hald. travels. — In: Nautilus, vol. XV p. 82, 83.

Winkley, H. W.   Variations in Odostomia. — In: Nautilus vol. XIV p. 126.

Wohlberedt, O.   Ein Conchyliologischer Ausflug nach Montenegro nebst einem Verzeichniss der bisher daselbst gefundenen Mollusken. — In: Abh. Ges. Görlitz, vol. XXIII p. 183—210.

Woodward, B. B.   Dates of publication of Forbes & Hanley's History of British Mollusca. — In: J. Malac. vol. VIII p. 121 und J. Conch. Leeds vol. X p. 47.

— **(2).**   Tapes geographicus and T. pullastra. — In: J. Conch. Leeds vol. X p. 51.

Vide A d a m s & W o o d w a r d, K e n n a r d & W o o d w a r d, S h e r b o r n & W o o d w a r d.

Wüst, E.   Helix banatica (= canthensis Beyr.) aus dem Kalktuff von Bilzingsleben. — In: Zeitschr. Naturw. vol. 74 p. 72 —76.

Jahrgang 1902.

Adams, L. E.   The Census of the British land- and freshwater Mollusca. — In: J. Conch. Leeds vol. X p. 217—237.

Alcock, A.   A Naturalist in Indian Sees. London. 8°, 328 p. (Mollusca, p. 277—282).

Allen, E. J. & Todd, R. A.   The Fauna of the Exe Estuary — In: J. Mar. Biol. Assoc. VI p. 295—335, mit Karte.

Ancey, C. F. (1).   Two new Bulimini from Central Asia. — In: Nautilus, vol. 16, p. 47, 48.

— (2). Contributions towards the knowledge of the Mollusca of Madagascar. — Ibid. vol. 16 p. 64—68, 80—82.

— (3). Description d'une nouvelle espéce de Bulimulus. — In: J. Conch. vol. 50 p. 40, 41, mit Textfig.

— (4). Remarques sur différentes espèces peu connues du Genre Achatina. — Ibid. p. 273.

Baker, F. C. (1). Cruising and collecting off the Coast of Lower California. In: Nautilus, XVI p. 25—29.

— (2). List of Shells collected on San Martin Island, Lower California, Mexico. — Ibid. XVI p. 40—43.

Bartsch, P. (1). A new Rissoina from California. In: Nautilus, vol. XVI p. 9.

— (2). Vide Dall & Bartsch.

Bavay, A. (1). Notes sur quelques espèces du Genre Pecten, nouvelles ou mal connues. — In: J. de Conch. vol. 50 p. 399—406, pl. VIII (partim).

— (2). Description d'une espèce nouvelle du Genre Marginella. — Ibid. p. 407 pl. VIII (partim).

Bellini, R. Contribuzione alla conoscenza della fauna dei molluschi marini dell' isola di Capri. — In: Boll. Soc. Napoli, vol. 15 p. 85—121.

Bergh, R. (1). The Danish Expedition to Siam 1899—1900. — I. Gastropoda Opisthobranchiata. — In: Danske Selsk. Skl. XII p. 153—218. Mit 3 Tafeln u. Karte.

— (2). Reisen im Archipel der Philippinen von C. Semper. Wissenschaftliche Resultate, Band VII. — Malacologische Untersuchungen IV. 4. Ascoglossa, Aplysiidae, p. 313—382, Taf. 17—19. (Schluss).

Blanford, W. T. On Rhiostoma dalyi n. sp., and Sesara megalodon n. sp., obtained by the late Mr. W. M. Daly in Siam. — In: Pr. mal. Soc. London, vol. V p. 34, 35, with figgs.

Bloomer, H. H. Notes on some further malformed specimens of Anodonta cygnea L. — In: J. Malac. vol. IX p. 96 pl. 7.

Buchner, O. Einige ergänzende Bemerkungen über Gehäuse-Abnormitäten bei unseren Landschnecken. — In: Jahresh. Ver. Württemb. vol. 58 p. 77—82, t. 1, — und Mitth. Nat.-Kab. Stuttgart no. 21.

Button, F. L. West American Cypraeidae. — In: J. Conch.-Leeds vol. X p. 254—256.

Call, B. E. The European Pond Snail. — In: Science, vol. 16 p. 65.

Carpenter, H. F. The shell-bearing Mollusca of Rhode-Island. — In Nautilus, vol. XV u. XVI.

Caziot, E. (1). Note on the pairing of Pyramidula rotundata (Müll.) with Vitrea lucida (Drap). — In: Pr. mal. Soc. London vol. V p. 11.

— (2). Liste des Mollusques aquatiques vivants dans la fontaine de Nimes. — In: Bull. Soc. Nimes vol. 29 p. 14—19.

Clapp, G. H. vide Pilsbry & Clapp.

Claudon, E. Faunule malacologique marine de St. Raphaël (Var.). — In: Feuille jeunes Natural. Année 32 p. 184 & 199. Mit 2 Karten.

Clessin, S. vide Martini & Chemnitz.

Cockerell, T. D. A. & **M. Cooper.** Notes on Ashmunella. — In: Nautilus vol. XV p. 109, 110.

Cockerell, T. D. A. (1). Three new species of Chromodoris. — In: Nautilus XVI p. 19—21.

— (2). Unio popei Lea in New Mexico. — Ibid. p. 69—70.

Collett, O. Contributions to Ceylon Malacology. III. The terrestrial Mollusca of Ambagamuwa pt. 2. — In: J. Conch. Leeds vol. X p. 208—214.

Collier, E. The Section Placostylus of the genus Bulimus. — In: J. Conch. Leeds vol. X p. 208—214.

Collinge, W. E. (1). On the Anatomy of the Genus Myotesta Collinge. — In: J. Mal. IX p. 11—16, pl. 1.

— (2). Description of a new Species of Onchidium from South Africa. — Ibid. p. 17, Textfig.

— (3). Is Amalia carinata a British Slug? — Ibid. p. 63.

— (4). On the Non-Operculate Land and Freshwater Mollusca collected by the members of the „Skeat-Expedition" in the Malay Peninsula, 1899—1900. — Ibid. p. 71—95, t. 4—6.

Cooper, M. vide Cockerell & Cooper.

Corbett, H. H. Terrestrial Mollusca of Doncaster. — In: Naturalist 1902 p. 205—207.

Corney, R. G. Poisonous Molluscs. — In: Nature, vol. 65 p. 198.

Cornish, C. J. The Naturaliste on the Thames. — London, VIII + 260 S.

Cossmann, M. Rectifications de nomenclature. — In: Revue paléozol., vol. VI p. 52, 96, 160, 223.

Coutagne, G. Les Mollusques de la Tarentaise. — In: Feuille jeunes Naturalistes année 32 p. 137, 159.

Crosse, H. vide Fischer & Crosse.

Crowther, J. W. The Natural History of Tag Lock. — V. Freshwather Snails. — In: Halifax Naturalist vol. 7 p. 78—80.

Dall, W. H. (1). A new species of Volutomitra (alaskana). — In: Nautilus vol. 15 p. 102, 103.

— (2). Note on the names Elachista and Pleurotomaria. — Ibid. p. 127.

— (3). Notes on the giant Limas. — Ibid. vol. 16 p. 15—17.

— (4). New species of Pacific Coast Shells. — Ibid. p. 43, 44.

— (5). Note on Neocorbicula Fischer. — Ibid. p. 82, 83.

— (6). On the true nature of Tamiosoma. — In: Science vol. XV p. 5—7.

— (7). On the genus Gemma Deshayes. — In: J. Conch. Leeds vol. 10 p. 238—243.

— (8). Synopsis of the family Veneridae and of the North American species. — In: Pr. U. St. Nat. Museum vol. 26, p. 335 —412, t. 12—16.

— (9). Illustrations and Descriptions of new, unfigured or imperfectly known shells, chiefly American, in the U. S. National Museum. — In: Pr. U. S. Nat. Mus. vol. 24 p. 499—566 t. 27—40.

— (10). Synopsis of the Carditacea and of the American Species. — In: Pr. Ac. Philadelphia 1902 p. 696—716.

Dall, W. H. & P. Bartsch. A new Rissoa (Kelseyi) from California. — In: Nautilus, vol. 16 p. 94.

Daniels, L. E. A new species of Lampsilis. — In: Nautilus, vol. XVI p. 13, 14, t. 2.

Dautzenberg, Ph. (1). Revision des Cypraeidae de la Nouvelle Calédonie. — In: J. Conch. vol. 50 p. 291—384, pl. VII.

— (2). Observations sur quelques mollusques rapportés par M. Ch. Alluaud du Sud de Madagascar. — In: Bull. Soc. zool. France, vol. 27 p. 196—199.

— (3). Descriptions de Mollusqes nouveaux provenant de l'ile d'Obi (Moluques). — In: Naturaliste, 1902, p. 247, 248, avec 7 figs.

Davenport, C. P. Relative variability of Pectens from the East and West Coast of the United States. — In: Science vol. 15 p. 531.

Digby, L. On the structure and affinities of the Tanganyika Gastropods Chytra and Limnotrochus. — In: J. Linn. Soc. vol. 28 p. 434—442, t. 38—40.

Dimon, A. C. Quantitative study of the effect of Environment upon the forms of Nassa obsoleta and Nassa trivittata from Cold Spring Harbour, Long Island. — In: Biometrika, II p. 24—43, with figs.

Dupuis, P. & S. Putzeys. Note concernant la decouverte du Petricola pholadiformis L. en Belgique. — In: Ann. Soc. mal. Belgique vol. 37, Bull. p. IV.

Dybowski, W. (1). Die Verwandtschaft von Ancylodoris. — In: Nachrbl. D. mal. Ges. vol. 34 p. 18, 19.

— (2). Die Cycladidae des Baikalsees. — Ibid. p. 81—97.

Elliot, C. On some Nudibranchs from Zanzibar. — In: Pr. zool. Soc. London 1902 p. 62—72, with pl. 5 u. 6.

Elrod, M. J. Collecting Shells in Montana. — In: Nautilus, vol. 15 p. 103, 110, 129.

Evermann, B. W. & Goldsborough, E. L. Notes on the fishes and mollusks of Chautauqua, New York. — In: Rep. Fish Comm. XXVII p. 169—175.

Ficalbi, E. Doratopsis vermicularis larva di Chiroteuthis veranyi. — In: Monit. Zool. ital. vol. 13 p. 37—39.

Finn, F. Transport of Molluscs by Waterfowl. — In: Nature, vol. 65 p. 534.

Fischer, H. (1). A propos du type de l'Helix prunum Ferussac. — In: J. de Conch. vol. 50 p. 385—386.

— (2). Description d'un Oliva nouveau provenant des Nouvelles Hebrides, — Ibid. p. 409—411, pl. 8.

Fischer, P. & Crosse, H. Mission scientifique au Mexique et dans l'Amerique Centrale. Etude sur les Mollusques terrestres et fluviatiles. Tome II, p. 657—731, pl. 67—72.

Friele, H. Mollusken der ersten Nordmeerfahrt des Fischerei-Dampfers „Michael Sars" 1900 unter der Leitung von Herrn Dr. Johan Hjort. — In: Bergens Museum Aarbog 1902 no. 3. Mit 4 Tafeln und Karte.

Frierson, L. S. Collecting Unionidae in Texas and Louisiana. — In: Nautilus, vol. XVI p. 37—40.

Fuchs, T. Ueber den Charakter der Tiefseefauna des Rothen Meeres auf Grund der von der östreichischen Tiefsee-Expedition gewonnenen Ausbeute. — In: Sitzber. Ak. Wien vol. 110 I p. 249—258.

Fulton, H. (1). Description of Ennea affectata, n. sp. from Zanzibar. — In: Pr. Mal. Soc. London, vol. V, p. 32, Textfig.

— (2). Description of Thersites (Rhagada) woodwardi n. from N. W. Australia. — Ibid. p. 33, Textfig.

— (3). Descriptions of a new Alycaeus from Perak and a Bulimulus from Bolivia. — In: Ann. Nat. Hist. (VII) vol. 9 p. 68, 69.

— (4). Descriptions of new species of Land Mollusca from New Guinea. — Ibid. p. 182—184.

— (5). Descriptions of new Species of Ampelita and Tropidophora from Madagascar. — Ibid. p. 313—315.

— (6). Descriptions of new Species of Helicoids from German New Guinea and New Mecklenburg (New Ireland). — Ibid. p. 315—318.

Gatliff, J. H. (1). Notes on Perrys „Conchology". — In: Victorian Naturalist vol. 19 p. 75—76.

— (2). Vide Pritchard & Gatliff.

Godwin-Austen, H. H. On Helix basileus, Benson, from South-India: its Anatomy and generic position. — In: Pr. Mal. Soc. London vol. V p. 248—252, pl. 6.

Goldsborough, E. L. vide Eversmann & Goldsborough.

Grabau, A. W. Studies of Gastropoda. — In: Amer. Naturalist vol. 36 p. 917—945, mit Textfig.

Graeffe, E. Uebersicht der Fauna des Golfes von Triest. Mollusca. — Arb. Inst. Wien vol. 14 p. 89—136.

Granger, A. Les Mollusques testacés marins des côtes mediterranéennes de la France. — In: Bull. Soc. Béziers vol. 22 p. 41—100, vol. 23 p. 5—30.

Grant, F. E. & E. O. Thiele. Notes on some recent Marine Deposits in the neighbourhood of Williamstown. — In: Pr. Soc. Victoria vol. 15 p. 36—40.

Gredler, P. V. (1). Die Conchylien des Thales Kartitsch von Prof. Leonhard Wiedermeyer. — In: Nachrbl. D. mal. Ges. vol. 34 p. 15—18.

— (2). Zur Conchylienfauna von Borneo und Celebes. — Ibid. p. 53—62.

Green, W. A. A few Notes on imported Mollusca. — In: J. Conch. Leeds X p. 185—186.

Grierson, R. H. Some land- and freshwater shells from Cty. Clare. — In: Irish Naturalist vol. XI p. 139, 140.

Gude, G. K. (1). Description of two new Helicoid Land-shells. — In: Ann. nat. Hist. (VII) vol. 10 p. 332, 333, Textfig.

— **(2).** Note on Eulota blakeana, Newcomb and Eulota luna, Pilsbry. — In: Pr. mal. Soc. London vol. 5 p. 10, 11.

— **(3).** A Synopsis of the Genus Streptaxis and its allies. — Ibid. p. 201—204, pl. 4.

— **(4).** A classified list of the Helicoid Land-Shells of Asia. — In: J. Mal. vol. 9 p. 1, 51, 97, 112.

Gulick, A. vide Pilsbry & Gulick.

Hedley, Ch. (1). Scientific Results of the trawling expedition of H. M. C. S. „Thetis" off the Coast of New South Wales in February and March, 1898. Mollusca. Part I. Brachiopoda and Pelecypoda. — In: Mem. Austral. Mus. vol. 4 p. 287—324. — Mit Textfiguren.

— **(2).** A day on the Great Barrier Reef. — In: Nautilus, vol. XV p. 97—100.

— **(3).** Notes on Tasmanian and West Indian Conchology. — Ibid. vol. XVI p. 49.

— **(4).** A new Australian Voluta (V. perplicata). — In: Record Austral. Mus. vol. IV p. 309, Textfig.

— **(5).** Studies on Australian Mollusca. Part. V. — In: Pr. Linn. Soc. N. S. Wales vol. 26 p. 700—708, pl. 34; — Part. VI ibid. vol. 27 p. 7—29, t. 1—3.

Henderson, J. B. & C. T. Simpson. A new Haytian Chondropoma. — In: Nautilus, vol. 16 p. 88, 89, Textfig.

Hensgen, C. Biometrische Untersuchungen über die Spielarten von Helix nemoralis. — In: Biometrika I p. 468—492, mit Textfig.

Hirase, Y. vide Pilsbry & Hirase.

Hoyle, W. E. (1). British Cephalopoda: their nomenclature and classification. — In: J. Conch. Leeds, vol. 10, p. 197—206.

— **(2).** Two points in nomenclature. I. Cypriniadea versus Cyprina. II. The Genus Antiopa. — Ibid. p. 214.

Ihering, H. von (1). Historia de las Ostras Argentinas. — In: An. Mus. Buenos Aires vol. 7 p. 109—123.

— **(2).** On the Molluscan Fauna of the Patagonian Tertiary. — In: Pr. Amer. Phil. Soc. vol. 41 p. 132—137, pl. 19.

— **(3).** Die Photinula-Arten der Magellan-Strasse. — In: Nachrbl. D. mal. Ges. vol. 34 p. 97—104.

— **(4).** Zur Systematik der Gattung Solaropsis. — Ibid. p. 179—180.

Jameson, H. L. On the Origin of Pearls. — In: Pr. zool. Soc. London, 1901 p. 140—166, pl. 14—17 u. Textfig.

Jarvis, P. W. (1). Notes on the distribution of the Pleurodonte acuta group. — In: Nautilus, vol. XV p. 137—141, mit Karte.

— (2). Note on the distribution of the Pleurodonte sinuata group. — In: Nautilus, vol. XVI p. 1—4, mit Karte.

Jensen, A. S. (1). Studier over nordiska Mollusker. II. Cyprina islandica. — In: Vid. Medd. 1902 p. 33—42.

— (2). Fortegnelse over Skaller af bivalve Grundvandmollusker fra store Havdyb mellem Jan Mayen eg Islands. — Ibid. p. 43—46.

Johannsen, A. C. (1). Einige Bemerkungen über Assiminea grayana und die Molluskenfauna des Furesös. — In: Nachrbl. D. mal. Ges. 1902 p..162—166.

— (2). Om Aflejeringen af Molluskernes Skaller i Indser og i Hafvet. — In: Vid. Medd. 1901 p. 5—46.

— (3). On the Mollusca between tide-marks at the coasts of Iceland. — Ibid. 1902 p. 385—392.

— (4). On the hypotheses of the sinking of sea-beds, based on the occurrence of dead shallow-water shells at great depths in the Sea. — Ibid. p. 393—435.

Johnson, J. P. Additions to the Palaeolithic Fauna of the Uphill Brickyard, Ilford, Essex. — In: Essex Naturalist vol. XI p. 209—212.

Joubin, L. (1). Observations sur divers Cephalopodes: sur une nouvelle espèce du genre Rossia. — In: Bull. Soc. zool. France, vol. 27 p. 138—143, fig.

— (2). Revision des Sepiolidae. — In: Mém. Soc. zool. France vol. 15 p. 80—144, avec 38 figs.

Kellog, J. L. Clam and Scallop industries of New York State. — In: Bull. New York Museum, VIII p. 605—631, mit Karte.

Kennard, A. S. & B. B. Woodward. (1). On the non-marine Mollusca from the Holocene Deposits at London Wall and Westminster. — In: Pr. mal. Soc. London, vol. 5 p. 180—182.

— (2). The Postpliocène non marine Mollusca of Ilford, Essex. — In: Essex Naturaliste, vol. XI p. 213—215.

— (3). The non-marine Mollusca of the Walton Crag. — Ibid. p. 216—218.

— (4). Notes on the Mollusc Paludestrina jenkinsi, Smith, in Essex and elsewhere. — Ibid. p. 288—291, Textfig.

Kenyon, A. (1). Further Note on the Type-specimen of Voluta roadnightae Mc Coy. — In: Pr. mal. Soc. London vol. 5 p. 10.

— (2). Some undescribed varieties of Cypraea. — In: J. of Conch. Leeds vol. 10 p. 183, 184.

Kershaw, J. A. Notes on the Argonauts. — In: Victorian Naturalist vol. 10 p. 28—32.

Kesteven, H. L. (1). The systematic position of the genus Fossarina Ad. & Ang., and of F. varia Hutton. — In: Rec. Austral. Mus. vol. 4 p. 317—322, Textfig.

— (2). The systematic position of Purpura tritoniformis of Blainville. — In: Pr. Linn. Soc. S. Wales vol. 26 p. 533—538, pl. 29.

— (3). The Protoconchs of certain Port Jackson Gastropods. — Ibid. p. 709—716, t. 35, 36.

— (4). A note on two species of Astralium from Port Jackson. Ibid. vol. 27, p. 2—6, Textfig.

— (5). Notes on Prosobranchiata, Nr. 1. Lotorium. Ibid. p. 443—483, pl. 17.

— (6). Sixteen Species of Rissoidae from Queensland new to the State. — Ibid. p. 206.

Kew, H. W. Lincolnshire Non-marine Mollusca. — In: Naturalist, 1902, p. 261—270.

Knipowitsch, N. M. Zoologische Ergebnisse der Russischen Expeditionen nach Spitzbergen. Mollusca und Brachiopoda. I. Ueber die in den Jahren 1899—1900 im Gebiete von Spitzbergen gesammelten recenten Mollusken und Brachiopoden. In: Annuaire Mus. St. Petersbourg vol. VI, p. 435—558, pl. 18 u. 19.

Kobelt, W. Iconographie der schalentragenden europaeischen Meeresconchylien. Vol. III, Lfg. 1 (=16) p. 1—24, t. 59—62.

— (2). Campylaea cingulata bei Lugano. In: Nachrbl. D. mal. Ges. vol. 34, p. 104.

— (3). Cyclophoridae, in: das Thierreich, 16. Liefg., Mollusca. Berlin 8⁰. — XXXIX u. 662 S. mit Textfiguren und Karte.

— (4). Rossmaesslers Iconographie, N. Folge, vol. IX, Lfg. 5 u. 6, mit t. 261—270.

— (5). Vide Martini & Chemnitz.

— (6). Vide Moellendorff & Kobelt.

Lebour, M. V. Marine Mollusca of Sandsend, Yorkshire. In: Naturalist 1902, p. 171—176.

Licherdopol, —. Fragments de la faune malacologique des departements d'Ilfov, de Vlascha, et de Téléorman. — In: Bull. Soc. Bucarest vol. 10, p. 508—574; vol. 11, p. 347—365.

Lindholm, W. Einige für die Fauna des St. Petersburger Gouvernements neue Binnenmollusken. — In: Nachrbl. D. mal. Ges. vol. 34, p. 208—211.

List, Th. Die Mytiliden. — In: Fauna u. Flora Golf Neapel, Monogr. 27. 312 S. mit 22 Tafeln.

Locard, A. Observations sur les Mollusques testacés marins des côtes de Corse. — In: CR. Assoc. Franc. 1901, II, p. 618—626.

— (2). Description de Mollusques nouveaux appartenant à la Faune souterraine de France et de l'Italie. — In: Bull. Mus. Paris VIII, p. 608—621, avec figs.

— (3). Faunule malacologique des sables quaternaires de l'étang de Capestang (Herault). — In: Bull. Soc. Beziers vol. XXII, p. 27—40.

— (4). Notices conchyliologiques LVI; Sur la classification des Rissoidae du systéme européen. In: Echange XVII, p. 5, 11; — LVII. Les Ptéropodes testacés des mers d'Europe. Ibid. p. 67, 74.

— (5). Description d'une nouvelle espéce de Lartetia. — In: Bull. Soc. Nîmes vol. 29, p. 10—13, Textfig.

Loppens, K. Petricola pholadiformis L. — In: Ann. Soc. malac. Belgique vol. 37, Bull. p. XLI u. XLII. —

Luther, A. Ueber eine Clausilia aus Finland. — In: Medd. Soc. Faun. Fenn. vol. XXVII, p. 104—106, mit Textfiguren.

Margier, E. Un Mollusque terrestre à grande dispersion. Pupa (Lauria) cylindracea da Costa, (P. umbilicata Drap.). — In: Feuille jeunes Natural. Année 32, p. 49 u. 50.

Marsh, W. A. Description of a new Unio (andrewsii) from Tennessee. In: Nautilus, vol. 15, p. 115, 116.

— (2). Description of a new Unio (beauchampi) from Tennessee. In: Nautilus, vol. 16, p. 7, t. 1.

Marshall, J. T. Tapes geographicus and Tapes pullastra. — In: I. Conch. Leeds vol. X, p. 166, 167.

— (2). Additions to „British Conchology". — Ibid. p. 190 —193.

— (3). Notes on the British Species of Buccinum, Fusus etc. In: J. Mal. vol. IX, p. 35—50.

Martens, Ed. von. Neue Unioniden aus Tonkin und Annam. In: Nachrbl. D. mal. Ges. vol. 34, p. 130—135.

— (2). Die Mollusken (Conchylien) und die übrigen wirbellosen Thiere in Rumpf's Rariteitkammer. — In: Rumphius Gedenkbock. Haarlem 1902, S. 109—136.

— (3). Das neue Auftreten der Helix obvia Mke. (candicans Pfr.). — In: Ber. Ges. naturf. Fr. Berlin 1902, p. 45 46.

— (4). Einige Schnecken der Cocos-Insel. Ibid. p. 59—62.

— (5). Die geographische Verbreitung von Pomatias septemspiralis Raz. (maculatus Drp.). — Ibid. p. 62—73 und Nachrbl. D. mal. Ges. vol. 34, p. 166—172.

— (6). Die Meeres-Conchylien der Cocos-Insel. — Ibid. p. 137 —141.

— (7). Eine für die Provinz Brandenburg neue Süsswasserschnecke, Physa acuta Drp. — Ibid. p. 166—168.

— (8). Einige neue Arten von Meer-Conchylien aus den Sammlungen der deutschen Tiefsee-Expedition. — Ibid. p. 237 —244.

Martini & Chemnitz. Systematisches Conchylien-Cabinet, Neue Auflage. Lfg. 469—478. — Enthält: Buliminidae, Cyclostomacea, Naninidae und Helix von Kobelt; — Pyramidellidae & Eulimidae von Clessin; — Pleurotomariidae von Schmalz.

Masefield, J. R. B. The Land- and Freshwater Mollusca of Staffordshire. — In: Report North Staffordshire Club, vol. 36, p. 45—64.

Mayer, A. G. Some species of Partula from Tahiti. A Study in variation. — In: Mem. Mus. Harvard vol. 26, p. 117—135, with pl.

Mayfield, A. The Mollusca of a Suffolk Parish (Mendlesham). In: Norfolk Soc. vol. VII, p. 348—352.

Meisenheimer, J. Ueber eine neue Familie der gymnosomen Pteropoden aus dem Material der deutschen Tiefsee-Expedition (Pteroceaniden). In: Zool. Anzeiger vol. 26, p. 92—96, mit 2 Textfiguren.

Milthers, V. & Nordmann, V. Ueber einige intraglaziale Süsswassermollusken der Umgegend von Posen. In: Zeitschr. D. geolog. Gesellschaft vol. 54, Mitth. p. 39—42.

Moellendorff, O. F. von. Synopsis Molluscorum in regione palaearctica viventium ex typo Clausilia Drp., auctore Dr. C. Ag. Westerlund (Besprechung). — In: Nachrbl. D. mal. Ges. vol. 34, p. 48—52.

— **(2).** Binnenmollusken aus Hinterindien. 1. Landschnecken aus Kelantan, Ostküste der Halbinsel Malacca. — 2. Neue Arten und Unterarten von Fruhstorfer in Siam gesammelt. — 3. Binnenmollusken aus Siam. — Ibid. p. 135—149 u. 153—162.

— **(3).** Diagnosen neuer Naniniden aus Hinterindien. Ibid. p. 178.

— **(4).** Binnenmollusken aus Niederländisch Indien. Ibid. p. 185—207.

— **(5).** Landmollusken. Ergänzungen und Berichtigungen zu Band III von Sempers Reisen im Archipel der Philippinen. Wissenschaftliche Resultate, Bd. VIII, p. 147—224, t. 14—25.

— **(6).** On some questions of Malacological Nomenclature. — In: Ann. nat. Hist. ser. 7, vol. 9, p. 120—124.

Moellendorff, O. F. von & W. Kobelt. Diagnose einer neuen Achatina. — In: Nachrbl. D. mal. Ges. vol. 34, p. 180.

Morse, E. ʹS. Pholas truncata in Salem Harbour. — In: Nautilus vol. XVI, p. 8.

Naegele, G. Einige Neuheiten aus Vorderasien. In: Nachrbl. D. mal. Ges. v. 34 p. 1.

Newton, R. B. On the adoption of Roveretos Cypriniadea for Arctica of Schumacher. — In: J. Conch. Leeds vol. X, p. 196, 243.

Nordenskiöld, E. Oesteryöns nutida sötvattensmollusk-fauna jämförd med Ancylusjöns. — Bih. Svensk. Akad. vol. 26, ad. 4, no. 11, 13 S., 2 Taf.

Norman, A. M. Notes on the Natural History of East Finmark. — In: Ann. nat. Hist. ser. 7, vol. 10, p. 341—361.

Noter, R. l'Escargot. Son histoire, ses moeurs, son élévage etc. Paris 1902 avec figs.

Nylander, O. O. The original locality of Limnaea ampla, Mighels. In: Nautilus vol. XV, p. 127—129.

Orcutt, C. R. Shells of Western Lakes and Streams. — In: West American Scientist vol. 12, p. 33—40.

— **(2).** West American Mollusca. Ibid. p. 67, 86, 105—108.

Ostroumov, Cl. A. (Résultats d'une excursion Zoologique dans la mer d'Azow au bord du bateau „Ljedokol Donskieh, Gul" du 10—20. Mai 1900. Livr. III. Liste des Mollusques récueillis pendant l'excursion). In: Ann. Mus. St. Petersbourg, Année VI, p. 621—625.

Overton, H. On a malformed variety of Limnaea pereger Müll. In: J. Mal. vol. IX, p. 64, fig.

Pace, S. On the Anatomy and relationship of Voluta musica, L.; with notes upon certain other supposed members of the Volutidae. — In: Pr. mal. Soc. London vol. 5, p. 21—31, pl. 2.

— **(2).** Contributions to the Study of the Columbellidae, No. 1. Ibid. p. 36—154.

— **(3).** On the identity and relationships of Buccinum dermestoideum Lam. — Pseudamycla n. gen. — Ibid. p. 253—257, mit Textfig.

— **(4).** Critical notes on Herviers Monograph of the Columbellidae of New Caledonia, with C. hervieri nom. nov. In: J. de Conch. vol. 50, p. 412—422.

Pallary, P. Liste des Mollusques de la baie de Tanger. — In: J. de Conchyl. vol. 50, p. 1—39, pl. 1.

Pannel, C. The Land- and Freshwater Mollusca of Surrey, with the localities where the species and varieties have been found. — In: J. Conch. Leeds, vol. X. p. 168—179.

Pilsbry, H. A. New land Mollusca from Japan and the Bonin Islands. — In: Pr. Ac. Philad. 1902, p. 25—32.

— **(2).** Revision of Japanese Viviparidae, with notes on Melania and Bithynia. — Ibid. p. 115—121, pl. 9.

— **(3).** On the localities of A. Adams Japanese Helicidae. Ibid. p. 233—240.

— **(4).** Additions to the Japanese Land-Snail Fauna VI. Ibid. p. 360—382, t. 17—19. — VII. Ibid. p. 517—533, t. 27, 28.

— **(5).** South-western Landsnails. — Ibid. p. 510—512.

— **(6).** New Land-Mollusca from Idaho. — Ibid. p. 593.

— **(7).** Notices of new Japanese Land Shells. — In: Nautilus vol. XV, p. 116—119.

— **(8).** Truncatella subcylindrica Linnaeus. — Ibid. p. 119, 120.

— **(9).** Notices of new Landshells of the Japanese Empire. Ibid. p. 141, 142.

— **(10).** Notices of new Landshells of the Japanese Empire. In: Nautilus vol. XVI, p. 4—7, 21, 22, 45—47, 53—57.

— **(11).** New American land shells. — Ibid. p. 30—33.

— **(12).** A new Floridian Helicina. Ibid. p. 53.

— **(13).** „Pyramidula" elrodi and Epiphragmophora circumcarinata. — Ibid. p. 62, 63.

— **(14).** Tryons Manual, Second Scries vol. XIV u. XV and Index to vols. X—XIV.

Pilsbry, H. A. & Clapp, G. H. New land shells from the Santa Marta Mountains, Columbia. — In: Nautilus, vol. XV, p. 133—137, pl. VII.

Pilsbry, H. A. & Gulick, A. List of land Mollusca from the neighbourhood of Sapporo, Yesso. — In: Nautilus, vol. 16, p. 68, 69.

Pilsbry, H. A. & Hirase, Y. Notices on new Japanese Land Snails. Ibid. p. 75—80.

Pilsbry, H. A. & E. G. Vanatta. Papers from the Hopkins Stanford Galapagos Expedition 1898—1899. — XIII. Marine Mollusca. In: Pr. Ac. Washington, vol. 4, 549—560, pl. 35.

— (2). Vide **Walker** & **Pilsbry**.

Pottier, R. Les huitres comestibles et l'ostréiculture. Paris 8°. 1902. — 288 p. avec figs.

Preston, H. B. New species of land shells from New Guinea. — In: Pr. mal. Soc. London vol. 5, p. 17—19, Textfig.

Pritchard, G. B. & J. H. Gatliff. Catalogue of the Marine Shells of Victoria. Part V. — In: Pr. Soc. Victoria vol. 14, p. 85 —138.

— (2). On some new species of Victorian Mollusca. — Ibid. p. 180—184, pl. 9 u. 10.

Rivers, J. J. Pandora Kennerlia grandis Dall. — In: Bull. South California Ac., vol. 1, p. 9, with fig.

Rolle, H. Neue Landschnecken. In: Nachrbl. D. mal. Ges. vol. 34, p. 211, 212.

Rope, G. T. Duration of Life in Helix pomatia. — In: Zoologist, 1902, p. 151.

Rossmaessler, E. A. Vide **Kobelt**.

Rowell, J. A new Helix from California. — In: Nautilus vol. XVI, p. 52.

Schepman, M. M. Description of a new species of Nerita. — In: Notes Leyden Museum, vol. 23, p. 63, 64 mit Textfig.

Schmalz, C. Vide **Martini** & **Chemnitz**.

Shopland, E. R. List of marine shells collected in the neigbourhood of Aden between 1892 and 1901. — In: Pr. mal. Soc. London vol. V, p. 171—179, 184.

Simpson, C. T. A new Najad from New Zealand. In: Nautilus vol. XVI, p. 30.

Simroth, H. Ueber Gebiete kontinuierlichen Lebens und über die Entstehung der Gastropoden. In: Biol. Centralblatt vol. XXII, p. 239—256, 262—278.

— (2). Ueber einige kürzlich beschriebene neue Nacktschnecken, ein Wort zur Aufklärung systematischer Verwirrung. In: Anatom. Anzeiger, vol. 25, p. 355—357.

— (3). Ueber die Ernährung der Thiere und der Weichthiere im Besonderen. — In: Congr. Zool. 1901, p. 777—784, mit Textfig.

Smith, B. Phylogeny of the Species of Fulgur with remarks on an abnormal form of Fulgur canaliculatum, and Sexual-Dimorphism in Fulgur carica. — In: Pr. Ac. Philadelphia, p. 505—507.

Smith, Edg. A. Mollusca, in: Report Coll. Nat. History made in the Antarctic Region during the Voyage of the Southern Cross, London 1902, p. 201—213, pl. 24, 25.

— (2). On the supposed similarity between the Mollusca of the Arctic and Antarctic Regions. — In: Pr. mal. Soc. London, vol. 5, p. 102—166.

— (3). Note on Cypraea microdon Gray. — Ibid. p. 167, 168.

— (4). Description of Achatina machachensis n. sp. from Basuto-Land. — Ibid. p. 169, Textfig.

— (5). On Corona pfeifferi var. gracilis n. var. from S. E. Columbia. Ibid. p. 370, Textfig.

— (6). Descriptions of new species of marine shells from South Africa. — In: J. Conch. Leeds vol. 10, p. 248—251, pl. 4.

— (7). Land molluscs from Uganda. — In: Johnston, the Uganda Protectorate, p. 443—453. — London 1902.

Smith, H. H. An annotated catalogue of shells of the genus Partula in the Carnegie Museum. — In: Ann. Carnegie Mus. I, p. 422—485.

Soelner, G. W. H. Vitrea draparnaldii Beck, in Washington DC. In: Nautilus vol. XVI, p. 94, 95.

Somerville, A. The Conchology of the Clyde, geographical and biological. In: J. Conch. Leeds vol. X, p. 137—141.

Sowerby, G. B. Mollusca of South Africa, Cape Town 1902, p. 93—100, pl. 2.

— (2). Note on the Opercula of Turbo pulcher Reeve and T. ticaonicus Reeve. — In: Pr. mal. Soc. London, vol. 5, p. 12.

Springer, A. On some living and fossil snails of the Genus Physa found at Las Vegas, New Mexico. In: Pr. Ac. Philadelphia, p. 513—516.

Stearns, R. E. C. The Fossil Fresh-Water Shells, their Distribution, Environment and Variation. — In: Pr. U. St. Nat. Mus. vol. XXIV, p. 279—299, pl. XIX—XXIV.

— (2). Helix var. circumcarinata and Pyramidula elrodi. — In: Nautilus, vol. XVI, p. 61, 62.

— (3). „Pyramidula" elrodi and Epiphragmophora circumcarinata. — Ibid. p. 83, 84.

Sterki, V. Pisidium strengi n. sp. — In: Nautilus, vol. XV, p. 126.

— (2). Some notes on the North-American Cycladinae, with new species. Ibid. vol. XVI, p. 89—93.

— (3). Some additions and corrections to the list of land- and freshwater Mollusca of Tuscarawas Co., Ohio. — In: Ohio Naturalist vol. 2, p. 286.

Steusloff, U. Xerophile Heliceen im Osten Mecklenburgs. — In: Archiv Ver. Mecklenburg vol. 55, p. 176—179.

Sturany, R. Ueber die Verbreitung von Cylindrus obtusus Drp. — In: Nachrbl. D. malak. Ges. 1892, vol. 24, p. 9—13.

— (2). Ueber eine neue Höhlenschnecke (Spelaeoconcha), Ibid. p. 13—15 u. Verh. zool.-bot. Ges. Wien, vol. 51, p. 761, mit Textfig.

— (3). Mittheilungen über Gehäuseschnecken aus dem Pelopones. — In: Verb. Zool. bot. Ges. Wien, vol. 52, p. 402—409, mit Textfig.

— (4). Diagnosen neuer Landschnecken aus der Hercegowina. In: Ann. Hofmus. Wien, XVI, Notizen p. 65—67.

— (5). Neue Inselformen dalmatinischer Landschnecken. Ibid. p. 68, 69, Textfig.

— (6). Eine neue Ennea aus Südafrika. Ibid. p. 69, Textfig.

Suter, H. Description of new species of Separatista from New Zealand. — In: J. Malac. vol. IX, p. 65, Textfig.

— (2). Observations concernant les „Considérations sur les faunes malacologiques des parties australes du globe" par M. C. Ancey. — In: J. Conchyl vol. 49, p. 316—321.

— (3). On the Land Mollusca of Little Barrier Island. — In: Trans. New Zealand Inst. vol. 34, p. 204—206.

— (4). List of the Species, described in F. W. Huttons Manual of the New Zealand Mollusca, with the corresponding names used at the present time. — Ibid. p. 207—224.

Swanton, E. W. South African notes. — In: J. Conch. Leeds vol. X, p. 194.

— (2). South African Jottings. — In: Naturalist. Journal, vol. 11, p. 155—158.

Sykes, E. R. On Helicina pterophora n. sp. from Guatemala. In: Pr. mal. Soc. London vol. 5, p. 20, Textfig.

— (2). Note on Tonkinese Clausiliae, with illustrations of some unfigured species, and the descriptions of a new species. Ibid. p. 189—193, pl. 3.

— (3). On a Collection of non marine shells, formed by Mr. J. J. Walker, in the New Hebrides. Ibid. p. 196—200, mit Textfig.

— (4). Descriptions of six new land shells from the Malay Peninsula. — In: J. Mal. vol. IX, p. 22—23.

— (5). On a collection of land- and freshwater shells from Kelantan, Malay Peninsula. — Ibid. p. 60—63, pl. III.

Taylor, J. W. Monograph of the Land- and Freshwater Mollusca of the British Isles. Part VIII. Leeds 1902. With pl. 1—5 u. Figs.

Tryon. Vide Pilsbry.

Vanatta, E. G. List of Land shells collected in the Sacramento Mountains, New Mexico. — In: Nautilus, vol. XVI, p. 57, 58.

— (2). Vide Pilsbry & Vanatta.

Vayssière, A. Sur les Opisthobranches recueillis en 1883 par l'expédition du Talisman. — In: CR. Ac. Sciences vol. 134, p. 296, 297.

— (2). Expéditions scientifics du „Travailleur" et du Talisman. — Paris 1902. Opisthobranches p. 221—250, pl. 9—11.

Vendryes, H. A new species and subspecies of Jamaican Pleurodonte. — In: Nautilus vol. 15, p. 101, 102, pl. 9—11.

Wagner, A. Neue Formen und Fundorte des Genus Pomatias, Stud. — In: Ann. Hofmus. Wien vol. XVI Notizen, p. 63—65.

Walker, B. A revision of the carinate Valvatas of the United States. — In: Nautilus, vol. 15, p. 121—125, with figs.

Walker, B. & Pilsbry, H. A. The Mollusca of the Mt. Mitchell Region, North Carolina. — In: Pr. Ac. Philad. 1902, p. 413 —442, pl. 24 u. 25.

— (2). Vide **Wright & Walker**.

Webb, W. M. Landshells used as models by ancient Peruvian Potters. — In: Pr. Mal. Soc. London, vol. 5, p. 160, 161, Textfig.

— (2). Pleistocene non-marine Mollusca from Clacton-on-Sea, Essex. — In: Essex Naturalist, vol. XI, p. 225—227.

Welch, R. Scalariform Helix nemoralis. — In: J. Conch. Leeds, vol. X, p. 243–245, with pl. 2.

Westerlund, C. A. Malacologische Bemerkungen und Beschreibungen. — In: Nachrbl. D. mal. Ges., vol. 34, p. 19–26, 35—47.

— (2). Descripciones de Moluscos nuevos de España. — In: Bol. Soc. españ., vol. II, p. 236—239.

Whiteaves, J. F. Notes on some freshwater and land shells from Keewatin, Northern Ontario and British Columbia. — In: Ottawa Naturalist, vol. XVI, p. 91—93.

Wiedermayer, L. Die Conchylien des Thales Kartitsch. — Zeitschr. Ferdinandeum Tirol, III. Folge, Heft 44.

Williamson, M. B. A Monograph on Pecten aequisulcatus Carp. — In: Bull. South Calif. Acad., vol. I, p. 51—65, pl. 4 u. Textfig.

Winkley, H. W. New England marine collecting. — In: Nautilus, vol. 16, p. 14, 15.

Wittich, E. Diluviale und recente Conchylienfaunen der Darmstädter Gegend. — In: Nachrbl. D. mal. Ges., vol. 34, p. 301 —302.

Woodruffe-Peacock, E. A. Drift Shells from the River Ancholine, in Codney Parish, Linc. — In: Naturalist 1902, p. 138.

Woodward, B. B. Acanthinula lamellata (Jeffr.) in Buckinghamshire and Berkshire. — In: Pr. mal. Soc. London, vol. 5, p. 11.

— (2). Clausilia biplicata (Mont.) in Hertfordshire. — Ibid. p. 11.

— (3). A final note on Tapes geographicus. — In: J. Conch. Leeds, vol. 10, p. 167.

— (4). Vide **Kennard & Woodward**.

Wright, B. H. & Walker, B. Check List of North American Najades. Detroit 1902, 8°. 19 S.

Jahrgang 1903.

Ancey, C. F. Nouvelles remarques sur les faunes australes du globe. — In: J. de Conchyl., vol. 51, p, 39—47.

— (2). Faune malacologique terrestre de l'île de Cocos dans l'Ocean pacifique. Ibid. p. 97—104.

— (3). On some new Land Mollusca from Middle America. — In: Nautilus, vol. 17, p. 56, 57.

— (4). New land snails from South America. Ibid. p. 82, 89.

Baker, F. C. Shell collecting on the Missisippi. — In: Nautilus, vol. XVI, p. 102—105.

— (2). Pleistocene Mollusks of White Pond, New Jersey. — Ibid. vol. XVII, p. 38—39.

— (3). A partial List of the Marine Mollusks of San Salvador, Bahamas. — Ibid. p. 57.

— (4). Note on Murex marcöensis Sowerby. — Ibid. p. 88, 89.

— (5). Rib Variation in Cardium. — In: American Naturalist vol. 37, p. 481—488.

Baldwin, D. D. Descriptions of new species of Achatinellidae from the Hawaian Island. — In: Nautilus, vol. 17, p. 34—36.

Bartsch, P. A new Scissurella from Patagonia. — In: Nautilus, vol. XVII, p. 90, 91.

— (2). A new Landshell from California. — In: Pr. Soc. Washington, XVI, p. 103, 104.

Bavay, A. Au sujet d'un petit groupe de Mollusques pulmonés terrestres operculés, pourvus d'un canal aérifère logé dans le test. — In; Bull. Soc. zool. France, vol. 28, p. 140—143.

Bavay, A. & Ph. Dautzenberg. Description de Coquilles nouvelles de l'Indo-Chine. — In: J. de Conch., vol. 51, p. 201—236, p. 7—11.

Bellini, R. J Molluschi del Lago Fusaro e del Mar Morto dei Campi Flegrei. — In: Boll. Soc. Napoli, vol. XVI, p. 20—27, Texfig.

— (2). Notizie sulle formazioni fossilifere neogeniche recenti della regione vulcanica napoletana e malacofauna del Monte Somma. — Ibid. vol. XVII, p. 1—17, con figg.

— (3). La Mitra zonata Marryat nella fauna malacologica di Capri. Ibid. p. 219—220.

Bigelow, B. P. & E. P. Rathbun. On the shell of Littorina litorea as material for the study of variation. — In: American Naturalist, vol. 37, p. 171—184.

Billups, A. C. Adaptation of Mollusks to changed conditions. In: Nautilus, vol. XVI, p. 112—114.

— (2). The land-shells of Calhoun Falls, S. C. — Ibid. p. 125—128.

— (3). A proposed study of Goniobasis. — In: Nautilus, vol. XVII, p. 22—24.

Blackburn, E. P. Dispersal of shells by beetles. — In: Trans. Hull Club, vol. 3, p. 101.

Blanford, W. T. Notes on Mr. W. M. Daly's collections of land- and fresh-water Mollusca from Siam. — In: Pr. mal. Soc. London, vol. 5, p. 274—284, pl. VIII.

Caziot, E. Etude sur la faune des Mollusques vivants terrestres et fluviatiles de l'île de Corse. — In: Bull. Soc. Corse, Année 23. — Bastia 354 S. 2 Taf. (Sep. datirt 1902).

— (2). Etude sur quelques coquilles de la region Circa-méditerranéenne; Helix niciensis. Etude des espèces du groupe. — In: Feuille jeunes Natural, vol. 34, p. 10—13, 35.

— (3). Complément à l'etude de la Faune Corse. — In: Mem. Soc. Zool. France 1903, p. 33—40. Avec figs.

Chadwick, W. H. Self-Fecundation in Planorbis vortex. — In: J. Conch. Leeds, vol. 10, p. 265.

Chaster, G. W. Mollusca. — In: Brit. Assoc. Handbook to Southport 1903, p. 146—154.

Chaster, G. W. & B. Tomlin. The rediscovery of Vertigo lilljeborgi in Jreland. — In: Irish Naturalist, vol. 12, p. 13 u. 14.

Chun, Carl. Rhynchoteuthis. Eine merkwürdige Jugendform von Cephalopoden. — In: Zoolog. Anzeiger, vol. XXVI, p. 716—717, mit Textfig.

— (2). Ueber Leuchtorgane und Augen von Tiefsee-Cephalopoden. — In: Verh. D. zool. Ges., vol. 13, p. 67—82.

Clapp, G. H. Vitrina depositing eggs. — In: Nautilus, vol. XVII, p. 252.

Clessin, S. Vide Martini & Chemnitz.

Cockerell, T. D. A. Variation in the Snail-Genus Ashmunella. — In: Pr. Ac. Philad. p. 615, 616.

— (2). Note on Tritonia palmeri Cooper 1882. — In: Nautilus, vol. 16, p. 117.

— (3). Some homonymous generic names. — Ibid. p. 118.

— (4). The name Solenopsis. — In: Nature, vol. 67, p. 559.

Collinge, W. E. Some notes on the genus Prisma, Srth. — In: J. Mal. IX, p. 129—132, pl. 9.

— (2). Further Notes on Amalia carinata Risso. — Ibid. p. 132, 133.

— (3). On some species of slugs, collected by Mr. H. Fruhstorfer. — In: J. Malac. X, p. 16, 17, pl. I.

— (4). Notes on slugs and sluglike Mollusca. — 1. On the Limax umbrosus of Philippi. — 2. On a species of Arion from New Zealand. — 3. On the dispersal of Microparmarion sp. — 4. Variations in the Foot-fringe of Arion empiricorum. — Ibid. p. 17—19.

— (5). Contributions to a knowledge of the Mollusca of Borneo. — Ibid. p. 79—82, pl. VII u. VIII.

— (6). Report on the non-operculate land Mollusca (from the Malay Peninsula). — In: Annandale & Robinson, Fasciculi Malayenses, Zoology, II, p. 205—218, pl. XI—XIII.

Cort, H. de. Ueber den Handelswerth und den Grad der augenblicklichen Seltenheit der Pleurotomaria beyrichi. — In: Nachrbl. D. mal. Ges., vol. 35, p. 14—16.

Cossmann, M. Essais de Paléoconchologie comparée. Livr. V. Paris. 215 S., 9 Taf.

— (2). Rectifications de Nomenclature. — In: Revue paleozool., vol. VII, p. 67, 128, 227.

Crowther, J. E. A list of the Mollusca of the Parish of Halifax. — In: Halifax Naturalist, vol. 8, p. 48—52.

Csiki, E. Drei neue ungarische Clausilien. In: Ann. Mus. nat. Hungarici I, 1903, p. 107.

Dall, W. H. Contributions to the Tertiary Fauna of Florida, with especial reference to the Silex Beds of Tampa and the Pliocene Beds of the Caloosahatchie River, including in many cases a complete Revision of the generic groups treated of and their American Tertiary species. — Part VI (Schluss). — In: Transact. Wagn. Inst. III, p. 1219—1654, pl. 48—60.

— (2). Synopsis of the family Astartidae, with a Review of the American Species. — In: Pr. U. S. Nat. Mus., vol. 26, p. 933—951, pl. 62 u. 63.

— (3). A new Crassatellites from Brazil. — In: Nautilus, vol. 16, p. 111.

— (4). Hawaiian Physidae. Ibid. p. 106.

— (5). Two new Mollusks from the West Coast of American. — In: Nautilus, vol. 17, p. 37.

— (6). A new Species of Metzgeria. — Ibid. p. 51.

— (7). Note on the family Septidae. — Ibid. p. 55.

— (8). A new genus of Trochidae. — Ibid. p. 61.

— (9). Diagnoses of new species of Molluscs from the Santa Barbara Channel, California. — In: Pr. Soc. Washington, vol. 16, p. 171—176.

— (10). Review of the Classification of the Cyrenacea. Ibid. p. 5—8.

Daniels, L. E. A check list of Indiana Mollusca, with localities. — In: 27 Ann. Rep. Departm. Geol. Nat. Resources of Indiana.

Dautzenberg, Ph. Contribution à la faune malacologique terrestre et d'eau douce des îles Obi et Jolo. — In: J. de Conch., vol. 51, p. 1—20, pl. I.

Davenport, C. B. Quantitative studies in the evolution of Pecten. — III. Comparison of Pecten opercularis from three localities of the British Isles. — In: Pr. Amer. Ac., vol. 39, p. 123—159.

— (2). A comparison of some Pectens from the East and the West coasts of the United States. — In: Mark Anniversary Vol. New York 1903, p. 121—136.

Dubois, R. L'origine des perles chez le Mytilus galloprovincialis. — In: CR. Ac. Sci., vol. 136, p. 178, 179.

— (2). Sur l'acclimatation et la·culture des Pentadines ou huîtres perlières vraies, sur les côtes de France et sur la production forcée des perles fines. Ibid. vol. 137, p. 611—613. — Cfr. id. CR. Soc. Biol., vol. 55, p. 1208—1209.

Dudinsky, E. A festökagyló (Unio pictorum) felemós héjavról. In: Allatoni Kozlemenyck II, p. 233.

Dybowsky, W. Zur Kenntniss der ostsibirischen Landschnecken. — In: Nachrbl. D. mal. Ges., vol. 35, p. 7—10.

— (2). Fauna der Binnenmollusken Littauens. I. Familia Cycladidae, Clessin. — Ibid. p. 76—83.

— (3). Bemerkungen über die gegenwärtige Systematik der Süsswasserschnecken. Ibid. p. 130—145.

— (4). Beitrag zur Kenntniss der Molluskenfanua Kamtschatkas. — In: Annuaire Mus. St. Petersb., vol. 8, p. 40—55, mit Textfig.

Elliot, C. N. E. Notes on some new or little known members of the family Doridiidae. — In: Pr. mal. Soc. London, vol. 5, p. 331 337, pl. XIII.

— (2). On some Nudibranchs from East Afrika and Zanzibar II. — In: Pr. zool. Soc. London 1903, p. 250—257.

— (3). Nudibranchiata, with some remarks on the Families and Genera, and description of a new genus Doridomorpha. — In: Fauna and Geography of the Maldive and Laccadive Archipelagoes, vol. II, p. 540—573, pl. 32. — Cambridge, 1903. 4⁰.

Elrod, M. J. Notes on Pyramidula elrodi Pilsbry. — In: Nautilus, vol. 16, p. 109—112, 144, 1 pl.

— (2). Montana Shells. Pyramidula strigosa. — In: Nautilus vol. 17, p. 1—6.

Farran, G. P. The Nudibranchiate Mollusca of Ballynakill, and Bofin Harbours, Co. Galway. — In: Rep. Fish. Ireland for 1901, part II, p. 123·-132, p. 1—20.

Ferraz, J. As Perolas e a sua Pesca en Moçambique. — In: Boll. Soc. Geogr. Lisboa., vol. 21, p. 1—20.

Frierson, L. S. The specific value of Unio declivis, Say. — In: Nautilus, vol. XVII, p. 49—51, pl. 3.

— (2). Notes on the byssus of Unionidae.. Ibid. p. 76, 77.

Fulton, H. Figures and descriptions of supposed new species and varieties of Ennea, Macrochlamys, Cochlostyla, Strophocheilus (Borus), Odontostomus (Moricandia), Leptopoma, Cataulus, Coptocheilus, and Tropidophora. J. Mal. vol. X, p. 99—103, pl. IX.

— (2). Vide Sowerby & Fulton.

Garstang, W. & H. C. Sorby. Mollusca. In: Victoria County History of Essex, Mollusca, vol. I, p. 81—86.

Gatliff, J. H. Additions to the list of Victorian Marine Mollusca. — In: Victorian Naturalist, vol. 20, p. 89—91.

— (2). Vide Pritchard & Gatliff.

Geret, P. Variété nouvelle de Cypraea, provenant de la Nouvelle Calédonie. — In: J. de Conch., vol. 51, p. 28.

Germain, L. Etude sur le Mollusques terrestres et fluviatiles vivants des environs d'Angers et du département de Maine-et-Loire. — In: Bull. Soc. Ouest France, vol. 3, p. 1—238.

Geyer, . Malakologische Streifzüge in Württemberg. — In: Jahresber. Ver. Württemberg, vol. 59, p. 315—324.

Giard, A. L'origine parasitaire des perles d'aprés les recherches de M. G. Seurat. — In: CR. Soc. Biol., vol. 55, p. 1222—1228, cave fig.

— (2). S ur la productio olontaire des perles fines ou margarose artificielle. — Ibid. p. 125, 1226.

— (3). Curieuse station de Theodoxia fluviatilis L. — In: Feuille jeunes Naturalistes, vol. 33, p. 223.

Godwin-Austen, H. H. On the Anatomy of two Land Molluscs (Helicarion (?) willeyana and **H**. (?) woodwardi new species) from New Britain and Lifu, Loyalty Islands, collected by Dr. Arthur Willey, F. R. S., in 1895—1897. — In: Pr. mal. Soc. London, vol. 5, p. 296—299, pl. IX.

— (2). Further Description of the Animal of Damayantia carinata Collinge, showing its similarity to D. smithi, Collinge & G. Austen, with remarks on this genus of Issel, Collingea of Simroth, and Isselentia of Collinge. — Ibid. p. 311—316, pl. XI.

— (3). Morphological observations on species belonging to the families Cyclostomidae and Helicidae. — In: The Natural History of Sokotra and Abd-el-Kuri, edited by H. O. Forbes, p. 159 —174, pl. XIII a.

Grabau, A. W. Studies of Gastropoda. II. Fulgur and Sycotypus. — In: American Naturalist, vol. 37, p. 515—540.

Granger, A. Revision des espèces francaises du Genre Helix. — In: Actes Soc. Bordeaux, vol. 8, p. 1—60

Gredler, V. Conchyliologisches aus dem Lagerthal. — In: Zeitschr. Ferd. Tirol, vol. 46, p. 285—288.

Grierson, P. H. Notes on the Mollusca of County Kilkenny. — In: Irish Naturalist, vol. 12, p. 307—311.

Gude, G. K. Descriptions of some new forms of Helicoid Landshells. — In: Pr. mal. Soc. London, vol. 5, p. 262—266, pl. VII.

— (2). Additions to the genus Streptaxis. — Ibid. p. 322— 327, pl XII.

— (3). A classified List of the Helicoid Land Shells of Asia. — In: J. Mal. vol. 10, p. 5—16, 45—62, 83—89, 129—136, pl. III.

Hedley, Ch. Studies on Australian Mollusca VII. — In: Pr. Linn. Soc. N. S. Wales, vol. 27, p. 596—619, pl. 29, 31—33.

— (2). Scientific Results of the trawling expedition of **H. M. C. S.** „Thetis" of the Coast of New South Wales in February and March 1898. Mollusca, Part. II. Scaphopoda and Gastropoda. — In: Mem. Austral. Museum, vol. IV, p. 327—402, with pl. 36—38 and figs.

— (3). Notes on the Zoology of Paanopa or Ocean Island, and Nouru or Pleasant Island, Gilbert Group. The Mollusca. — In: Rec. Austral. Mus., vol. 5, p. 4, 5.

— (4). The effect of the Bassian Isthmus upon the existing marine fauna; a study in ancient geography. With map. — In: Pr. Linn. Soc. N. S. Wales 1903, part IV.

Herdmann, W. A. The Pearl Fisheries of Ceylon. — In: Nature, vol. 68, p. 620—622.

— (2). The Pearl Oyster Parasite in Ceylon. — Ibid. vol. 69, p. 126.

— (3). Pearl Oyster Report. — In: Report of the Government of Ceylon on the Pearl Oyster Fisheries of the Gulf of Manaar. Part I, London, 4°.

Hey, W. C. Shore collecting near Scarborough and Filey. — In: Naturalist 1903, p. 344—348.

Hidalgo, J. G. Obras malacologicas. Entrega 6. 400 S. u. 30 Taf. Madrid 1903.

Hinkley, A. A. A proposed study of Goniobasis. — In: Nautilus, vol. XVII, p. 32—34.

Hirase, Y. Catalogue of the land Shells of Japan to be had of Y. Hirase. — Tokyo 1903. 24 p. with pl.

— (2). Vide Pilsbry & Hirase.

Holt, E. W. L. The public oyster beds on the coasts of Counties Wicklow and Wexford. — In: Rep. Fish. Ireland for 1901, II. p. 4—36.

— (2). A Norwegian method of Oyster Culture. Ibid. p. 77—103, with 10 plates.

Hoyle, W. E. Notes on the type Specimen of Loligo eblanae Ball. — In: Mem. Manchester Soc., vol. 47, no. 9, with pl. und Notes Manchester Museum No. 14.

Ihering, H. von. As Melanias do Brazil. — In: Revista Museo Paulista, vol. 5, p. 653—682.

— (2). Note sur quelques Mollusques fossiles du Chile. — In: Revista Chilena, vol. 7, p. 120—127.

Im Thurm, E. A Sketch of the Ceylon pearl fishery of 1903. — In: Spolia Zeylan. I. p. 56—65, with 4 pl.

Jarvis, P. W. Distribution of Jamaican Species of Colobostylus. — In: Nautilus, vol. 17, p. 62—65, mit Karte.

Jatta, G. A proposito di alcuni Cefalopodi del Mediterraneo. — In: Boll. Soc. Napoli, vol. 17, p. 193—207.

Johansen, A. C. & J. C. L. Levinsen. De Danske Farvandes Plankton i Aarene 1898—1901. — In: Danske Selsk. Skr., vol. 12, p. 265—297.

Johnson, C. W. Some notes no the genus Fulgur. — In: Nautilus, vol. 17, p. 73—75.

Joubin, L. Résultats du Voyage du S. Y. Belgica. Zoologie, Cephalopodes.

— (2). Sur quelques Céphalopodes recueillis pendant les dernières campagnes de S. A. le Prince de Monaco (1901—1902). — In: CR. Ac. Sciences, vol. 136, p. 100—102.

Kellogg, J. L. Feeding Habits and growth of Venus mercenaria. — In: Bull. N. York Museum No. 71. 28 S.

Kennard, A. S. & B. B. Woodward. On the occurrence of Neritina grateloupiana Fer. (hitherto misunderstood as N. fluviatilis) in the Pleistocene gravels of the Thames at Swanscomb. — In: Pr. mal. Soc. London, vol. 5, p. 320, 321.

— (2). The Non-Marine Mollusca of the River Lea Alluvium at Walthamstown. — In: Essex Naturalist, vol. 13, p. 13—21, 115, 116, with figs.

— (3). Note on the occurrence of freshwater Mollusca in a water-main at Poplar. Ibid. p. 80, 81.

— (4). Mollusca. In: The Exploration of the Caves of Kesh, County Sligo. — In: Pr. Irish. Ac., vol. 32, p. 181—183.

Kerville, H. Gadeau de. Recherches sur les Faunes marine et maritime de la Normandie. — In: Bull. Soc. Rouen, vol. 36, p. 143—282.

Kesteveen, H. L. Notes on Prosobranchiata. II. Littorinacea. In: Pr. Linn. Soc. N. S. Wales, vol. 27, p. 620—636, pl. XXX. III. The Neanic Shells of Melo diadema Lam. and the Definition of nepionic stage in the Gasteropod Mollusks. — Ibid. vol. 28, p. 443 —452.

Kew, H. W. Note on a two-banded shell of Helicigona arbustorum from Wensleydale. — In: Naturalist 1903, p. 342 —343.

— (2). Snails and Spiders on towers. — Ibid. p. 343.

Knight, G. A. F. A visit to the Outer Hebrids in search of Mollusca. — In: Trans. Perthshire Society, vol. III, p. 193—217.

Knipowitsch, N. Zoologische Ergebnisse der Russischen Expeditionen nach Spitzbergen. Mollusca und Brachiopoda II u. III. — In: Ann. Mus. St. Petersbourg, vol. 7, p. 355—459, t. 8, 9 u. Karte.

Kobelt, W. Diagnosen neuer Cerastus-Arten. — In: Nachrbl. D. mal. Ges., vol. 35, p. 33—35.

— (2). Diagnosen neuer Arten. — Ibid. p. 88—91, 145—151.

— (3). Diagnose eines neuen Conulinus. — Ibid. p. 91.

— (4). Unsere Kenntniss der Fauna europaea. — Ibid. p. 113 —121.

— (5). Otto Franz von Moellendorff. Necrolog. Ibid. p. 161 167; Uebersetzung in: J. Mal. vol. X, p. 122—125 (mit Bild).

— (6). Rossmaesslers Iconographie, N. Folge. Zehnter Band, mit Taf. 271—300.

— (7). Iconographie der schalentragenden europaeischen Meeresconchylien. Dritter Band. Lfg. 17—20.

— (8). Vide Martini & Chemnitz.

Kobelt, W. & O. F. von Moellendorff. Catalog der Familie Buliminidae. — In: Nachrbl. D. mal. Ges., p. 36—60, 65—71.

Koehler, R. & G. Vaney. Entosiphon deimatis. Nouveau Mollusque parasite d'une Holothurie abyssale. — In: Revue Suisse Zool., vol. XI, p. 23—41, pl. II.

Krogh, A. On shells fioating on the surface of the sea. — In: Pr. mal. Soc. London, vol. 5, p. 341, 342.

Künkel, K. Zur Locomotion unserer Nacktschnecken. — In: Zool. Anzeiger, vol. 26, p. 341, 342.

— (2). Zuchtversuche mit linksgewundenen Weinbergsschnecken (**Helix** pomatia). — Ibid. p. 656—664.

Lavezzari, M. Liste des coquilles recueillies du Val André (Côtes du Nord). — In: J. de Conchyl., vol. 51, p. 29—34.

Lamy, Ed. Sur le prétendu genre Savignyarca Jousseaume (Lamellibranche.). — In: Bull. Mus. Hist. nat. Paris 1903, no. 3.

— (2). Sur une variété de l'Arca rhombea Born. — Ibid. no. 8. 5. pg. avec figs.

Letacq, A. L. Note sur la présence de l'Unio margaritifer, Rossm. dans la Sarthe, à Saint-Ceneri le Geret, et dans la Gourbe, à Antoigny (Orne). — In: Bull. Soc. Rouen, vol. 37, p. 101, 102.

— (2). Observations biologiques sur la Mulette perlière (Unio margaritifer Rossm.) . . . recueillies dans l'Udon. — Ibid. p. 111 —115.

Lindholm, W. H. Zur Molluskenfauna der Gouvernements Kursk und Orenburg. — In: Ann. Mus. Zool. St. Petersbourg, vol. 8.

Locard, A. Les Cerithium et les Cerithiidae des mers d'Europe. In: Ann. Soc. Agric. Lyon, vol. 10, p. 95—128.

— (2). Notices Conchyliologiques. LVII Les Ptéropodes testacés des Mers d'Europe. — In: Echange, Année XIX, p. 95 101, 110.

Locard, A. & L. Germain. Sur l'introduction d'espèces meridionales dans la faune malacologique des environs de Paris. — In: Bull. Ac. Sciences Lyon 1903, avec figs.

Lortet, P. & C. Gaillard. La faune momifiée de l'Ancienne Egypte. — In: Arch. Mus. Lyon VIII, no. 11. Mollusca p. 191 —198.

Lowe, H. N. Notes on the Mollusk Fauna of San Nicholas Island. — In: Nautilus, vol. 17, p. 66—69.

Luther, A. Ueber das Vorkommen von Alderia modesta bei Helsingfors. — In: Medd Soc. Faun. Fenn., vol. 28, p. 41—44.

Mac Intosh, W. C. Notes from the Gatty Marine Laboratory, St. Andrews. No. XXIV. On the frequency of the occurrence of Pearls in the Mussel (Mytilus edulis L.). — In: Ann. nat. Hist. ser. vol. 11, p. 549—551.

Madoulé, A. Double observation sur le mode de distribution des Mollusques terrestres vivant soit en colonies, soit plus ou moins isolément. — In: Bull. Soc. Elboeuf, vol. XXI, p. 46—49.

Marshall, J. T. Additions to „British Conchology" VII Torquay 1903. 59 S.

Martens, Ed. von. Neue Meerconchylien aus den Sammlungen der deutschen Tiefsee-Expedition. — In: Nachrbl. D. mal. Ges. 1903, p. 97—105.

— (2). Die beschalten Gastropoden der deutschen Tiefsee-Expedition 1898—1899. — In: Wissensch. Ergebn. D. Tiefsee-Exped. A. Systematisch-geographischer Theil, vol. 7, p. 1—146, Taf. 1—5.

— (3). Süsswasser-Conchylien vom Südufer des Tsad-Sees. — In: SB. Ges. naturf. Fr. Berlin, p. 5—10.

— (4). Verbreitung der Meer-Conchylien an, den Küsten von West- und Südafrika. — Ibid. p. 188—193.

— (5). Durchbohrte Schalen von Landschnecken. — Ibid. p. 393.

— (6). Vorkommen der Helix (Campylaea) preslii und Pupa edentula bei Reichenhall. — Ibid. p. 396—399.

— (7). Land- und Süsswasser-Conchylien von Ost-Borneo. — Ibid. p. 416—428, mit Textfig.

— (8). Griechische Mollusken gesammelt von Eberhard von Oertzen. — In: Archiv f. Naturg., vol. 60, p. 372—374, mit Textfig.

Martini & Chemnitz. Systematisches Conchylien-Cabinet. Neue Ausgabe. Lfg. 479—485 (Helix, von Kobelt, 3 Lfg., Agnatha, von Moellendorf, 1 Lfg., Chitonidae, von Clessm. 3. Lfg.).

Mayfield, A. Notes on the Land- and Freshwater Mollusca of East Suffolk. — In: J. Conch. Leeds, vol. 10, p. 295—299.

Mazzarelli, G. Note biologiche sugli Opistobranchi del Golfo di Napoli. — II. Nudibranchi. — In: Atti Soc. ital., vol. 42, p. 280 —296.

Meisenheimer, J. Ueber ein neues Genus der gymnosomen Pteropoden aus dem Material der deutschen Tiefsee-Expedition (Schizobrachium). — In: Zoolog. Anzeiger, vol. 26, p. 410—412, mit Textfig.

Melvill, J. C. A revision of the Columbellidae of the Persian Gulf and North Arabian Sea, with description of C. calliope n. sp., In: J. Malac. vol. X, p. 27—31, with fig.

— (2). The Genera Pseudoliva and Macron. — In: J. Conch. Leeds, vol. X, p. 320—330.

Melvill, J. C. & J. H. Ponsonby. Descriptions of Thirty one Terrestrial and Fluviatile Mollusca from South Africa. — In: Ann. nat. Hist., ser. 7, vol. 12, p. 595—609, with pl. 31 u. 32.

Melvill, J. C. & R. Standen. Descriptions of Sixty-eight new Gastropoda from the Persian Gulf, Gulf of Oman and North Arabian Sea, dredged by Mr. F. W. Townsend of the Indo-European Telegraph-Service, 1901—1903. — In: Ann. nat. Hist., ser. 7, vol. 12, p. 289—324, pl. 20—23. — Auch in: J. Bombay Soc. XVI, 1904, p. 86—98.

— (2). The Genus Scala (Klein) Humphrey, as represented in the Persian Gulf, Gulf of Oman and North Arabian Sea, with descriptions of new species. — In: J. Conch. Leeds, vol. X, p. 340—351, pl. 7.

Melvill, J. C. & E. R. Sykes. Description of Marginella lateritia n. sp. from the Andaman Islands. — In: Pr. Mal. Soc. London, vol. 5, p. 410, Textfig.

Miquel, —. (Moluscos encontrados en Palma de Mallorca). In: Bol. Soc. española II, p. 301, 302.

Moellendorff, O. F. von. Neue Landschnecken von Niederländisch-Indien. — In: Nachrbl. D. mal. Ges., vol. 35, p. 156.

— (2). Vide Martini & Chemnitz.

— (3). Vide Kobelt & Moellendorff.

Moore, J. E. S. The Tanganyika Problem. London 1903. XXIII + 371 S., with figs.

Murdoch, R. On the anatomy of Paryphanta urnula, Pfr., with notes on P. hochstetteri Pfr. and Rhytida greenwoodi Gray. — In: Pr. mal. Soc. London, vol. 5, p. 270—273, with figs.

— (2). In the anatomy of Paryphanta busbyi, Gray. — In: Trans. N. Zealand Inst., vol. 35, p. 258—262, pl. XXVII.

Naegele, G. Ueber Helix pomatia L. — In: Nachrbl. D. mal. Ges., vol. 35, p. 24—27.

— (2). Einiges aus Vorderasien. Ibid. p. 168—177.

Napier, H. C. & **G. D. H. Carpenter.** Record of Mollusca (near Oxford). In: Rep. Ashmolean Soc. 1903, p. 52—54.

Nordenskiöld, E. Ueber die Trockenzeitanpassung eines Ancylus von Südamerika. — In: Zool. Anzeiger, vol. 26, p. 590—593, mit Textfig.

Ortmann, A. E. Illex illecebrosus (Lesueur), the „squid from Onondaga Lake, N. Y." — In: Science, vol. 17, p. 30, 31.

Pace, S. Note on the genus Pseudamycla Pace. — In: Pr. mal. Soc. London, vol. 5, p. 267—269.

— (2). On the Anatomy of the Prosobranch genus Pontiothauma E. A. Smith. — In: J. Linn. Soc. Zool., vol. XXVIII, p. 455—462, pl. 42.

Pallary, P. Mollusques recueillis par le Dr. Innes Bey dans le Haut Nil. — In: Bull. Inst. Egypte, vol. III, p. 87—98, avec 2 pl.

Pannel, J. Additional notes upon the land- and freshwater Mollusca of Surrey. — In: J. Conch. Leeds, vol. 10, p. 331.

Park, J. On the Marine Mollusca of Totaranny Bay, Nelson. — In: Trans. New Zealand Inst., vol. 35, p. 299—304.

Patterson, A. The Mollusca of the Great Yarmouth district. — In: Zoologist, 1903, p. 182—188.

Pearce, S. S. The Association of Helix nemoralis and Helix hortensis. — In: J. Conch. Leeds, vol. X, p. 300, 301.

Pelseneer, P. Resultats du Voyage du S. Y. Belgica. Zoologie, Mollusques (Amphineures, Gastropodes et Lamellibranches). — Anvers 1903; 85 p. u. 9 pl.

— (2). La Classification des Lamellibranches d'aprés les branchies. — In: Ann. Soc. mal. Belgique, vol. 38, Bull. p. LVIII —LX.

Petch, T. The Marine Fauna and the Humber District and the Holderness Coast. — In: Trans. Hull Club, vol. 3, p. 27 – 41.

Pilsbry, H. A. Zonites arboreus (Say) in Japan. — In: Nautilus, vol. XVI, p. 119.

— (2). Helicina japonica and related forms. Ibid. p. 130, 131.

— (3). Illustrations of some Japanese land shells. Ibid. p. 136.

— (4). A new Pleurotomaria. — Ibid. vol. XVII, p. 36.

— (5). Land Shells of Curacao. — Ibid. p. 48.

— (6). A new Jamaican Colobostylus. Ibid. p. 65.

— (7). New Japanese Marine Mollusca. Ibid. p. 69—71.

— (8). The greatest American Planorbis. Ibid. p. 75.

— (9). A new Guppya from Florida. Ibid. p. 77.

— (10). Shells of Douglas Co., Central Washington. Ibid. p. 84.

— (11). Mollusca of Western Arkansas and adjacent States, with a Revision of Paravitrea. — In: Pr. Ac. Philadelphia, p. 193 — 214, pl. IX—XI.

— (12). Additions to the Japanese Land Snail Fauna. No. VIII. Ibid. p. 315—319, pl. XIV.

— (13). A new Japanese Pleurotomaria. Ibid. p. 496, pl. XXII.

— (14). A new American Genus of Arionidae. Ibid. p. 626 — 628, pl. XXVIII.

— (15). Mexican land- and freshwater Molluska. Ibid. p. 761 —789, pl. XLVII—LIV.

— (16). A new Hawaian Limnaea. Ibid. p. 790, with fig.

— (17). Tryons Manual of Conchology, ser. 2, vols. XV (Pts. 59 & 60) and XVI, pts. 61—63.

Pilsbry, H. A. & Y. Hirase. New Land Shells of the Japanese Empire. — In: Nautilus, vol. XVI, p. 114—117, 128 —130.

— (2). Descriptions of new Japanese Land-shells. Ibid. p. 128—130.

— (3). Descriptions of new Japanese Land-shells. Ibid. vol. XVII, p. 31, 32.

— (4). Notices of new Japanese Land-shells. Ibid. 44—46.

— (5). Notices of new Land-shells of the Japanese Empire. Ibid. p. 52—55.

— (6). New Land-snails of the Japanese Empire. Ibid. p. 78, 79.

Preston, H. P. Descriptions of two supposed new species of Cyathopoma. — In: Pr. mal. Soc. London, vol. 5, p. 340, with figs.

— (2). Supposed new species of Helicina and Bulimulus from Costa Rica. — In: J. Malac., vol. 10, p. 4, with figs.

Pritchard, C. B. & J. H. Gatliff. Catalogue of the Marine Shells of Victoria, Part VI. — In: Pr. Soc. Victoria, vol. XV, p. 176 —223. — Part VII, ibid., vol. XVI, p. 96—139.

— (2). On some new species of Victorian Mollusca No. 6. — In: Pr. Soc. Victoria, vol. XVI, p. 92—95, pl. 15.

Protz, A. Zur Binnenmolluskenfauna der Provinz Ostpreussen. — In: Nachrbl. D. mal. Ges., vol. 35, p. 1—6.

Raymond, W. J. An new Californian Trivia. — In: Nautilus, vol XVII, p. 85, 86.

Pollonera, C. Molluschi. — In: Osserv. Scient. Spediz. polare di S. A. R. Luigi Amedeo di Savoia, Duca delli Abruzzi. Milano 1903, 4°, p. 621—623, mit Textfig.

Reynell, A. Note on the occurrence of Planorbis marginatus Drp. and Limnaea peregra (Müll.) in the Post-Pliocene of Bognor, Sussex. — In: Pr. mal. Soc. London, vol. 5, p. 344, 345.

Ridewood, G. On the structure of the Lamellibranchia. — In: Phil. Trans. Roy. Soc. 1903 (ser. B.), vol. 195, p. 147—284.

Rolle, H. Einige neue Binnenmollusken von den Molukken. — In: Nachrbl. D. mal. Ges., vol. 35, p. 23, 24.

— (2). Neue Amphidromus-Formen. Ibid. p. 156, 157.

Rosen, O. von. Zur Kenntniss der Molluskenfauna der Stadt Charkow und ihrer nächsten Umgebung. — In: Nachrbl. D. mal. Ges., vol. 35, p. 152—155.

— (2). Neue Arten aus dem Caucasus und Centralasien. Ibid. p. 178—182.

Scharff, R. F. Some Remarks on the Atlantic Probleme. — In: Pr. Irish Acad., vol. 24, p. 268—302.

Shepman, M. M. Neritina suboccellata (Marts.) Shepman. — In: Nachrbl. D. mal. Ges., vol. 35, p. 20—22.

— (2). Descriptions of three new species of Oliva from the Siboga Expedition. — In: Tijdschr. Nederland. Dierk. Ver., vol. VIII, p. 67--69.

Sell, H. Beiträge zur Kenntniss der Molluskenfauna Dänemarks. — In: Nachrbl. D. mal. Ges., vol. 35, p. 105—113.

Simpson, J. Marine Conchology of „Dee". — In: Trans. Aberdeen Soc. 1902—1903, p. 64—86.

Simroth, H. Ueber die wahrscheinliche Herleitung der Gattungen Monochroma und Paralimax. — In: Ann. Mus. St. Petersbourg VII, p. 283—288.

— (2). Ueber die von **Herrn** Dr. Neumann in Abessinien gesammelten aulacopoden Nacktschnecken. — In: Zool. Jahrb. Syst., vol. 19, Heft 6. ·Mit 4 Tafeln und 4 Textfiguren.

Smith, E. A. Note on an abnormal specimen of Argonauta argo. — In: Pr. mal. Soc. London, vol. V, p. 310, with fig.

— (2). On Xylophaga praestans n. sp. from the English Coast. Ibid. p. 320—330, with figs.

— (3). A list of species of Mollusca from South Africa, forming an appendix to G. B. Sowerbys „Marine Shells of South Africa". Ibid. p. 354—402, pl. XV.

— (4). Descriptions of new species of land-shells from Central Africa. — In: J. Conch. Leeds, vol. X, p. 315—319, pl. IV.

— (5). Note on Macron trochlea. Ibid. p. 351.

— (6). A new species of Modiola from Malacca. Ibid. p. 368, fig.

— (7). Note on some Mollusks of the family Bulimulidae from Matto Grosso. — In: Pr. Z. S. London 1903, p. 70, 71.

— (8). Marine Mollusca. — In: „Fauna and Geography of the Maldive and Laccadive Archipelagoes", vol. 2, p. 589—630, pl. 35 u. 36.

— (9). Land- and Freshwater shells. — In: Nat. History Sokotra and Abd-el-Kuri, p. 111—135, with pl. 12 u. 13, and figs.

Sowerby, G. B. Descriptions of new species of Nassa, Purpura, Latirus, Voluta, Conus, Stomatella and Spondylus. — In: J. Mal., vol. 10, p. 73—77, pl. 5.

— (2). Descriptions of fourteen new species of Marine Mollusca from Japan. — In: Ann. nat. Hist., ser. 7, vol. 12, p. 496—501.

— (3). Mollusca of South Africa. — In: Marine Investigations in South Africa, vol. 2, p. 213—232, t. 3—5.

Sowerby, G. B. & Fulton, H. C. Note on a specimen of Fistulana clava, Lam., perforating a shell of Mitra interlirata, Reeve. — In: Pr. mal. Soc. London, vol. 5, p. 345, pl. 16.

Stearns, R. E. C. Mollusks occurring in Southern California. — In: Nautilus, vol. 16, p. 133, 134.

Sterki, V. New Pisidia. — In: Nautilus, vol. XVII, p. 20—22, 79—82.

— (2). New North-American Pisidia. Ibid. p. 42, 43.

— (3). Notes on the Unionidae and their Classification. — In: Amer. Naturalist, vol. XXXVII.

Sturany, R. Beitrag zur Kenntniss der kleinasiatischen Molluskenfauna. — In: SB. Ak. Wien, vol. 111, Abth. I, p. 123—140. Mit 2 Taf.

— (2). Gastropoden und Amphineuren des Rothen Meeres. — In: Denkschr. Ak. Wien, vol. 74, p. 219—284. Mit 7 Tafeln.

Suter, H. On a new genus and species of the Family Phenacohelicidae. — In: J. Malac., vol. 10, p. 62—64, pl. 4.

Sykes, E. R. Notes on a Monstrosity of Rissoia parva da Costa. — In: P. mal. Soc. London, vol. 5, p. 260, fig.

— (2). Description of Cerastus denshawi n. sp. from Aden, with a note on Otopoma clausum, Sow. and O. yemenicum, Bourg. Ibid. p. 338, 339, with fig.

— (3). Notes on British Eulimidae. Ibid. p. 348—353, pl. 14.

— (4). Malacological Notes. 13. The value of the name Rhodina, de Morgan. 14. Description of Leptachatina henshawi

n. sp. On the name Cataulus. — In: J. Malac., vol. X, p. 1—3, with fig.

— (5). Description of new land shells from the Austromalayan Region. Ibid. p. 64—67.

— (6). Notes on, with illustrations of, Austro-Malayan land shells. Ibid. p. 78, pl. 6.

— (7). On the name Lima elliptica. Ibid. p. 104.

— (8). On a small collection of marine shells from Surprise Island. Ibid. p. 137, 138.

— (9). On the Land Operculate Mollusca collected during the „Skeat Expedition" to the Malay Peninsula in 1899—1900. — In: Pr. zool. Soc. London, p. 194—199, pl. 20.

Taylor, J. W. Monograph of the Land- and Freshwater Mollusca of the British Isles. Part IX.

Tesch, J. J. Vorläufige Mittheilung über die Thecosomata und Gymnosomata der Siboga-Expedition. — In: Tydschr. Nederl. Dierk. Ver., vol. 8, p. 111—117.

Thiele, J. Die beschalten Gastropoden der deutschen Tiefsee-Expedition 1898—1899. B. Anatomisch - systematische Unter-suchungen einiger Gastropoden. — In: Wiss. Ergebn. D. Tiefsee-Expedition, vol. VII, p. 147—174, Taf. 6—9.

Tadd, R. A. Notes on the Invertebrate Fauna and Fish-food of the Bays between the Start and Exmouth. — In: J. Mar. Biol. Assoc., vol. VI, p. 541—561.

Tomlin, J. R. Vertigo heldi in Ireland. — In: J. Conch. Leeds, vol. 10, p. 307, 308.

Tomlin, J. P. & E. D. Marquard. The land- and freshwater shells of the Channell Islands. Ibid. p. 285—294.

— (2). Vide Chaster & Tomlin.

Tryon. Vide Pilsbry.

Vanatta, E. G. Notes on some shells from North-Carolina. — In: Nautilus, vol. XVI, p. 106.

— (2). A list of Shells collected in Western Florida and Horn Island, Mississippi. — In: Pr. Ac. Philadelph., p. 756—759, with figs.

Vayssière, A. Sur les Heteropodes recueillis pendant les campagnes de l'Hirondelle et de la Princesse Alice faites sous la direction de S. A. le Prince de Monaco. — In: CR. Ac. Sci., vol. 137, p. 346—348.

Verrill, A. E. Bermuda Islands. New Haven. — 548 p. with 38 pl.

Vignal, L. Sur les variétés du Cerithium zebrum, Kiener. — In: J. de Conchyl., vol. 51, p. 21—27, pl. 2.

Walker, Ph. On the specific validity of Campyloma milesii ꓕea. — In: Nautilus, vol. XVI, p. 121—124, pl. V.

— (2). Notes on Eastern American Ancyli. Ibid. vol. XVII, p. 13—19, 28—31, pl. 1 & 2.

Welch, R. The Association of Helix nemoralis and Helix hortensis. — In: J. Conch. Leeds, vol. X, p. 302, 303.

— (2). Pockets of land-shells, Bannmouth Dunes, Portstewart. Ibid. p. 338, 339.

Westerlund, C. Ag. Methodus dispositionis Conchyliorum extramarinorum in Regione palaearctica viventium, familias, genera, subgenera et stirpes sistens. — In: Rad. Jugosl. Ak., vol. 151, p. 82—139.

Wittich, E. Beitrag zur Kenntniss der alt-alluvialen Fauna im Mainthal. — In: Nachrbl. D. mal. Ges., vol. 35, p. 11—14.

Wohlberedt, O. Nachtrag zur Molluskenfauna von Montenegro und Nordalbanien. — In: Nachrbl. D. mal. Ges., vol. 35, p. 83—86.

— (2). Neue Fundorte für Helix pomatia L. Ibid. p. 86—88.

Woodward, B. B. Note on the Nepionic Shell of Melo indicus, Gmelin. — In: Pr. mal. Soc. London, vol. V, p. 260.

— (2). Note on the dates of publication of J. E. Gray's „Catalogue of Pulmonata . . in the . . British Museum" Pt. I, 12 mo., 1855; and of A. Moquin-Tandons's Histoire naturelle des Mollusques terrestres et fluviatiles de France, 2 vols., 8⁰, 1855. — Ibid. p. 261.

— (3). Note on the generic name Buliminus. Ibid. p. 309, 310.

— (4). Vitrea rogersi n. sp., a British form hitherto misidentified with Helix glabra Studer and Hyalinia helvetica Blum. — In: J. Conch. Leeds, vol. 10, p. 309—311, pl. VI.

— (5). List of British non marine Mollusca. Ibid. p. 352—367.

Wüst, E. Zur Ausbreitung der Helix (Xerophila) obvia Hartm. in Deutschland. — In: Nachrbl. D. mal. Ges., vol. 35, p. 185, 186.

— (2). Pleistocäne Flussablagerungen mit Succinea Schumacheri Andr. in Thüringen und im nördlichen Harzvorlande. — In: Zeitschr. f. Naturw., vol. 75, p. 312—324, vol. 76, p. 137.

— (3). Ein pleistocäner Unstrutkies mit Corbicula fluminalis Müll. sp. und Melanopsis acicula Fer. Ibid. vol. 75, p. 209—223.

d) Jahrgang 1904.

Ancey, C. F. New Land-Snails from South Amerika. — In: Nautilus, vol. XVII, p. 89, 102.

— (2). Notes critiques et synonymiques. — In: J. Conchyl., vol. 52, p. 288—312.

— (3). On some non marine Hawaian Mollusca. — In: Pr. mal. Soc. London, vol. 6, no. 2, p. 117, pl. 7.

— (4). Notes on a few Shells. — In: Nautilus, vol. XVIII, p. 21.

— (5). Report on semi-fossil land shells found in the Hamakua District, Hawaii. — In: J. of Malac., vol. XI, p. 65—71, pl. 5.

Andreae, A. Dritter Beitrag zur Binnenconchylienfauna des Miocäns von Oppeln in Schlesien. — In: Mitt. Roemer Mus. Hildesheim No. 20. August 1904.

Baker, Fr. C. Note on Murex marcoënsis Sow. — In: Nautilus, vol. XVII, p. 94.

— (2). New varieties of American Limneas. Ibid. vol. XVIII, p. 10.

— (3). Shells of land- and freshwater; a familiar introduction to the study of Mollusks. Chicago 8⁰.

— (4). New American Lymnaeas. — In: Nautilus, vol. 18, p. 62, 63.

— (5). The Mollusca of Cedar Lake, Indiana. — In: Nautilus, vol. 17, p. 112.

— (6) The arrangement of the Collection of Mollusca in the Chicago ca em of Sciences. — In: Museums Journal III, p. 354 360, 1 plA d y

Baldwin, J. W. The Molluscan Fauna of the Dells of Wisconsin. — In: Pr. Acad. St. Louis, vol. XIV, p. 99—105.

— (2). Jaminia muscorum mut. sinistrorsum. — In: J. of Conch. Leeds, vol. 11, p. 11.

— (3). Notes on Planorbis truncatus Miles. Ibid. p. 107—110.

— (4). Spire variation in Pyramidula alternata. — In: Amer. Naturalist, vol. 38, p. 661—668.

Bartsch, P. A new Scissurella (dalli) from Patagonia. — In: Nautilus, vol. XVII, p. 90.

— (2). A new Ashmunella from New Mexico (townsendi). — In: Smithson. Miscell. Coll., vol. 47, no. 1409, p. 13, 14.

— (3). A new species of Amphidromus (gossi). Ibid. no. 1485. p. 292, pl. 46.

— (4). Notes on the Genus Sonorella with descriptions of new species. Ibid. no. 1481, pl. 28—33.

— (5). Vide Dall & Bartsch.

Bavay, A. Descriptions de quelques nouvelles espèces du genre Pecten, et Rectifications. — In: Journal de Conchyl, vol. 52, p. 197—206, pl. 6.

— (2). Mission de Créqui-Montfort et Sénéchal de la Grange en Amérique du Sud. Mollusques terrestres et fluviatiles récoltés par le Dr. Neveu-Lemaire. — In: Bull. Soc. zool. France XXIX, p. 152—156, avec 7 figs.

Bédé, P. Sur une nouvelle variété de Murex trunculus Linné du Pleistocéne tunisien. — In: Bull. Mus. Paris, vol. 9, p. 372.

Beeston, H. & C. E. **Wright.** The Land- and Freshwater Mollusca of Ilfracombe and District. —- In: J. of Conch. Leeds, vol. 11, p. 72.

Bellevoye, A. Les variétés de l'Helix pomatia. — In: Bull. Soc. Sciences naturelles Reims 1904. — 8 pages, avec pl.

Bellini, Dr. R. The Freshwater Shells of Naples and the Neighbourhood. — In: J. of Conchol. Leeds, vol. 11, p. 33—45.

Benham, W. B. Notes on some Nudibranch Mollusca from New Zealand. — In: Trans. New Zealand Inst. 1904, p. 312.

Bergh, R. Sempers Reisen im Archipel der Philippinen. Nudibranchiata IX, vol. VI, Lfg. 1, 55 S., 4 Taf.

Blackburn, E- P. Mollusca of Driffield and neighbourhood. — In: Naturalist 1904, p. 364—367.

Blanford, W. T. Descriptions of Indian and Burmese Land-Shells referred to the Genera Macrochlamys, Bensonia, Taprospira (gen. nov.), Microcystina, Euplecta and Polita. — In: Pr. zool. Soc. London 1904, vol. II (publ. April 18, 1905).

Blaney, Dwight. Shell Collecting Days at Frenchmans Bay. — In: Nautilus, vol. 17, p. 109.

— (2). The Landshells of Ironbound Island, Maine. Ibid. vol. XVIII, p. 45, 46.

Boettger, O. Eine neue Clausilie aus dem ober-oligocaenen Landschneckenkalk von Hochheim. — In: Nachrbl. D. mal. Ges., vol. 36, p. 79.

— (2). Eine neue Form der Paludinidengattung Emmericia im Mainzer Becken. Ibid. p. 112.

— (3). Nochmals über Trockenzeit-Anpassung eines Ancylus von Süd-Amerika. — In: Zool. Anzeiger, vol. 27, p. 264.

— (4). Beschreibung einer neuen Melanie von den Marshall-Inseln. — In: Zool. Jahrb. Systematik, vol. 20, p. 408.

— (5). Landschnecken der Insel Nauru (Marschall-Inseln). Ibid. p. 409 —412.

— (6). Nekrolog (des Geh. Reg. Ed. von Martens). — In: Zoolog. Garten, vol. 45, p. 318.

— (7). Nekrolog (von R. A. Philippi). Ibid. p. 356.

Bohn, G. Périodicité vitale des animaux soumis aux oscillations des Hautes Mers. — In: C. R. Acad. Sciences, vol. 139, p. 610.

— (2). Oscillations des animaux littoraux synchrones de la marée. Ibid. p. 646—648.

Bosanquet, R. C. An early Purple-fishery. — In: Rep. Brit. Assoc. Adv. Science, 1903, p. 817, 878.

***Brindley, H. H.** Mollusca. — In: Handbook Nat. Hist. Cambridgeshire, 1904, p. 114—138, 257, 258.

Brusina, Spiridion. Zur Rettung unserer Molluskenfauna. In: Nachrbl. D. mal. Ges., vol. 36, p. 157.

Bullen, Rev. R. Ashington. Descriptions of new species of Nonmarine shells from Java and a new species of Corbicula from New South Wales. — In: Pr. mal. Soc. London, vol. 6, no. 2, p. 109.

Byne, L. St. G. The type of Cypraea caput-anguis Phil. — In: J. of Conch. Leeds, vol. 11, p. 57.

Caziot, E. Observations sur quelques mollusques meridionaux signalés dans les Vosges, par Puton. — In: Bull. Assoc. vosgienne 1904, no. 6.

— (2). Etude sur quelques espèces de Mollusques, visés par Puton comme existant dans les Vosges. Ibid. no. 7, Avec fig.

— (3). Etude sur les Helix du groupe cespitum. — In: Ann. Soc. Linn. Lyon 1904.

— (4). Faune du tumulus de St. Christophe prés Grasse. — In: Feuille jeunes Natural. Ser. 4, vol. 34, no. 406.

— (5). Excursió á la desembocadura del Llobregat. — In: Bul. Inst. Catalana d'Hist. Nat. 1904.

— (6). Contribution à la Faune malacologique de la Catalogne. Etude sur quelques Helix. Ibid. (Sep.).

— (7). Complément à l'etude de la Faune Corse. — In: Mém. Soc. zool. France XVI, p. 33—40, Avec 5 figs.

— (8). Note sur quelques coquilles de la region circa-mediterranéenne: Helix vermiculata. — In: Bull. Soc. zool. France XXIX, p. 19—23.

Carter, C. S. Mollusca of Hubbard Valley. — In: Naturalist 1904, p. 60—63.

Casey, T. L. Notes on the Pleurotomidae, with description of some new Genera and Species. — In: Transact. Acad. St. Louis, vol. XIV, p. 123—179.

Chaster, G. W. Irish Field Club Union Conference and excursion at Sligo. Marine Mollusca. — In: Irish Naturalist, vol. 13, p. 193.

Clapp, Geo. H. A new Omphalina from Alabama (pilsbryi). In: Nautilus, vol. 18, p. 30.

— (2). New forms of Polygyra from Alabama. — Ibid. p. 85, 86.

Clessin, S. Pisidien aus Centralasien. — In: Durch Asien, von K. Futterer, p. 81, 82.

Cockerell, T. D. A. Agriolimax agrestis in Colorado. — In: Nautilus, vol. 18, p. 90, 91.

Colton, H. S. Land-snails of Mount Desert, Maine. — In: Nautilus, vol. XVII, p. 99.

Collier, Ed. The Conchological Differences between the Genera and Sections of the Pupininae. — In: J. of Conch. Leeds, vol. 11, p. 110—114.

— (2). Helix nemoralis mut. sinistrorsum in Switzerland. Ibid. p. 57.

— (3). Land Shells at high altitudes. Ibid. p. 55.

Collins, Frank. The Mollusks of Cedar Lake, Indiana. — In: Nautilus, vol. XVII, p. 112.

Collinge, W. E. Some remarks on the genera Damayantia, Issel, Collingea, Srth. and Isselentia, Collge. — In: Pr. mal. Soc. London, vol. 6, p. 9—12.

— (2). Land- and Freshwater Mollusca. — In: Contrib. terrestr. Zoology of the Faroës. Communicated, with Notes and a Summary, by Nelson Annandale. In: Pr. Roy. Soc. Edinburgh 1902 —1904, p. 153.

— (3). Description of a new species of Ariunculus from Algeria (pallaryi). — In: J. Malac. v. 11, p. 47.

— (4). Notes on slugs and slug-like Molluscs. — In: J. Malac. v. 11, p. 14.

— (5). Note on Parmacella deshayesii Moq. Tand. Ibid. p. 49.

Cooke, A. H. Note on Testacella haliotidea Drp. — In: J. of Malac., vol. 11, p. 49.

Cooke, C. M. Distribution and Variation of Achatinella multizonata from Nuanu Valley. — In: Papers B. P. Bishop Museum, vol. II, p. 65—76, table.

Cossmann, M. Essai de Paléoconchologie comparée, Livr. 6. Paris. 8⁰. 151 S. 9 pl.

Couturier, M. Catalogue des Coquilles Paléarctiques de la Collection Hagenmüller. — In: Ann. Mus. Marseille, vol. 8, p. 19 —67.

Cuénot, L. Contributions à la Faune du Bassin d'Arcachon. III Doridiens. — In: Trav. Lab. Arcachon, vol. 7, p. 1—22, pl. 1.

Da Costa, S. J. New species of Land-shells from Central- and South-America. — In: Pr. mal. Soc. London, vol. 6, no. 1, p. 5.

Dall, W. H. Die Systematik der Cyrenacea. — In: Nachrbl. D. mal. Ges., vol. 36, p. 74 (Uebersetzung).

— (2). Gundlachia and Ancylus. — In: Nautilus, vol. XVII, p. 97.

— (3). Notes on the Nomenclature of the Pupacea and associated forms. Ibid. p. 114—116.

— (4). A new species of Periploma (sulcata) from California. Ibid. p. 122.

— (5). Note on the name Glycimeris. — In: J. of Conch. Leeds, vol. 11, p. 147.

— (6). Contributions to the Tertiary Fauna of Florida, with especial reference to the Silex Beds of Tampa and the Beds on the Caloosahatchee River, including in many cases a complete revision of the generic groups treated of and their American tertiary species (Schluss). — In: Transact. Wagner Free Instit., vol. 3, no. 6, with pl. 45—60.

— (7). Note on the genus Ampullaria. — In: J. of Conch. Leeds, vol. 11, p. 50—54.

— (8). An historical and systematic review of the Frog-Shells and Tritons. — In: Smiths. miscell. Coll., vol. 47, no. 1475.

Dall, W. H. & Paul Bartsch. Synopsis of the Genera, Subgenera and Sections of the Family Pyramidellidae. — In: Pr. Biol. Soc. Washington 1904, vol. 17, p. 1—16.

Davis, W. Abbot. Notes on the Mollusca of the Bermuda Islands. — In: Nautilus, vol. XVII, p. 124.

Dautzenberg, Ph. Variations et cas tératologiques chez le Murex brandaris. — In: J. Conchyl., vol. 52, p. 285—287.

— (2). Récolte malacologique de M. Weyers dans le Sultanat de Sambas (Borneo). — In: Ann. Soc. mal. Belgique, vol. 38, p. 3 —8, avec figs.

Dautzenberg, Ph. & Dollfus, G. F. Etudes critiques sur la nomenclature avec examen des genres Pectunculus et Glycimeris. — In: Journal de Conchyliologie, vol. 52, p. 109—122.

Dautzenberg, Ph. & A. Bavay. Description d'un Ammussium nouveau dragué par le Siboga dans la mer de Celebes (Sibogai). — In: Journal de Conchyl., vol. 52, p. 207.

Dean, J. D. New records for West-Lancashire. — In: J. of Conch. Leeds, vol. 11, p. 147.

— (2). Fish and their relation to Paludestrina jenkinsi. Ibid. p. 15.

— (3). Note on the Land- and Freshwater Shells of Lancaster. Ibid. p. 47.

— (4). Japanese Oyster Culture. — In: Bull. U. St. Fisch. Comm. XXII, p. 17—37, 4 pl., 27 figs.

Eliot, C. N. E. On the Doris planata of Alder & Hancock. — In: Pr. mal. Soc. London vol. VI p. 180.

— (2). On some Nudibranchs from East Africa and Zanzibar. IV. Dorididae Cryptobranchiatae. — In: Pr. London Soc. London 1904, I, p. 380—406, pl. 23, 24. V. Ibid. II, p. 83—105, t. 3 u. 4.

Evans, W. Note on Limax tenellus (Müll.) with exhibition of living examples from the Forth area. — In: Pr. Phys. Soc. Edinburgh, vol. XVI, p. 22— 24.

Ferris, J. H. Southwestern Shells. — In: Nautilus, vol. XVIII, p. 49—54.

Fischer, H. Remarques sur le Columbella terpsichore Sow. et sur l'Euchelis erythraeensis Sturany. — In: J. de Conch., vol. 52, p. 59.

— (2). Considerations générales. — In: Mission Pavie, Zoologie, Mollusques, Paris. 4⁰. 11 S.

— (3). Le Rev. P. Heude. — In: J. de Conchyl., vol. 52, p. 372—376.

Fischer, H. & Dautzenberg, P. Catalogue des Mollusques terrestres et fluviatiles de l'Indo-Chine orientale cités jusqu'à ce jour. — In: Mission Pavie Indo-Chine, Etudes diverses, vol. III, p. 390—450.

Font y Saqué, N. Moluscos recogidos en Rio de Our (Sahara español). — In: Bol. Soc. españ., vol. 3, p. 209—211.

Frierson, L. S. Structure of the Shell in Unio. — In: Nautilus, vol. XVII, p. 98.

— (2). Observations on the genus Quadrula. Ibid. p. 111.

Fulton, Hugh. Descriptions of some new Species and Varieties of Cataulus from the Collection of the late Hugh Nevill Esq. — In: Ann. nat. Hist., ser. 7, vol. 13, p. 452, 453.

— (2). Note on Thersites (Hadra) bellendenkerensis, Braz, and beddomae Braz. — In: J. Malac., vol. 11, p. 1.

— (3). A critical List of the Sphaerospira Section of Thersites. Ibid. p. 2—11.

— (4). On some new species of Melania and Jullienia from Yunnan and Java. — In: J. of Mal. XI, p. 51, 52, t. 4, f. 1—5.

— (5). On a collection of Land Shells from Gebi Island, Moluccas, with descriptions of new species. — Ibid. p. 53, 54, t. 4, f. 6—11.

— (6). Note on Leptopoma crenilabre Strubell. Ibid. p. 55, pl. 4.

Germain, L. Considérations générales sur la Faune malacologique vivante du département de Maine-et-Loire. — In: C. R. Assoc. Franc. 1903, II, p. 764—773.

— (2). Sur quelques „Helices xerophiliennes" du groupe Variabiliana, recueillies aux environs de Dieppe (Seine-Inférieure) In: Feuille jeunes Naturalistes, 1904, p. 102, 103.

— (3). Catalogue des Mollusques terrestres et fluviatiles des environs d'Angers et du département de Maine-et-Loire. — In: Bull. Soc. Ouest France, vol. 14, p. 1—125, avec pl. et figs.

Geyer, —. Beiträge zur Vitrellenfauna Württembergs. — In: Jahresb. Ver. vaterl. Naturk. Württemberg 1904, p. 208—334 mit Taf. 8—14.

Giard, A. Sur la prétendue nocivité des huitres. — In: Revue d'Hygiene 1904. 29 S.

— (2). Sur la synonymie de la petite Pentadine de la Mediterranée. — In: C. R. Société Biolog., vol. 56, p. 255—257.

— (3). Les précurseurs des idées modernes sur l'origine des perles (Androsthène, Rondelet et Bohadsch). — In: Feuille jeunes Naturalistes 1904, vol. 24, p. 45—49.

Godwin-Austen, H. H. On the Genus Eurystoma of Albers (type Helix vittata Muller), its anatomy and references to other Indian species. — In: Pr. mal. Soc. London, vol. 6, p. 48—50.

— (2). Note on Damayantia smithii Collinge and G. Austeni.

Goldfuss, O. Beiträge zur Molluskenfauna Schlesiens. — In: Nachrbl. D. mal. Ges.; vol. 36, p. 61—73, 128.

Grabau, A. W. Phylogeny of Fusus and its allies. — Smithson. Collect. vol. 44, 192 S., 18 pl.

Greene. C. List of the Marine Molluca, recorded as found in Suffolk. — In: Pr. Suffolk Inst., vol. 11, p. 320—323.

— (2). Additions and Corrections to Suffolk Land- and Freshwater Shells. Ibid. p. 324, 325.

Grierson, P. H. Notes on the Mollusca of North-Cork and Waterford. — In: Irish Naturalist, vol. 13, p. 164—169.

Gulick, Addison. The fossil Land shells of Bermuda. — In: Pr. Ac. Philad., vol. LVI, p. 406—426, pl. 36.

Gude, G. K. Report on a small collection of Helicoids from British New Guinea. — In: Pr. mal. Soc. London, vol. 6, p. 41, Textfig.

— (2). Note on Corilla erronella, Nevill mss. (mit Textfig.)
In: J. of Malacology, vol. 11, p. 45.

— (3). Helicoid Land-Shells of Asia. Corrections and Additions. Ibid. p. 93—97.

Hägg, R. Mollusca and Brachiopoda gesammelt ven der
Schwedischen zoologischen Polarexpedition nach Spitzbergen, dem
Nordöstlichen Groenland und Jan Mayen im J. 1900. — In: Arktic
Zool. II, p. 31—66, mit Tafel.

— (2). Two new Opistobranchiate Mollusca from the Red
Sea. — In: Results Swed. Zool. Exped. Egypte and the White Nile
1901, under L. A. Jägerskiöld. Upsala 1903, 16 S, 1 Taf.

— (3). Land- and Freshwater Mollusca from the Upper Nile.
(Shendy-Fashoda). Ibid. 1903, No. 7, 26 S.

Hedley, Ch. Additions to the Marine Molluscan Fauna of
New Zealand. — In: Records Australian Museum, vol. 5, part 2
(January 1904). With figs.

— (2). Studies on Australian Mollusca VIII. —- In: Pr. Linn.
Soc. N. S. Wales, vol. 29, p. 182—211, pl. 8—10.

— (3). The habitat of Gomphina moerchii, Angas. — In
Record Austr. Mus. V. 2, p. 134.

— (4). On the change of name of Poroleda lanceolata Tate.
— In: Victorian Naturalist, vol. XXI, p. 112.

Henshaw, H. W. On certain deposits of semi-fossil shells in
Hamakua-District, Hawaii. With descriptions of new species. —
In: J. of Malac., vol. 11, p. 56—64, pl. V.

Herdmann, W. A. Recent Investigations on Pearls in Shellfish. — In: Trans. Liverpool Biol. Sect. XVIII, p. 168—177.

— (2). Sewage and Shellfish. Ibid. p. 178—188.

— (3). History of the principal Pearl Banks. — In: Rep.
Pearl Oyster Fisheries of the Gulf of Manaar, part II, p. 1—36.

Heynemann, D. F. Some recent slug papers. — In: Journal
of Malac., vol. 11, p. 48.

Hidalgo, J. G. Obras malacologicas. Atlas, Entrega VI.
Madrid 1904.

— (2). Catalogo de los Moluscos testaceos de las Islas File-
pinas, Jolo y Marianas. — In: Rev. Ac. Cienc. Madrid I, 192 S.

Hinkley, A. A. List of Alabama Shells collected in October
and November 1903. — In: Nautilus, vol. XVIII, p. 54.

Hirase, V. Vide Pilsbry & Hirase.

Horsley, the Rev. Canon. The Land-shells of Majorka. —
In: J. of Conch. Leeds, v. 11, p. 65—70.

Hoyle, W. E. A diagnostic key to the Genera of Recent
Dibranchiate Cephalopoda. — In: Mem. Manchester Society, vol. 48,
part III, 1903—1904.

— (2). On the Cephalopodes. Supplementary Report XIV. —
In: Report Gov. Ceylon Pearl Oyster Fisheries in the Gulf of
Manaar, by Herdman, published by the Royal Society 1904. With
3 plates.

— (3). Sepia burnupi n. sp. from Natal. — In: J. of Conchol. Leeds, v. 11, p. 27, pl. 1.

— (4). Isac Cooke Thomson Obituary. Ibid. p. 14.

— (5). Reports on the Scientific Results of the Expedition to the Tropical Pacific, in charge of Alexander Agassiz, on the U. S. Fish Commission Steamer „Albatross" from August 1899 to March 1900. Report on the Cephalopoda. — In: Bull. Mus. Comp. Zool. Cambridge, Mass. 1904, vol. 43, p. 1—71, pl. 1—12, Textfigs. A—G.

Huddleston, W. H. On the Origin of the Marine (Halolimnic) Fauna of Lake Tanganyika. — In: J. Victoria Inst., vol. 36, p. 300—351, with 2 pl.

Hutton, F. W. Three new generic names for Mollusca. — In: Pr. Linn. Soc. N. S. Wales, vol. 29, p. 401.

— (2). Index Faunae Novae Zealandiae. London 1904. 8⁰ (Mollusca p. 57—59, 348, 349.)

Hyning, van, A Molluscan Stampede (mit Textfig.). — In: Nautilus, vol. 18, p. 31.

Jackson, John, W. Report on the Miller's Dale Ramble. — In: J. of Conchol. Leeds, vol. 11, p. 13, 105.

— (2). Report on the Fleetwood Ramble. Ibid. p. 115.

Jackson, John W. & Fred Taylor. Observations on the Habits and Reproduction of Paludestrina. — In: J. of Conchol. Leeds, v. 11, p. 9 (woodcut).

Jackson, J. W. & C. H. Moore. Further Observations on the Molluscan Fauna of Granger over Sands and District. — In: J. of Conch. Leeds, vol. 11, p. 45.

Jakhontov, G. Communication de l'éxcursion sur le lac Baical, faite en été de l'année 1902. — In: Protok. Kasan Univ. 1902—1903, no. 212 (Russisch).

Jatta, G. A proposito di alcuni Cefalopodi del Mediterraneo. In: Boll. Soc. Napoli XVII, p. 193—207.

Jennings, F. B. Helix pomatia monstr. sinistrorsum in Surrey. — In: J. of Conch. Leeds, v. 11, p. 96.

Jensen, C. A. & C. Sell. Beiträge zur Kenntniss der Molluskenfauna Dänemarks. — In: Nachrbl. D. mal. Ges., vol. 36, p. 117.

Jensen, A. S. Pecten frigidus, nomen Pectini profundorum maris polaris incolae novum datum. — In: Ved. Medd. 1904, p. 305 —311, cum figg.

— (2). Bemaerkninger om Molluskerne i de haevede Lag ved Bulandshöfoi. — In: Ofv. Danske Selsk. Vorh. 1904, p. 382—396.

Ihering, H. von. Zur Kenntniss der Najaden von Gojaz. — In: Nachrbl. D. mal. Ges., vol. 36, p. 154.

Johnson, Ch. W, On the generic position of Teredo fistula H. C. Lea. — In: Nautilus, v. XVIII, p. 13.

— (2). Panopaea bitruncata Conrad. Ibid. p. 73, pl. IV.

— (3). Ancyli adhering to Water-Beetles. — In: Nautilus, vol. XVII, p. 120.

— (4). Notes on some Cape Cod Mollusca. Ibid. vol. 18, p. 47, 48.

Jones, K. Hurleston & H. B. Preston. List of Mollusca collected during the commission of H. M. S. „Waterwitch" in the China Sees. With descriptions of new species. With figs. — In: Pr. mal. Soc. London, vol. 6, p. 138—152.

Jukes-Browne, A. J. On some questions of Nomenclature. — In: J. of Conch. Leeds, vol. 11, p. 97.

Kenyon, Agnes F. Note on Cassis paucirugis Mke. — In: J. of Conchol. Leeds, vol. 11, p. 12.

Keep, J. West American Shells. San Francisco 1904. 360 S.

Kelsee, F. W. A peculiar Haliotis — In: Nautilus, vol. 18, p. 67.

Knipowitsch, N. Zoologische Ergebnisse der Russischen Expeditionen nach Spitzbergen. Mollusca & Brachiopoda. IV. Nachtrag. — In: Annuaire Mus. St. Petersbourg, vol. VIII, p. 333—343.

Kobelt, A. Verzeichniss der in den Bänden 1—35 des Nachrichtsblattes enthaltenen Arbeiten. — In: Nachrbl. D. mal. Ges. 1904, Beilage. 42 S.

Kobelt, W. Streifzüge in Süditalien. — In: Nachr. D. Mal. Ges., vol. 36, p. 1—21, 49—57, 97—103, 131—154.

— (2). Diagnosen neuer Murella-Arten. Ibid. p. 21, 57.

— (3). Die systematische Stellung der chinesischen Ennea. Ibid. p. 26.

— (4). Lo Bianco, le pesche abissali eseguite da F. A. Krupp col Yacht Puritan. Ibid. p. 30—32.

— (5). Unsere Kenntniss der Fauna europaea. Landschnecken aus Sinaia. Ibid. p. 33, 34.

— (6). Cassidaria echinophora var. gigantea. Ibid. p. 39.

— (7). Museum Loebbeckeanum. Ibid. p. 81—87.

— (8). Eine Stenogyra aus Turkestan (St. retteri). Ibid. p. 87.

— (9). Iberus Montf. und Otala Schum. Ibid. p. 88.

— (10). Eine merkwürdige Abnormität von Helix pomatia L. Ibid. p. 125.

— (11). Helix albescens (Jan) Rossmaessler, in Monitore Zool. ital. XV, p. 206.

— (12). Iconographie der schalentragenden europaeischen Meeresconchylien. Vol. 3, Lfg. 22 u. 23. — Wiesbaden.

— (13). Rossmaesslers Iconographie der europaeischen Land- und Süsswasserconchylien. Neue Folge Bd. XI (Registerband). Wiesbaden.

— (14). Vide Martini & Chemnitz.

Kormos, T. Neue Beiträge zur recenten Gastropoden Fauna von Püspökfürdö. — In: Allat. Kozl. Magyar Tars, III, p. 102—111 (Ungar.).

— (2). Ueber den Ursprung der Succinea (Lucena). oblonga Drp. Ibid. p. 184 (ungarisch).

Korotnieff, A. de. Resultats d'une expédition zoologique au Lac Baikal. — In: Arch. Zool. Exper. II, p. 1—26 avec carte et 13 figs.

Kunkel, Karl. Zur Biologie des Limax variegatus. — In: Zool. Anzeiger, vol. XXVII, no. 18, p. 573.

Kroulikowsky, L. C. Notices Zoologiques. V. Données sur les Mollusques au district d'Ourjoum du gouv. de Viatka. — In: Bull. Soc. Oural, vol. 24, p. 43—45.

Lajos, S. Magyaroszógi íy Helicidák. — In: Ann. Mus. Hung. vol. 2, p. 292—295.

Lamplugh, G. W. Land-shells in the intra glacial Chalk-rubble at Sowerby, near Bridlington Quay. — In: Pr. Yorkshire geol. Soc., vol. XV, p. 91—95.

Lamy, Ed. Liste des Arches conservées, avec etiquettes de Lamarck dans les collections du Mnseum de Paris. — In: Journal de Conchyliologie, vol. 52, p. 132—167.

— (2). Sur le pretendu genre Savignyarca (Jousseaume) Lamellibranche. — In: Bull. Mus. Paris, vol. IX, p. 140—142.

— (3). Sur une variété de l'Arca rhombea Born. Ibid. p. 393 —397.

Lang, A. Ueber Vorversuche zur Untersuchung über die Varietätenbildung von Helix hortensis Müller und Helix nemoralis L. — In: Denkschr. Ges. Jena (Festschr. Haeckel) vol. XI, p. 437 —506.

Lauterborn, R. Beiträge zur Fauna und Flora des Oberrheins und seiner Umgebung II. Faunistische und biologische Notizen. — In: Mitth. Pollichia 1904. — Mollusca, p. 23—27.

Leboucher, J. & Letacq, A. L. Catalogue des Mollusques observés dans le departement de l'Orne. — In: Bull. Soc. Normand, vol. VI, p. 186—221.

Lebour, M. V. Additions to the list of the Marine Mollusca of Northumberland. — In: Rep. Northumberland Sea Fish. Comm. 1903, p. 50.

Lehmann, A. Die Schnecken und Muscheln Deutschlands. — Eine Anleitung zur Bestimmung und Beobachtung der deutschen Land- und Süsswassermollusken, sowie zur Anlegung einer Schnecken- und Muschelsammlung. Zwickau 1904. 8°. 82 S. mit 2 Tafeln und 3 Texfiguren.

Lindholm, W. Zur Molluskenfauna der Gouvernements Kursk und Orenburg. — In: Ann. Mus. St. Petersbourg, vol. 8, p. 338 —344.

Lindinger, Dr. L. Verzeichniss der in und um Erlangen beobachteten Mollusken. — In: Abh. naturh. Ges. Nürnberg, vol. XV, Heft 2, Jahresbericht für 1903 (Nürnberg 1904) S. 63—83.

Locard, A. Notices Conchyliologiques LVIII. Les huitres des mers d'Europe. — In: Echange, vol. 20, p. 62, 71, 79 u. 84.

Lowe, H. N. A dredging trip to Santa Catalina Island. — In: Nautilus, vol. XVIII, p. 18—20.

Lucas, B. R. Notes on Isle of Man Mollusca. — In: J. of Conch. Leeds, v. 11, p. 90.

Mac Intosh, W. C. The story of a pearl. — In: Zoologist, 1904, p. 41—56, pl. 1.

Madison, J. Testacella scutulum in Worcestershire. — In: J. of Conch. Leeds, vol 11. p. 103.

Madoulé, A. Observations sur la Mode de distribution des Mollusques, soit en colonies soit plus ou moins isolément. — In: Bull. Soc. Rouen, vol. 38, p. 312—314.

Maisonneuve, P. La Faune de Maine-et-Loire. — In: Anger et l'Anjou. (Moll. p. 140—142).

Malard, A. E. Les méthodes statistiques appliquées à l'étude des variations des Patelles. — In: Bull. Musée Paris, vol. 9, p. 270 —274.

— (2). Sur un Lamellibranche nouveau, parasite des Synaptes. Ibid. p. 342—346.

Maluquez y Nicolau, J. Moluscos marinos de Llansa (Cataluña). — In: Bol. Soc. Español, vol. III, p. 226—235.

Margier, E. Mollusques terrestres de la haute-vallée du Verdon (Basses Alpes). — In: Feuille Jeunes Naturalistes vol. 34, p. 64, 65.

Martens. Ed. von. Die beschalten Gastropoden der deutschen Tiefsee-Expedition 1898—99. A. Systematisch-geographischer Theil. Sep. Abdr. aus: Wissenschaftliche Ergebnisse der deutschen Tiefsee-Expedition auf dem Dampfer Valdivia, herausgegeben von Carl Chun. Vol. VII. Mit 5 Tafeln.

— (2). Einige Conchylien vom Urmia-See. — In: S.-Ber. Ges. naturf. Fr. Berlin 1904, no. 1.

— (3). Verbreitungskärtchen von Landschnecken im deutschen Reiche. Ibid. p. 126—133.

Martini & Chemnitz. Conchylien-Cabinet. Neue Auflage. Lfg. 486—496. Enthält Helix, Nanina und Agnatha von Kobelt und den Schluss der Chitonidae von Clessin.

Marquand, E. D. Imperforate Haliotis tuberculata. — In: J. of Conch. Leeds, v. 11, p. 48.

Melvill, J. C. Descriptions of twenty three species of Gastropoda from the Persian Gulf, Gulf of Oman, and Arabian Sea, dredged by Mr. F. W. Townsend of the Indo-European Telegraph Service, in 1903. — In: Pr. malac. Soc. London, vol. VI, p. 51—60, pl. 5.

— (2). Descriptions of twenty-eight species of Gastropoda from the Persian Gulf, Gulf of Oman, and Arabian See, dredged by Mr. F. W. Townsend 1900—1904. Ibid. p. 158—169, pl. 10.

— (3). Descriptions of twelve new species and one variety of Marine Gastropoda from the Persian Gulf, Gulf of Oman, and

Arabian Sea, collected by Mr. F. W. Townsend. — In: J. of Malac. vol. 11, p. 79—85, pl. 8.

— (4). On Berthais, a proposed new genus of Marine Gastropoda from the Gulf of Oman. — In: Pr. mal. Soc. London, vol. 6, p. 61—63, with fig.

— (5). Note upon Oliva gibbosa Born and its limits of variation. Ibid. p. 64, with fig.

— (6). Conus coromandelicus Smith, its probable affinities and systematic position in the family Conidae. Ibid. p. 170—173, with fig.

— (7). Note on Mitra stephanucha Melvill, with description of a proposed new variety. Ibid. p. 86, pl. 8.

Melvill, J. C. & R. Standen. Cypraeidae of the Persian Gulf, Gulf of Oman and North Arabian Sea, as exhibited in Mr. F. W. Townsend's Collections, 1903 u. 1904. — In: J. of Conch. Leeds, vol. 11, p. 117—122.

Menzel, Dr. H. Zwei neue Arten von Valvata Müll. — In: Nachrbl. D. mal. Ges., vol. 36, p. 77, mit Textfig.

Metcalf, M. M. Neritina virginea var minor. — In: Amer. Natural., vol. 38, p. 565—569, with pl.

Moore, C. E. On the northernmost habitat of Liguus fasciatus on the Florida East Coast. — In: Nautilus, vol. 18, p. 88, 89.

Morlet L. Descriptions de Mollusques nouveaux recueillis par M. A. Pavie en Indochine. — In: Mission Pavie Indochine, Études Diverses III, p. 351—389, pl. 19—22 (Wiederabdrucke aus dem Journal de Conchyliologie).

Murdoch, R. B. Additions to the Marine Mollusca of New Zealand. — In: Trans. N. Zealand Inst. 1904, p. 217—232, pl. 7, 8.

Murie, J. Report on the sea-fisheries and fishing-industries of the Thames Estuary. London 8°. (Mollusca p. 172—224).

Newton, R. B. Notes on the Post-tertiary and Tertiary Fossils obtained by Col. English from the District surrounding the Dardanelles. — In: Quart. Journal Geol. Soc., vol. 60, p. 277—299, pl. 24.

Nobre, A. Mollusques et Brachiopodes de Portugal (suite). — In: Ann. Sci. nat. Porto, vol. 8, p. 141—151.

Nordmann, V. En Klump sammenkittede Molluskskaller fra Havbunden ved Loesp. — In: Medd. Danske Geol. For., vol. 9, p. 37—44.

— (2). Ostersens (Ostrea edulis L.) Udbredelse i Mitiden og Foretiden i Havet omkung Dänmark. Ibid. p. 45—60, mit Textfig.

Oldham, Chas. W. D. Crick (Necrolog). — In: J. of Conch. Leeds, vol. 11, p. 116.

Pallary, Paul. Quatriéme Contribution à l'étude de la Faune malacologique du Nord-Ouest de l'Afrique. — In: J. de Conch., vol. 52, p. 5—58, pl. 1—3.

— (2). Addition à la Faune Conchyliologique de la Mediterranée. — In: Ann. Mus. Marseille Zool. Tome VIII Memoire 1—16 S. avec pl. 1.

— (3). Addition à la Faune malacologique du Golfe de Gabès. — In: Journal de Conch., vol. 52, p. 212—248, pl. 7.

Patterson, R. L. The Common Mussel in Belfast Lough. — In: Irish Naturalist, vol. 13, p. 148—150.

Pavie, A., Morlet, L., Dautzenberg, Ph. & H. Fischer. Mollusques. — In: Indo-Chine 1879—1895. Etudes diverses. — III. Recherches sur l'Histoire naturelle de l'Indo-Chine orientale. Paris, 4°, p. 332— 450, avec pl. 19—23.

Pelseneer, P. L'Acclimatation de certains Mollusques marins. —In: C. R. Assoc. Francaise 1903, part II, p. 774—776.

— (2). Quelques problèmes zoologiques de l'Antarctique. Ibid. p. 810—12.

Petch, T. The published records of the Land- and Fresh-water Mollusca of the East Riding, with additions. — In: Trans. Hull Club, III, p. 121—172.

Petersen, H. Die Conchylienfauna des Nieder-Elbegebietes. — In: Verb. Ver. Hamburg, vol. 12, p. 60—89.

Pilsbry, H. A. New Japanese Marine Mollusca: Gastropoda. — In: Pr. Acad. Philad., vol. LVI, p. 3—37, pl. 1—6.

— (2). New Japanese Marine Mollusca: Pelecypoda. Ibid. p. 550—501, pl. 39—41.

— (3). A new floridian Amnicola (augustina n.). — In: Nautilus XVII, p. 113.

— (4). A new subspecies of Polygyra tridentata (depressa). Ibid. p. 142.

— (5). New Clausiliidae of the Japanese Empire X. — In: Pr. Acad. Philadelphia, vol. 56, p. 809—838, pl. 52—57.

— (6). Plectopylis in the Riukiu Islands. — In: Nautilus, vol. XVIII, p. 58.

— (7). A new Lower Californian Sonorella. Ibid. p. 59.

— (8). New species of Buccinum from the Kurile Islands. Ibid. p. 87, 88.

— (9). New Land-Snails from North Carolina. Ibid. p. 89, 90.

— (10). Tryons Manual of Conchology. Second Series, vol. XVI u. XVII (Achatinidae).

Pilsbry, H. A. & Y. Hirase. Descriptions of new japanese Land-Snails. — In: Nautilus, vol. 104—108, 116—119. Vol. XVIII, p. 3—9, 32, 33.

— (2). Descriptions of new Land-Snails of the Japanese Empire. — In: Proc. Acad. Philadelphia, vol. 56, p. 616—638.

Pilsbry, H. A. & E. G. Vanatta. On certain Rhachiglossate Gasteropoda eliminated from the Aquillidae. — In: Pr. Acad. Philad., vol. 56, p. 592—595, with figs.

Ponsonby, J. H. Description of a Helicoid Land shell (Xanthomelon bednalli) from Central Australia. — In: Pr. mal. Soc. London, vol. 6, p. 182, fig.

Preston, H. B. Descriptions of some new species of Cingalese and Indian Marine Shells. — In: J. of Malac., vol. XI, p. 75—78, pl. 6 u. 7.

Pritchard, G. B. & J. H. Gatliff. Catalogue of the Marine Shells of Victoria. Part. VIII. — In: Pr. Soc. Victoria, vol. 17, p. 220—266.

— (2). On some new species of Victorian Mollusca. Ibid. p. 338, 339, pl. 20.

Raymond, W. J. A new Californian Trivia (ritteri n.). — In: Nautilus, vol. XVII, p. 85.

— (2). A new Dentalium from California (vallicolens). Ibid. p. 123.

— (3). Two new species of Pleurotoma from California. — In: Nautilus, vol. XVIII, p. 1—3.

Rhoads, S. N. A glimpse at the shell fauna of Delaware. — In: Nautilus, vol. 18, p. 63—67.

Ribeiro, A. de, Limax variegatus Drp. — In: Arch. Mus. Rio Janeiro XII, p. 138, 139.

Rochebrune, A. T. Sur une Collection d'Unionidae du dep. de la Charente. — In: Bull. Mus. Paris IX, p. 388—393.

— (2). Observations sur le genre Bartlettia. Ibid. vol. X, p. 60—62.

— (3). Monographie du genre Harmandia. Ibid. p. 138—141.

— (4). Recherches sur la validité de certains genres d'Unionidae Africains. Ibid. p. 254—263.

Rochebrune, A. T. & L. Germain. Diagnoses de Mollusques nouveaux provenant de la mission du Bourg de Bozas. — In: Bull. Mus. Paris, vol. 10, p. 141—144.

Roebuck, W. Denison. Re-establishment of Limax tenellus as a British Species. — In: J. of Conch. Leeds, v. 11, p. 106.

— (2). Radnorshire Slugs. Ibid. p. 128.

— (3). Limax tenellus in Scotland. — In: Ann. Scot. Nat. Hist. 1904, p. 218—221

— (4). Re-establishment of Limax tenellus as a British species. — In: J. of Conch. Leeds, vol. 11, p. 106—109.

Rolle, H. Drei neue Najadeen aus Tonkin. — In: Nachrbl D. mal. Ges., vol. 36, p. 25, mit Taf. 1—4.

— (2). Diagnosen neuer Arten. Ibid. p. 35.

Rosen, O. von. Zwei neue Buliminus-Arten aus Central-Asien.

Rossmaessler, E. A. Vide Kobelt.

Scales, F. S. Collecting Land- and Freshwater Mollusca. — In: Knowledge, 1904, vol. I, p. 164.

Scharff, R. F. The Origin of the Land- and Freshwater Mollusca at present living in the British Island. Presidential Address. — In: J. of Conch. Leeds, vol. 11, p. 138—144.

Sell, C. Vide Jensen & Sell.

Seurat, L. G. Sur le Méléagrines du Lagon de Temoe (Crescent). — In: C.-R. Soc. Biologie, vol. 56, p. 293, 294.

— (2). Sur la biologie des huitres perlières et nacrières des îles Gambier. Ibid. p. 294, 295.

Simroth, H. Ueber Ostracolethe und einige Folgerungen für das System der Gastropoden. — In: Zeitschr. f. wissensch. Zool., vol. 76, p. 612—672, t. 32.

— (2). Neuere Arbeiten über die Verbreitung der Gastropoden. — In: Zoolog. Centralblatt, vol. 11, p. 605—650.

— (3). Ueber die von Herrn Neumann in Abessinien gesammelten aulacopoden Nacktschnecken. — In: Zool. Jahrb. Systematik, vol. XIX, p. 673—726, mit 4 Tafeln und Textfiguren.

Smith, Edg. A. Note on Voluta brazieri, Cox. — In: Pr. mal. Soc. London, vol. 6, p. 178, fig.

— (2). Description of a new species of Cassis (fortisulcata). Ibid. p. 21, woodcut.

— (3). Descriptions of new species of Ena, Pseudoglessula and Subulina from British and German East Afrika. Ibid. p. 68 (woodcuts).

— (4). Some Remarks on the Mollusca of the Lake Tanganyika. Presidential Adress. — In: Pr. mal. Soc. London, vol. 6, no. 2, p. 77—104.

— (5). Description of a new species of Opisthostoma from Borneo (beddomei, mit Textfig.). Ibid. p. 105.

— (6). On a collection of Marine Shells from Port Alfred, Cape Colony. — In: Journal of Malacology, vol. 11, p. 22—44, pl. 2, 3.

— (7). Note on the Epiphragms of Thaumastus sangoae and Th. bitaeniatus. — In: Pr. mal. Soc. London, vol. 6, p. 3, 4, fig.

— (8). Natural History Notes from H. M. Indian Marine Survey Steamer Investigator. Series III, No. 1. On Mollusca from the Bay of Bengal and the Arabian Sea. — In: Ann. Nat. Hist. vol. 13, p. 453—473; vol. XIV, p. 1—14.

— (9). Note on Terebra hedleyi Tate. — In: Pr. Linn. Soc. N. S. Wales, vol. 29, p. 211.

Soos, L. Magyaroszág Helicidái (die Heliciden Ungarns). — In: Allatt. Kozl. Magyar Tars III, p. 134—184.

Sowerby, G. B. Descriptions of six new species of marine Mollusca from the collection of the late Admiral Keppel. — In: Pr. mal. Soc. London, vol. 6, p. 174—177. Textfig.

— (2). Descriptions of Dolium magnificum and Murex multispinosus. Ibid. p. 7 u. 8 (woodcut).

— (3). Mollusca of South Afrika (Pelecypoda). — In: Marine Investigations South Africa, vol. IV, 19 S., 2 pl.

Sowinsky, W. Introduction à l'étude de la faune du bassin marin Ponto-Aralo-Kaspien. sous le point de vue d'une procince zoogéographique indépendante. — In: Zapiski Kiev. Obshch. vol. XVIII.

Standen, R. Report on the Wirral Peninsula Ramble. — In: J. of Conch. Leeds, v. 11, p. 49.

— (2). The Zebra Mussel (Dreissensia polymorpha Pallas). Ibid. p. 83.

Stearns, R. E. C. Limax maximus and other slugs in California. — In: Nautilus XVIII, p. 34.

Strebel, Hermann. Beiträge zur Kenntniss der Molluskenfauna der Magalhaen-Provinz. — In: Zoolog. Jahrb., vol. 21, Heft 2, p. 171—248, t. 3—8.

Sturany, R. Ueber einige von Herrn G. Paganetti-Hummler entdeckte Höhlenschnecken. Mit Textfiguren. — In: Nachrbl. D. mal. Ges., vol. 36, p. 103.

— (2). Ueber Kreta-Mollusken. Ibid. p. 108. Mit Textfig.

— (3). Kurze Diagnosen neuer Gastropoden. — In: Akad. Anzeiger Akad. Wien 21. April 1904.

Suter, Henry. New Landshells from New Zealand. — In: Pr. mal. Soc. London, vol. 6, p. 155—158, figs.

— (2). Report on the Mollusca collected by Mssrs. Keith Lucas and G. L. Hodgkin in Six Lakes of New Zealand. — In: Trans. N.-Zealand Inst. 1904, p. 233.

— (3). The first discovered New Zealand Gundlachia (neozelanica). Ibid. p. 258.

— (4). Revision of the New Zealand Species of the Genus Potamopyrgus. With Description of a New Species (subterraneus). Ibid. p. 258—267. With figs.

— (5). Revision of the New Zealand Species of the Genus Isidora, with Description of a new subspecies. Ibid. p. 267—276, with figs.

Sykes, E. R. Notes on the Genus Anoma, Alb. — In: Pr. Mal. Soc. London, vol. 6, p. 152, with· pl. 9.

— (2). Descriptions of two new species of Melania from the New Hebrides. Ibid. p. 13, woodcut.

— (3). On the Mollusca procured during the Porcupine Expedition 1869—70. Supplement Notes, part I. Ibid. p. 23—40, with pl. 3.

— (4). The Hawaian species of Opeas. Ibid. p. 112, Textfig.

— (5). On a new species of Amastra from the Hawaian Island. — In: Ann. N. H. 1904. VII, 14, p. 159, Textfig.

— (6). On some non marine shells from the Austro- and Indo-Malayan Regions. — In: J. of Malac., vol. XI, p. 87—92, pl. 9.

Taylor, Fred. Vivipara contecta var. atropurpurea at Wicken. Fen, Cambs. — In: J. of Conch., vol. 11, p. 144.

Taylor, J. W. Monograph of the Land- and Freshwater Mollusca of the British Isles, part X, Leeds, 8⁰.

Tesch, J. J. The Thecosomata and Gymnosomata of the Siboga Expedition. Leiden 1904. 92 S., 6 Taf.

Tomlin, J. R. le B. Paludestrina anatina Drp. new to Britain. — In: J. of Conch. Leeds, vol. XI, p. 11.

Tryon. Vide Pilsbry.

Vaughan, J. W. A contribution toward a List of the Land- and Freshwater Mollusca of Breconshire and Radnoshire. — In: J. of Conch. Leeds, vol. 11, p. 56.

Vayssiere, A. Etude zoologique de l'Archidoris stellifera von Ihring. — In: Journal de Conchyliologie, vol. 52, p. 123–131.

— (2). Mollusques Hétéropodes provenant des campagnes des yachts Hirondelle & Princesse Alice (1885—1893). — In: Resultats camp. scientifiques Prince Monaco Fasc. 26.

— (3). Recherches zoologiques et anatomiques sur les Mollusques Opistobranches du Golfe de Marseille; Supplément. — In: Ann. Mus. Marseille, vol. VIII, p. 71—108. pl. 2 u. 3.

Van Hyning. Vide Hyning.

Verco, J. C. Notes on South Australian Marine Mollusca, with descriptions of new Species. Part I. — In: Trans. Roy. Soc. South Australia, vol. 28, p. 135—145, pl. 26.

Verrill, A. E. Additions to the Fauna of the Bermudas from the Yale Expedition of 1901, with notes on other species. — In: Trans. Connect. Acad., vol. 11, p. 15–62, t. 1—9.

Walker, Bryant. New species of Somatogyrus. — In: Nautilus, vol. XVII, pl. 5.

— (2). Notes on Eastern American Ancyli (with pl.). Ibid. vol. XVIII, p. 16, 25—29, 75—83, pl. I, II, V, VI.

— (3). Hints on collecting Land- and Fresh-Water Mollusca. — In: J. Applied Microsc. VI, p. 2365—2368.

Welch, R. Rare or local Irish Land- and Freshwater Mollusca. — In: J. of Conchol. Leeds, vol. 11, p. 16.

— (2). Some Results of a Flood in North Ireland. Ibid. p. 29.

— (3). Decalcification of Freshwater-Shells. — In: Irish Naturalist, vol. XIII, p. 29.

Welch, R. & A. W. Stelfox. The Mollusca of Bushy Park, Dublin. — In: Irish Naturalist, vol. XIII, p. 121—126.

— (2). Irish Field Club Union. Conference and Excursion at Sligo. Mollusca (Land- and Freshwater). Ibid. p. 183—193, pl. 8 u. 9.

Webster, Rev. W. H. New Mollusca from New Zealand. — In: Pr. mal. Soc. London, vol. 6, no. 2, p. 106. Mit Textfig.

— (2). Some new species of New Zealand Marine Shells together with remarks on some Non-marine Species and some Additions to the Index faunae — In: Tr. New Zealand Inst. 1904, p. 276–280, with pl. 9 u. 10.

Weldon, W. F. R. Note on a race of Clausilia itala (von Martens). — In: Biometrika, vol. III, p. 299—307.

Whitwell, W. Helix Cantiana Mtg. at Tooting Common, Surrey. — In: J. of Conchol. Leeds, vol. 11, p. 55.

— (2). Physa acuta Drp. at Kew Gardens. Ibid. p. 19.

Winkley, Rev. W. H. Helix hortensis in New England. — In: Nautilus, vol. XVII, p. 121.

Winkworth, J. T. Varieties of Helix nemoralis. — In: Essex Naturalist, vol. 13, p. 256.

Wissel, C. von. Pacifische Chitonen der Sammlungen Schauinsland und Thilenius, nebst einem Anhang über drei neuseeländische Species der Gattung Oncidiella. — In: Zool. Jahrb. Syst., vol. 20, p. 591—676, mit 5 Taf.

Woodward, B. B. The British Species of Vallonia. — In J. of Conch. Leeds, v. 11, p. 82.

— (2). Mollusca. — In the: Victoria History of the County of Bedfordshire. Vol. 1, p. 69, 70.

— (3). Mollusca. — In the: Victoria History of the County of Warwick. Vol. I, p. 67, 68.

Wright, C. E. Succinea oblonga Drp. var. alba. — In: J. of Conch. Leeds, v. 11, p. 96.

— (2). Vide Beeston & Wright.

I. Geographische Verbreitung.

a) *Binnenconchylien.*

Allgemeines.

1901. **Ancey** in J. Conch. v. 49 erörtert die Beziehungen der Molluskenfaunen der südlichsten Länder und ihre Bedeutung für die Theorie von der ehemaligen Existenz eines antarktischen (richtiger nothialen) Kontinentes. Er findet auch in der südafrikanischen Fauna antarktische Elemente. Ancylus caffer Krauss hat seine nächsten Verwandten in dem tasmanischen Ancylastrum cumingianum Bourg., Bul. bowkeri und einige Verwandte schliessen sich den südamerikanischen Eudioptus an (was allerdings erst anatomisch nachzuweisen wäre), die Trachycystis an die Stephanoda von Juan Fernandez und die neuseeländischen Flammulina, die Bulimus von St. Helena südamerikanischen Gruppen (was sicher falsch ist). In den Endodonta derselben Insel sieht er einen besonders wichtigen Ueberrest der uralten antarktischen Fauna; ebenso in den Succineen der Gruppe Helisiga. Er erörtert ferner die Faunen von Tristan da Cunha, den Falklandinseln, Juan Fernandez und Masafuera, der polynesischen Inselgruppen südlich vom Aequator, und die Verbreitung zahlreicher Molluskengattungen.

Ueber dieselbe Frage äussert sich **Moellendorff** 1901 Nachrbl.
p. 125, er macht einige kritische Bemerkungen zu Einzelangaben von
Ancey.

Pilsbry 1901, Pr. Phil. p. 142, erklärt die von ihm aufgestellte
südamerikanische Gattung Neobeliscus für die nächste Verwandte
des Atopocochlis exaratus von den Guineainseln und sieht darin
einen Beweis für alten Landzusammenhang.

Auch **Simroth** 1901, Geogr. Zeitschr. p. 655, erörtert das
Problem des früheren Landzusammenhangs auf der südlichen
Hemisphäre.

Ebenso **Suter** 1901, in J. Conch. vol. 49; er stellt wie Pilsbry
die Ridleya von Fernando Noronha zu den südamerikanischen
Polygyratia und hätt die Endodontiden für polynesischen, nicht antarktischen Ursprungs. — Ancey 1903 J. Conch. vol. 51 vertritt ge-
schickt und energisch seine Ansicht (die Gruppe des Hyperaulus
ridleyi ist nach Pilsbry im Miocän von Florida reich vertreten; cfr.
Jahresber. 1896—1900 p. 283).

Palaearktisches Gebiet.

Die paläarktischen Clausilien stellt **Westerlund** 1901 Mem. Ac.
Petersb. in einem systematischen Katalog zusammen; vgl. die Besprechung von **Moellendorff** 1902 Nachrbl. p. 48.

Von **Kobelt's** Jkonographie sind in der Berichtsperiode zwei
Doppellieferungen des neunten und der zehnte Band erschienen;
die zahlreichen neuen Arten sind im systematischen Theil aufgeführt,
sie stammen zum weitaus grösseren Theile aus dem Circummediterran-
gebiet; sie einzeln bei den betreffenden Ländern anzuführen erscheint kaum nöthig. Als elfter Band der neuen Folge ist 1904 ein
Registerband erschienen, der neben einem systematischen, einem
kritischen und einem alphabetischen Register der aufgezählten Arten
auch eine ins Einzelne gehende Uebersicht der geographischen
Verbreitung der einzelnen Gattungen und auch der Faunen der
einzelnen natürlichen Bezirke enthält. (Das Unternehmen wird fortgesetzt.)

Die Verbreitung von Pomatias septemspiralis erörtert **Martens**
1902 S.-B. nat. Berlin p. 02; die Ausbreitung von Xerophila obvia
derselbe ibid. p. 45. — **Westerlund** 1902 Nachrbl. beschreibt in
zwei Aufsätzen eine grosse Anzahl neuer Arten aus den verschiedensten palaearktischen Gebieten.

Kobelt 1903 Nachrbl. p. 113 giebt eine Uebersicht über den
heutigen Stand unserer Kenntnis der Verbreitung der europäischen
Binnenconchylien. — **Gude** 1902 giebt auch die Helicidenfauna der
zum europäisch-palaearktischen Faunengebiete gehörenden Theile
Asiens. — **Simroth** 1902 zählt die aus dem gesammten russischen
Reiche bekannten Nacktschnecken auf.

Skandinavien. **Brøgger** 1901 Norges Geol. Undersog. no. 31
erörtert die postglaziale Fauna der Gegend von Christiania. —

Westerlund 1902 und **Nordenskiöld** 1902 beschreiben eine Anzahl neuer Süsswasserarten.

Finland. **Steenroos** 1901 Act. Soc. fenn. zählt die Mollusken des Nurmijärvi-Sees auf.

Dänemark. **Sell** 1901 Nachrbl. zählt die Fauna des Furesö bei Kopenhagen auf. — **Westerlund** 1902 Nachrbl. beschreibt einige neue Planorbis. — **Johansen** 1902 Nachrbl. macht Bemerkungen zu der Arbeit von Sell und berichtet über das Vorkommen von Assiminea grayana in Dänemark. — **Sell** 1903 giebt einige Beiträge zur Fauna von Dänemark. — **Wesenberg-Lund** 1903 weist im Furesö eine Reliktenfauna nach. — **Jensen & Sell** 1904 Nachrbl. p. 117 geben die Fauna des Söborghus-Sees auf Seeland.

England. **Taylor's** gross angelegtes Werk über die englischen Binnenconchylien schreitet zwar etwas langsam, aber regelmässig fort; die in der Berichtsperiode erschienenen Abtheilungen behandeln die Nacktschnecken; für jede Art ist ein farbiges Kärtchen beigegeben.

1901. **Adams & Woodward** Sci. Goss. zählen die Binnenconchylienfauna von Hampshire auf, — **Buddicom** die von Church Stretton. — **Collier** zählt die aus Lancashire bekannten verkehrt gewundenen Helices auf. — **Grierson** giebt die Fauna der Cty. Latrim in Island, — **Horsley** die von Porthleven in Cornwall. — **Johnson** & **White** machen wichtige Bemerkungen über die Mollusken des Flussgenistes bei Uphall Estate in Essex. — **Long** behandelt die Fauna des Distriktes von Burnley, — **Scott** die der Clyde area. — Die in den englischen Gewässern neu eingeschleppte Paludestrina jenkinsi behandelt **Smith**, Ann. Nat. Hist. VII — **Whitwell** macht Mittheilungen zur Fauna von East Sussex.

Corbett 1902 Naturalist zählt die Landschnecken von Doncaster auf. — **Crowther** 1902 Halifax Natural. die Süsswasserarten von Tag Lock; — die aus dem Themsegebiet **Cornish** 1902; — die Fauna von Staffordshire **Masefield** 1902 Rep. N. Staffordsh. Club v. 36 p. 45. — Die Mollusken der Pfarrei Mendelsham in Suffolk **Mayfield** 1902 Tr. Norfolk Soc. VII p. 348. — die Fauna von Surrey **Pannell** 1902, J. Conch. Leeds X p. 108; — die Fauna der Clyde Area **Scott** 1901 Brit. Assoc. Handbook p. 510—571; — deren geographische Bedeutung und Biologie **Somerville** 1902 J. Conch. Leeds X p. 137. — **Woodroff-Peacock** zählt die Schnecken aus dem Genist des River Ancholme in Cadney Parish, Lincolnshire auf.

1903. Eine Aufzählung der britischen Binnenconchylien, in welcher besonders die Nomenclatur in sorgsamster Weise den heute geltenden Nomenclaturregeln angepasst ist, giebt **Woodward** in J. of Conch. X p. 352. — Derselbe hat (in Victoria History) die Molluskenfaunen der Grafschaften Cumberland, Norfolk, Worcestershire, Hertford, Surrey und Essex, und mit **Adams** zusammen von Northampton gegeben. — 1902. **Chaster & Tomlin** haben Vertigo Lilljeborgi in Irland wiedergefunden. — **Grierson** zählt die Fauna

der irischen Grafschaft Kilkenny auf. — Die Verbreitung von Palu-
destrina jenkinsi in Essex erörtern **Kennard & Woodward**. — Die
Binnenconchylien von Lincolnshire zählt **Kew** auf; — die von
Staffordshire **Masefield**, — die der Pfarrei Mendlesham in Suffolk
Mayfield, — die von Surrey **Pannell**.

1903. Bemerkungen über die Binnenconchylien des östlichen
Suffolk giebt **Mayfield**, — einige Zusätze zur Fauna von Surrey
Pannell. — **Tomlin** weist Vertigo heldi in Irland nach. — **Tomlin**
& Marquard zählen die Binnenconchylienfauna der Kanalinseln auf.
Woodward, J. Conch. X behandelt die seither unter Vitrea glabra
vereinigten drei Hyalinenarten und beschreibt eine neue Art
(V. rogersi). — Die Mollusken des Great Yarmouth District zählt
Patterson auf; — **Knight** die wenig zahlreichen Arten der äusseren
Hebriden.

Crowther 1903 Halifax Natural. zählt die Mollusken der
Pfarrei **Halifax** (Schottland) auf.

1904. **Woodward** gibt eine Revision der Fauna von Bedfordshire, — **Vaughan** von Brecon u. Radnor, — **Brindley** von
Cambridgeshire, — von Wirral Peninsula in Cheshire **Standen**, —
von Millers Dale in Derbyshire **Jackson**, — von Ilfracombe in
Devonshire **Breston & Wright**, — von der Insel Man **Lucas**, —
von Grange-over-Sands in Lancashire **Jackson & Moore**, aus Lancashire ferner **Dean**, — von Droyloden **Taylor**, — von Lancaster
Dean, — aus Oxfordshire, speciell der Umgegend von Oxford
Napier & Carpenter, — aus Warwickshire **Woodward**. Kleinere
faunistische Mittheilungen machen: **Baldwin, Wright, Petch,**
Petty, Peacock, Carter, Roebuck, Whitwell, Crowther, God-
frey u. A. — Aus Irland: **Welch, Grierson, Stelfox**. — Fauna
der Hebriden **Godfrey**. — Faroe und Orkneys **Collinge**.

Deutschland. **Schmidt** 1901 zählt vom Seeberg bei Gotha
41 Sp. auf, sämmtlich weitverbreitete deutsche Formen. — **Kraepelin**
giebt eine Zusammenstellung der Fauna von Hamburg. — **Schmidt**
1901 Nachrbl. behandelt das Vorkommen von Pupa secale und
Patula rupestris in Thüringen. — **Stensloff** 1902 Nachrbl. weist
die drei deutschen Xerophilen aus Mecklenburg nach. — **Wittich**
1902 Nachrbl. vergleicht die quaternäre Fauna der Provinz Starken-
burg mit der recenten. — **Protz** 1903 Nachrbl. erörtert die Binnenmolluskenfauna von Ostpreussen, — **Wüst** 1903 Nachrbl. die Ausbreitung von Xerophila obvia, — **Geyer** 1903 die Molluskenfauna
von Württemberg, — **Martens** 1903 Ber. Ges. Berlin bespricht das
Vorkommen von Campylaea preslii und Pupa edentula bei Reichenhall. — **Lindinger** 1904 zählt die Fauna der Umgebung von Erlangen auf. — **Geyer** 1904 Jahresh. Württemberg p. 207—334 bearbeitet die württembergische Vitrella nach sehr reichem, zum
grossen Theil lebend gesammeltem Material und kommt zu sehr
überraschenden Resultaten bezüglich der Speziesumgrenzung. —
Goldfuss 1904 Nachrbl. p. 61 gibt einen erheblichen Beitrag zur
Fauna von Schlesien. — **Lehmann** 1904 giebt in einem eigenen

Werkchen mit 2 Tafeln eine Molluskenfauna von Deutschland. — Die Fauna der Umgebung von Hamburg behandeln **Petersen** 1904 und **Ulmer** 1904, letzterer speziell die des Eppendorfer Moores. — **Martens** 1904 berichtet über einen vom Berliner Museum unternommenen Versuch, die Verbreitung der Mollusken in Deutschland durch besondere Kärtchen für jede Art festzulegen. — Eine neue Valvata aus Bayern beschreibt **Menzel.**

Oestreichisches Alpengebiet. **Gallenstein** 1901 Nachrbl. giebt eine sehr sorgfältig gearbeitete Zusammenstellung der Stylommatophoren von Kärnthen (keine n. sp.). — **Gredler** 1902 Nachrbl. giebt eine Fauna des Thales von Kartitsch, Draugebiet, und beschreibt eine neue Clausilia (wiedermayeri). — **Sturany** 1902 Nachrbl. erörtert die merkwürdige Verbreitung von Cylindrus obtusus Drp. in den oestreichischen Alpen. — Die Fauna des Thales Kartitsch zählt **Wiedermayer** 1901 Ferdinandeum auf; — einige Arten aus dem Lagerthal **Gredler** 1903 ibid. vol. 46, p. 285.

Ungarn. **Brusina** 1903 in Mitth. Ver. Steiermark für 1902 erörtert das eigenthümliche Vorkommen der Melanopsis parreyssi im warmen Wasser des Bischofsbades bei Grosswardein. — Bemerkungen über dasselbe macht **Kormos** 1904. — **Csiki** 1904 beschreibt einige neue Clausilienformen aus Ungarn. — **Lajos** 1904 beschreibt einige neue Arten von Fruticicola und Xerophila. — **Soos** 1904 giebt eine Revision der ungarischen Heliciden.

Deutsch-Oestreich. **Schierl** 1901 Club Brünn gibt ein Verzeichniss der Molluskenfauna Mährens. — **Absolon** 1903 in Nestn. Klub Prostejove II, p. 61 berichtet über ein subterranes Vorkommen von Hyalina cellaria.

Finland. **Luther** 1901 Acta Soc. Fenn. gibt eine Uebersicht der Verbreitung der Mollusken in Finland. Nach der Karte trennt er das Gebiet durch eine Linie, die etwa dem 28° ö. L. entspricht, in zwei Hälften, welche dann wieder in 29 Bezirke zerfallen. — Die Arbeit von **Levander,** obwohl vorwiegend mit den Meermollusken der Gegend von Helsingfors beschäftigt, enthält auch zahlreiche Süsswasser- und Brakwasserformen. — **Stenroos** behandelt das Thierleben im Nurmijarvi-See. — **Westerlund** 1902 beschreibt einen neuen Planorbis (pupillus).

Schweiz. **Imhof** 1901 Biol. Centralbl. zählt die Wassermollusken der Schweiz und besonders der schweizer Seen auf. — **Kobelt** 1902 Nachrbl. p. 104 erörtert das Vorkommen von Campylaea cingulata bei Lugano. — **Collier** zählt einige von ihm in der Höhe von über 6000 Fuss im Wallis gefundene Mollusken auf.

Dalmatien u. Hercegowina. Eine hochinteressaute neue Höhlenschnecke (Spelaeoconcha paganettii) aus einer Höhle auf der Insel Curzola beschreibt **Sturany** 1902 in Verb. Ges. Wien, vol. 51 und Nachrbl. — Derselbe 1902 in Notizen Wiener Hofmus. giebt Beiträge zur Fauna Dalmatiens und der Herzegowina. — **Wagner** 1902 Monogr. Pomatias beschreibt eine neue Art (P. roseoli) aus der Hercegowina. — **Sturany** 1904 beschreibt einige neue Höhlenformen aus der Hercegowina, darunter die merkwürdige neue Gattung Pholeoteras, eine Pupide mit Gitterskulptur.

Portugal. 1901 **Cotter** zählt die im Basalttuff von Lissabon vorkommenden Landschnecken auf; die Fauna ist wegen dreier von dort beschriebener Buliminus von geographischer Bedeutung, gehört aber vermuthlich den Grenzschichten zwischen Kreide und Eocän an.

Spanien. Eine Anzahl neuer Arten beschreibt **Westerlund** 1902 Bol. Soc. Esp. II, p. 236 (dieselben sind aus Nachrbl. 1902 p. 19 abgedruckt). — Einige Arten von Moncayo in Arragonien zählt **Nayas** 1904 auf; — aus der Umgebung von Saragossa **Bovio** 1904. — Beiträge zur Fauna von Katalonien giebt auch **Caziot** 1904 (5 & 6).

Eine Anzahl Landschnecken von Majorka, Balearen zählt **Horsley** 1904 auf.

Frankreich. 1901 **Bonnemère** giebt eine Aufzählung der Süsswassermollusken, die mir nicht zugänglich geworden ist. — **Dumas** setzt seine Conchyliologie bourbonnaise fort. — **Martel** zählt die Fauna der Umgebung von Cancale auf. — **Moutier** giebt einen Nachtrag zur Fauna von Caën. — **Granger** 1903 Actes Soc. Bordeaux giebt eine Aufzählung der französischen Helices. — **Germain** 1903 & 1904 zählt die Binnenconchylien der Umgebung von Anger und im Dep. Maine-et-Loire auf. — **Letacq** 1903 erörtert die Verbreitung von Margaritana margaritifera in der Sarthe, der Gourbe und dem Udon. — **Locard** 1903 beschreibt eine neue Lärtetia (umbilicata) aus Südfrankreich. — Derselbe 1902 giebt einige Beiträge zur Fauna der unterirdischen Gewässer Südfrankreichs. — Die Verbreitung von Torquilla similis Brug. in Südfrankreich und an der Riviera erörtert **Margier** 1901 Feuille jeunes nat. p. 139. — **Leboucher** & **Letacq** 1904 geben die Fauna des Dep. Orne; — **Maisonneuve** 1904 einige Nachträge zu Maine-et-Loire; — **Rochebrune** 1904 die Najadeen und die Limnaeiden der Charente; — **Germain** 1904 zählt die Heliciden von Dieppe auf; — **Dauphin** eine Anzahl Arten von Brides-les-Bains in Savoyen; — **Margier** 1904 giebt die Fauna von Verdon in den Basses-Alpen.

Italien. **Monterosato** 1901 Nachrbl. p. 186 beschreibt eine neue Xerophila (vigiliana) aus dem Hochgebirge der Abruzzen. — **Bellini** 1903 Boll. Soc. Napoli zählt die Fauna des Lago di Fusaro auf. — **Issel** 1901 Act. Soc. Ligust. macht interessante Mittheilungen über die Mollusken der italienischen Thermalquellen.

Kobelt 1903 Ann. zool. Napoli beschreibt zehn neue Arten Helix (1 Pomatia, 9 Iberus) aus Süditalien; dieselben sind auch in vol. 10 der Iconographie abgebildet. — **Kobelt** 1904 Nachrbl. giebt eine eingehende Schilderung zweier mehrwöchentlicher Sammelausflüge nach der Gegend südlich von Neapel (Provinz Salerno, Basilicata und Nordkalabrien) und beschreibt eine Reihe neuer

Iberusformen von da. — Die Süsswassermollusken der Gegend von Neapel zählt **Bellini** 1904 auf.

Korsika. **Caziot** 1902 (oder 1903) giebt eine sehr sorgfältig gearbeitete, durchweg auf eigenem Material beruhende Zusammenstellung der Molluskenfauna mit sorgfältiger Aufzählung der Fundorte. Es hat die beiden von Mabille als neu beschriebenen Pomatias eben so wenig am Originalfundort wiedergefunden, wie das von Requien angegebene Pomatias obscurus. — Derselbe 1901 C.-R. Ass. franc. giebt eine Vergleichung der Faunen von Korsika und Sardinien. — Derselbe 1904 giebt einen Nachtrag zur korsischen Fauna.

Balkanhalbinsel. Eine Sammelexkursion durch Montenegro beschreibt **Wohlberedt** 1901 Abh. Görlitz, v. 23, p. 181 (1 n. sp.); — **Westerlund** 1902 Nachrbl. eine neue Hydrobia (sturanyi) aus Macedonien. — Neue Pomatiaarten beschreibt **Kobelt** in der Ikonographie und im Martini-Chemnitz.

Griechenland. **Kobelt** 1902 in Mart. Chemn. erörtert eingehend die Verbreitung der Formen der Helix (Codringtonia) codringtonia Gray und beschreibt drei n. sp. — **Sturany** 1902 Nachrbl. zählt eine grössere Anzahl in Pelopones gesammelter Landschnecken auf. — **Westerlund** 1902 Nachrbl. beschreibt einige neue Helix und Buliminus. — **Martens** 1903 Arch. f. Nat., v. 69 giebt einen Nachtrag zur Ausbeute von Oertzen.

Russland. **Lindholm** 1901 Nachrbl. 160 giebt ein Molluskenverzeichniss von Nowyi Oskol im Gouv. Kursk und zählt p. 185 eine Anzahl Arten aus dem Gouv. Charkow auf. — **Luther** 1901 Act. Soc. fennica beschreibt aus der Umgebung von Reval 65 Arten auf, davon 12 für Esthland neu. — **Simroth** 1902 zählt in einer umfangreichen Arbeit mit zahlreichen Tafeln die Nacktschnecken des gesammten Russischen Reiches in Europa und Asien auf und beschreibt ausser zahlreichen neuen Arten zwei neue Gattungen aus dem Kaukasus. — **Lindholm** 1902 Nachrbl. zählt die Fauna der Umgebung von Petersburg auf. — Derselbe giebt 1903 Ann. Mus. Petersb. die Fauna der Gouvernements Kursk und Orenburg, und weist Unio tumidus, limosus, batavus und ater in den Zuflüssen von Ural und Kama nach. — **Rosen** 1901 zählt die in der nächsten Umgebung von Charkow von ihm gefundenen Arten auf. — Einige Arten von Urjum, Gouv. Diatka, zählt **Krulinowsky** 1904 auf.

Rumänien. **Licherdopol** 1902 Bull. Bucarest 9 u. 10 giebt Notizen über die Molluskenfaunen verschiedener Departements von Rumänien. — **Kobelt** 1904 Nachrbl. zählt 18 Landschneken von Sinaja auf; — **Gaudet** 1904 Bull. Bucarest, v. 13, p. 491 eine Anzahl Arten aus der Umgebung von Bukarest.

Creta. Eine neue Albinaria aus Creta beschreibt **Boettger** 1901 Nachrbl. p. 127. — **Sturany** 1904 Nachrbl. p. 108 zählt vom Grafen Attems gesammelte Arten auf (1 n. sp. Clausilia).

Vorderasien. Die Fauna von Cheikle in Nordsyrien zählt **Naegele** 1901 Nachrbl. p. 16 (24 sp., 5 n. sp.). — Derselbe ebenda

p. 27 von Urmia im persischen Armenien eine Anzahl Arten (1 n.
var.). — Eine Anzahl weiterer neuer Arten zählt Derselbe 1902
Nachrbl auf; — eine neue Helix (karagolica) **Westerlund** 1902
ebenda, ebenso eine neue Helix (vernicata) aus Syrien. — **Gude**
1902 zählt die Heliciden der verschiedenen vorderasiatischen Provinzen auf, auch von Persien und Arabien.

Aus dem Urmia-See erwähnt **Martens** 1904 S.-B. Ges. Berlin
4 Arten (keine n. sp.).

Nordafrica. **Pallary** 1901 J. C. p. 226 beschreibt eine Anzahl neuer Arten aus Marocco, — eine weitere Anzahl 1901 in
C.-R. Assoc. franc. 1900, p. 731; — eine grössere Anzahl 1904 J.
Conch. v. 52. — Ebenda zählt Derselbe sämmtliche aus Marocco
bekannte Binnenconchylien auf (400 sp.).

Egypten. **Pallary** 1901 Bull. Inst. Egypte II beschreibt eine
Anzahl neuer Arten aus dem seither unerforschten Gebiete zwischen
Nil und Rothem Meer; und ebenda 1903 III eine Anzahl von Jnnes
Bey gesammelter Arten vom oberen Nil.

Sibirien. Fünf neue Choanamphalus aus der Angara beschreibt **Dybowski** 1901 Nachrbl. p. 119. — Derselbe behandelt
ibid. p. 129 die Binnenconchylien des Amurlandes. — Die Cycla-
diden des Baikalsees behandelt Derselbe 1902 Nachrbl p. 65. —
Simroth 1902 zählt mit den russischen auch die sibirischen Nacktschnecken auf; — **Gude** 1902 Ann. N. G. v. 10 die Heliciden.

Dybowski 1903 Nachrbl. p. 7 beschreibt eine Anzahl ost-
sibirischer Landschnecken, und zählt (Ann. St. Petersb. VIII, p. 40)
einige Arten aus Kamschatka auf.

Hochasien. **Moellendorff** 1901 Ann. Petersb. veröffentlicht
die zweite Abtheilung der Bearbeitung der Ausbeute der russischen
Expeditionen nach Gansu, Sytshuan und Schensi, vorwiegend Buliminus, von denen jetzt 116 Arten bekannt sind; fünf neue, z. th.
sehr eigenthümliche Untergattungen. Im Anhang wird eine Uebersicht der geographischen Verbreitung der chinesischen Mollusken
gegeben. M. unterscheidet 9 zoogeographische Provinzen die sich
mit der politischen Eintheilung nicht decken. Die Abgrenzung ist
indess nur eine provisorische. — **Gude** 1902 J. Mal. v. 9 giebt
eine systematische Aufzählung der centralasiatischen Heliciden
(Macrochlamys coeligena n. aus Russisch-Turkestan. — **Ancey** 1902
Nautilus v. 16 beschreibt zwei neue Buliminus von ebenda. — **Simroth** 1902 Nacktschn. russ. Reich zählt auch die centralasischen
Nacktschnecken auf. — Zwei neue Buliminus aus Centralasien beschreibt **Rosen** 1904 Nachrbl. p. 169.

Tropisches Asien. **Gude** 1902 J. Mal. IX giebt eine sorgfältig gearbeitete Zusammenstellung der Heliciden sämmtlicher zum
Erdtheil Asien gehörenden Länder.

China. Drei neue Arten aus Inner-China beschreibt **Gredler**
1901 Nachrbl. p. 150.

In der zweiten Hälfte der Bearbeitung von Potanin's Ausbeute
enthüllt **Moellendorff** einen ungeahnten Reichthum von Buliminus-

Arten, die aber alle zu von den europäischen verschiedenen Untergattungen gehören; die Westgrenze läuft durch die transkaspische
und persische Wüste, nach Osten bildet die Wasserscheide des
Hoangho eine äusserst scharfe Grenze, die kein Buliminus über-
schreitet; nach Süden liegt die Grenze im Kamm des Tsing-ling-
Gebirges.

Gude 1902 J. Mal. v. 10 zählt die Heliciden von China einschliesslich Hainan und Formosa auf.

Heude 1901 J. Conch. p. 35 macht einige Bemerkungen über
das Verhältniss der Fauna des Yangtse zur Fauna von Annam;
etwa ein halbs Dutzend Unioniden ist gemeinsam; eine Verschleppung
durch Vögel ist eben so wenig wahrscheinlich, wie eine Wanderung
durch die Berge von Yünnan; dagegen kann eine Verbindung durch
das Küstenland bei etwas höherem Stand der Gewässer stattgefunden haben. — Sturany 1901 hat die Mollusken der dritten
Forschungsreise des Grafen Eug. Zichy bearbeitet. — Eine Anzahl
Arten aus Shantung beschreiben Jones & Preston 1904 Waterwitch.

Japan. Pilsbry 1901 Ann. N. H. VIII giebt eine vorläufige
geographische Uebersicht über die Binnenconchylienfauna. Das
paläarktische Element ist unbedeutend, dagegen hat eine starke
ostasiatische Beimengung die Inseln auf zwei verschiedenen Wegen
erreicht, aus dem Amurgebiet über Sachalin, und aus China über
die Liu-kius und Formosa. Die Liukius hatten zweifellos früher
einen Landzusammenhang über Hokkaido mit Japan, der früher
unterbrochen wurde, als der mit Hakkoido und Honda. Die
Isolirung vieler Inseln hat erst stattgefunden nach der Ausbildung
der heutigen Fauna; viele haben selbst die Lokalrassen gemein.

Japan u. Liu Kiu Inseln. Neue und kritische Landschnecken
von Japan und den Liu-kiu Inseln zählt Moellendorff 1901 Nachrbl. p. 33 auf (1 nov. gen. Gastrodontella, 6 n. sp.). Zahlreiche
neue Arten Pilsbry 1901 Pr. Phil., p. 345, p. 402; — Die Clausi-
liiden der Liu-Kiu Derselbe ibid. p. 409; — ferner japanische
Mollusken Derselbe, ibid. p. 465, p. 495. — Zahlreiche neue Arten
beschreibt auch Gude 1901 in verschiedenen Arbeiten, — Pilsbry
und Pilsbry & Hirase 1902 in Pr. Phil. und Nautilus vol. 15 u.
16 bereichern die Fauna von Japan um eine grosse Zahl von Arten
aus den verschiedensten Gattungen. — Pilsbry & Gulick zählen
die Fauna von Yesso auf. — Gude 1902 Ann. N. H. X beschreibt
eine neue Eulota (gereti).

Pilsbry allein oder mit Hirase zusammen setzt seine Veröffentlichungen neuer Arten auch in den Jahren 1903 und 1904
in den Pr. Philadelphia und dem Nautilus fort und enthüllt einen
überraschenden Reichthum der japanischen Fauna.

Hirase 1903 giebt mit Nautilus vol. XVI einen Katalog der
japanischen Binnenconchylien mit Abbildungen von einem Dutzend
noch unabgebilder Formen.

Vorderindien. Eine neue Diplommatinide von Darjiling beschreibt Fulton 1901.

Südindien. Ein neues Cyathopoma (peilei) von Yerkand in den Shevroy Hills beschreibt **Preston** 1903 Pr. mal. Soc. V, p. 340. Ceylon. **Collett** 1902 J. Ceylon As. Soc. XVI giebt die zweite Abtheilung der Molluskenfauna von Ambagamuwa. — Eine neue Jerdonia (serendibensis) von Pussevalla beschreibt **Preston** 1903 Pr. Mal. Soc. V, p. 340; — zwei neue Cataulus **Fulton** 1903 J. Mal. X, p. 102; — einige weitere Cataulus **Fulton** 1904 Ann. Hist. XIII, p. 452; — eine neue Corilla **Gude** 1904 J. Mal. XI, p. 45.

Niederländisch Indien. Von der kleinen Insel Roma bei Alor beschreibt **Moellendorff** 1903 Nachrbl. p. 106 eine Chloritis (romaënsis) und eine Xestina (rugosissima); — **Rolle** ibid. p. 157 eine neue Varietät (romaënsis) des Amphidromus laevus, und (var. gracilis) des Amph. inconstans; — zwei neue Trochomorpha von Engano Island **Sykes** 1904 J. Mal. XI.

Tenimber Inseln. Eine Cochlostyla (Calocochleas talautana) beschreibt **Gude** 1903 J. Mal. X, p. 49.

Andamanen. **Fulton** 1903 J. Mal. X beschreibt eine neue Macrochlamys (subconvallata). Fundort nicht ganz sicher. Die Fundortsangabe Andamanen für zwei Microparmarion bei **Collinge** 1901 J. Mal. VIII beruht auf einem Irrthum; die Arten sind aus Annam; — **Collinge** 1901 J. Mal. VIII, p. 120.

Hinterindien. Einen vierten Beitrag zur Fauna von Annam giebt **Moellendorff** 1901 Nachrbl. p. 45 (4 n. sp.). — 45 von Fruhstorfer in Tongking, besonders im Manson-Gebirge gesammelte Arten Derselbe 1901 ibid. p. 64; weitere 20 ibid. p. 110. — **Gude** 1901 in J. Mal. VIII und J. de Conch. v. 49 beschreibt eine Anzahl Plectopylis aus Tongking. — **Heude** 1901 J. Conch. macht Bemerkungen über das Verhältniss der Süsswasserfauna von Annam zu der des Yang-tse-kiang. — **Blanford** 1902 Pr. mal. Soc. v. 5 beschreibt aus Siam eine neue Art von Rhiostoma (dalyi) und Sesara (megalodon). — **Moellendorff** 1902 Nachrbl. in verschiedenen Aufsätzen zählt zahlreiche neue Arten aus Siam und Tongking, von der Insel Kelantan und von Perak auf. — **Martens** 1902 Nachrbl. beschreibt eine Anzahl Anodonta, Nodularia, Quadrula und Pseudodon aus Tongking und Annam. — **Sykes** 1902 Pr. mal. Soc. vol. 5 giebt eine Revision der aus Tongking beschriebenen Clausilien (chiemhoaënsis n.). — **Gude** 1902 Ann. N. H. v. 10 beschreibt eine neue Ganesella (procera) aus Tongking; — **Fulton** 1902 Ann. N. H. v. 9 einen neuen Alycaeus (conformis) aus Perak. — Die Fauna der Insel Kelantan haben ausser Moellendorff auch **Sykes** 1902 J. Mal. v. 9 und **Collinge** 1902 (beide nach der Ausbeute der „Skeat-Expedition"), mit zahlreichen Arten bereichert.

Collinge 1903, in Fasciculae malayenses berichtet über die auf der Halbinsel gesammelten deckellosen Landschnecken; — **Sykes** 1903 Pr. Z. S. zählt die Deckelschnecken auf, welche die Skeat-Expedition 1899—1900 auf der malayischen Halbinsel gesammelt hat. — **Bavay & Dautzenberg** 1903 J.-C. beschreiben zahlreiche Arten und Varietäten aus Tongking und geben die Abbildungen einer Anzahl schon früher beschriebener Arten. — **Blanford** 1903 Pr. mal. Soc. V zählt die Ausbeute Daly's aus Siam auf und beschreibt eine Anzahl neuer Arten (Paludomus, Melania und Ampullaria). — **Gude** 1903 Pr. mal. Soc. V beschreibt einen neuen Streptaxis (prestoni) aus Siam; — **Fulton** 1903 in J. Mal. X einen Coptocheilus (perakensis) von Perak; ferner **Gude** 1903 Pr. mal. Soc. V eine neue Ganesella (procera) von Than-moi in Tongking. — **Fischer & Dautzenberg** geben 1904 in der Mission Pavie eine vollständige Liste der bis heute bekannten Arten aus Hinterindien.

Hinterindien. Eine Anzahl neuer Najadeen beschreibt **Rolle** 1904 Nachrbl. 45 u. 46; — eine neue Harmandia (castelnaui) **Rochebrune** 1904 Bull. Mus. Paris IX, p. 138; — eine Anzahl Süsswasserarten aus Yünnan beschreibt **Fulton** 1904 J. Mal. XI, p. 51.

Borneo. **Collinge** 1901 Trans. Edinb. zählt die nackten oder unvollständig beschalten Schnecken von Nordborneo auf. — Einige neue Arten **Gredler** 1902 Nachrbl. p. 53. — **Martens** 1903 S.-B. Ges. Berlin giebt eine Aufzählung der aus Ost-Borneo bekannten Arten nach den Sammlungen eines Sohnes des Archidiakonus Ad. Schmidt (10 n. sp. u. var.). — **Collinge** 1903 J. Mal. v. 10 beschreibt eine Anzahl neuer Arten der Gattungen Damayantia, Collingea, Parmarion und Atopos; — ein neues Opisthostoma (beddomei) **Smith** 1904 Pr. mal. Soc. VI p. 105; — einen neuen Amphidromus (grossei) **Bartsch** 1904 Smith. Misc. Coll. p. 292; — einen weiteren (Weyersi) **Dautzenberg** 1904 Ann. mal. Belg. (nebst einer Anzahl Arten aus dem Sultanat Sambas). — Auch **Jones & Preston** 1904 Pr. mal. Soc. VI zählen unter der Ausbeute der Waterwitch eine Anzahl Arten aus Borneo auf.

Java. Eine neue Xesta (dwipana) aus Java beschreibt **Gude** 1903 Pr. mal. Soc. V, p. 264; — einige neue Arten (Corbicula, Vivipara, Lagochilus, Melania) **Bullen** 1904 Pr. mal. Soc. VI, p. 109 & 110.

Sumatra. **Gude** 1903 J. Mal. X, p. 45 beschreibt eine neue Dyakia (smithiana) und eine Trichochloritis (tabularis).

Celebes. Eine Anzahl Arten von Kurukan in der Minahassa beschreibt **Gredler** 1901 Nachrbl. p. 62.

P. & F. Sarasin geben auf Grund der im vorigen Jahresbericht erwähnten beiden grossen Arbeiten eine reich mit Karten ausgestattete geologische Geschichte der Insel, die allerdings auch andere Thierklassen in Betracht zieht, aber sich doch wesentlich auf die Mollusken stützt und auch alle benachbarten Inselgruppen in Betracht zieht.

Molukken & Suluinseln. **Moellendorff** 1902 Nachrbl. p. 185 und **Dautzenberg** 1902 Naturaliste p. 247 haben beinahe gleichzeitig die Fauna der Molukkeninsel Obi behandelt, doch hat M. sicher die Priorität, wenn auch nur um wenige Tage. — **Dautzenberg** 1903 J. Conch. p. 5 giebt eine ausführlichere Bearbeitung mit

Abbildung der neuen Arten. — Derselbe ibid. p. 19 zählt einige
Arten von der Insel Jolo im Sulu-Archipel auf. — Eine neue
Planispira (buelowi) und zwei Physiden von Obi (Miratesta schmal-
ziana und Ameria obiana) beschreibt **Rolle** 1903 Nachrbl. p. 23. —
Zahlreiche neue Arten von Buru, Halmahera und Waigui beschreibt
Sykes 1903 J. Mal. X; — eine neue Varietät (halmaherica) von
Planispira (quadrifasciata) **Gude** 1903 J. Mal. X, p. 48. — Ein
Leptopoma (placidum) von Südflores und ein zweites (albicans) von
Sumba beschreibt **Fulton** 1903 J. Mal. X, p. 101. — Eine Anzahl
neuer Arten von Batjan, Gebi, Obi und Waigiu beschreibt **Sykes**
1904 J. Mal. XI; — solche von Gebi **Fulton** 1904 J. Mal. XI,
p. 53.

Philippinen. **Moellendorff** hat die von Semper begonnene
Bearbeitung der philippinischen Landconchylien aufgenommen und
die Agnathen und einen grossen Theil der Naninen durchgearbeitet.
Nach seinem frühen Tode hat **Kobelt** den Band zu Ende geführt
und wird das Unternehmen in Verbindung mit der Tochter des
Verstorbenen fortsetzen.

Von Palawan beschreibt **Rolle** 1903 Nachrbl. p. 156 einen
neuen Amphidromus (Waterstraati). — **Hidalgo** setzt ebenfalls
seine Bearbeitung der Philippinischen Fauna in den Obras fort.
Derselbe beginnt in den Rev. Acad. Cienc. 1904 die Veröffentlichung
eines neuen Katalogs der philippinischen Mollusken.

Makaronesien. **Ancey** 1901 J. Conch. p. 143 vermuthet, dass
eine Reihe kleiner Arten, welche Terver in Orseilleballen gefunden
und als kanarisch betrachtet hatte, wie Helix caementitia, umbilica,
terveriana, cyclodon, nicht von den Inseln, sondern von der gegen-
überliegenden afrikanischen Küste stammen; er ist sicher für H.
melolontha Shuttl. (= subapiculus Ancey). Dagegen ist myristica
Shuttl., angeblich von den Capverden, zweifellos kanarisch.
Moellendorff 1901 Nachrbl. p. 125 spricht sowohl der Patula
(Ridleya) quinquelirata Smith als dem Bulimus ridleyi (Hyperaulax)
Smith von Fernando Noronha makaronesischen Charakter zu. —
Ancey 1903 J. Conch. p. 39 widerspricht dem entschieden.

Afrika.

Ostafrika. Einen neuen Rhachis (fülleborni) beschreibt **Martens** 1901 Nachrbl. p. 148; — eine neue Ennea (affectata) von
Sansibar **Fulton** 1902 Pr. mal. Soc. V, p. 32. — **Smith** 1902 hat
für das Werk von Johnston über Uganda die Mollusken bearbeitet.
— **Derselbe** 1903 J. Mal. X, p.   beschreibt eine grössere Anzahl neuer Arten aus Uganda und von Kenia und Kilimandscharo.
— Eine neue Ennea (oleacea) beschreibt **Fulton** 1903 J. Mal. X,
p. 99. — **Smith** 1904 Pr. mal. Soc. VI, p. 68 beschreibt eine Anzahl
Arten aus Deutsch und Britisch Ostafrika. — Vom oberen Nil
zwischen Shendy und Faschoda zählt **Hägg** 1903 zwanzig Arten
meist aus dem Süsswasser auf (keine n. sp.). — Eine grosse Anzahl

neuer Arten aus Zentralafrika beschreiben **Rochebrune & Germain;** — eine neue Limicolaria (longa) aus Britisch Ostafrika **Pilsbry** 1904 in Tryon, Manual; — einige neue Arten von Spirotoxon **Simroth** 1904 Zool. Jahrb. XIX.

Socotra & Abd-el-Gury. **Smith** 1903 Nat. Hist. Sokotra giebt eine sehr sorgfältige Aufzählung aller von den beiden Inseln bekannten Arten und beschreibt eine Anzahl neuer.

Südarabien. Einen neuen Cerastus (dinshawi) aus dem Hinterland von Aden beschreibt **Sykes** 1903 Pr. mal. Soc. V, p. 338.

Südafrika. 14 neue Arten aus dem Kapland beschreiben **Melvill & Ponsonby** 1901 Ann. N. H. VIII, p. 315; — eine neue Ennea (premnodes) aus Natal **Sturany** Ann. Hofm. Wien p. 69. — **Collinge** 1901 Ann. S. Afr. Museum giebt die Zusammenstellung der aus der Kap-Kolonie bekannten Nacktschnecken. — **Melvill & Ponsonby** 1903 Ann. nat. Hist. XII beschreiben 31 neue Arten aus Südafrika. — Eine Tropidophora (plurilirata) vom Kap beschreibt **Fulton** 1903 J. Mal. X, p. 103.

Congostaat. Drei neue Arten beschreibt **Dautzenberg** 1901 Ann. Mal. Belg. v. 26; — eine weitere Reihe Novitäten **Dupuis & Putzeys** ibid. Bull. p. XXIV.

Kamerun. Eine neue Pseudachatina (perelongata) beschreibt **Rolle** 1902 Nachrbl. p. 211 von Old Calabar; — eine nene Nacktschneckengattung (Varania) **Simroth** 1904.

Westafrika. Eine Arbeit von **Nobre** über die Molluskenfauna der portugiesischen Besitzungen in **Westafrika** in Ann. Sci. Porto VII ist dem Referenten nicht zugänglich geworden. — Eine Anzahl neuer Achatiniden beschreibt **Pilsbry** 1904 in der Monographie der Familie.

Abessynien. Fünf neue von C. von Erlanger gesammelte Cerastus beschreibt **Kobelt** 1901 Nachrbl. p. 86; — vier weitere **Derselbe** 1903 Nachrbl. p. 33. — **Simroth** 1904 zählt zahlreiche neue von Neumann gesammelte Nacktschnecken aus Abessynien auf.

Somaliland. **Moellendorff & Kobelt** 1902 Nachrbl. p. 180 beschreiben eine neue Achatina (erlangeri) aus der Ausbeute von Carlo von Erlanger. — einen neuen Conulinus **Kobelt** 1903 Nachrbl. p. 91 (aus Molu).

Tsad-See. **Martens** 1903 S.-B. Ges. Berlin zählt vier von Glauning am Südufer des Tsad-Sees gesammelte Arten auf, die ersten aus dem See (3 n. sp.).

Tanganyika. Weitere Beiträge zur Aufklärung über die Fauna dieses Sees giebt **Moore** 1901 Pr. Z. S. p. 461. — Die systematische Stellung der Gattungen Chytra und Limnotrochus erörtert **Digby** 1902 J. Linn. Soc. vol. 28. — Ferner **Moore** 1903 in einem eigenen umfangreichen Werke. — Eine sehr gründliche Bearbeitung des Tanganyika-Problems giebt **Smith** 1903 in seiner Presidential Adress, Pr. mal. Soc. VI, p. 77—104 — Derselbe

macht weiter kritische Bemerkungen 1904 in Pr. Mal. Soc. VI, p. 77.
— Ferner äussern sich über das Problem **Huddleston** 1904 in J.
Victoria Inst. v. 36 und Geological Magaz. I; — und **Gravier** 1904
in Bull. Mus. Paris IX, p. 347.

Maskarenische Provinz.

Einen neuen Clavator von Madagaskar beschreibt **Kobelt** 1901
Nachrbl. p. 96. — Neue Arten (Ampelita und Tropidophora) **Fulton**
1902 Ann. N. H. v. 9. — Zahlreiche neue Arten aus den Gattungen
Clavator, Cyclostoma, Euplecta, Helicarion, Helicophanta, Hemiplecta, Leucotaenius und Macrochlamys beschreibt **Ancey** 1902
Nautilus XVI. — Eine Anzahl von Alluaud in Süd-Madagaskar
gesammelter Arten zählt **Dautzenberg** 1902 Bull. Soc. France v. 27
auf; — neue Arten von Ampelita und Tropidophora **Fulton** 1902
Ann. N. H. IX; — eine weitere Tropidophora (perfecta) **Fulton**
1903 J. Mal. X, p. 102.

Eine neue Edentulina (stumpffi) von Nossi-bé beschreibt **Kobelt**
1904 im Mart. Chemnitz.

Seychellen. Drei neue Arten beschreibt **Martens** 1903.

Aldabras. Die Molluskenfauna zählt **Voeltzkow** 1902 auf.

Australien und Melanesien.

Australien. Eine neue Rhagada (woodwardi) aus Nordwest-
australien beschreibt **Fulton** 1902 Pr. mal. Soc. V, p. 33; — einen
neuen Badistes (meridionalis) aus Südaustralien **Gude** 1903 Pr.
mal. Soc. V, p. 264. — Eine Corbicula (faba) aus dem Richmond
River, N. S. Wales beschreibt **Bullen** 1904 Pr. mal. Soc. VI, p. 110.
— **Fulton** 1904 J. Mal. v. 11 giebt eine kritische Uebersicht über
die australischen Hadra aus der Gruppe Sphaerospira und beschreibt eine neue Art (Sph. concors). — Derselbe erörtert ebenda
die Synonymie von Hadra bellendenkerensis und H. beddomeae. —
Ponsonby 1904 Pr. mal. Soc. p. 182 beschreibt ein neues Xanthomelon (bednalli) aus Zentral-Australien.

Neu Guinea. Einige neue Arten aus Britisch Neu Guinea
beschreibt **Fulton** 1902 Ann. N. H. IX, p. 182; — einige aus
Deutsch Neu Guinea Derselbe p. 315; — **Gude** 1902 J. Malac.
IX, p. 59 eine neue Chloritis (prestoni; — eine Anzahl neuer Arten
(Macrochlamys, Papuina, Chloritis), **Preston** 1902 Pr. mal. Soc. V,
p. 117; — eine neue Euplecta (planti) **Gude** 1904 Pr. Mal. Soc. VI,
p. 114.

Bismarck Archipel. Eine neue Papuina (spadicea) von Neu
Mecklenburg beschreibt **Fulton** 1902 Ann. N. H. IX, p. 318. —
Vier neue Varietäten der Papuina phaeostoma Marts. von der
Insel Kung bei Neu Mecklenburg beschreibt **Rolle** 1902 Nachrbl.
p. 212.

Marshall Inseln. Einen Beitrag zur Molluskenfauna giebt **Boettger** 1904 Zool. Jahrb. Syst. v. 20, p. 408 (n. sp. von Helicina, Opeas & Trochomorpha).

Neucaledonien. **Dautzenberg & Bernier** 1901 J. Conch. p. 215 beschreiben einen neuen Leucocharis (porphyrochila). — **Dautzenberg** ibid. p. 217 bildet einige Monstrositäten von Placostylus porphyrostomus Pfr. und fibratus Martyn ab.

Neuseeland. **Hutchinson** 1901 Trans. N. Z. v. 33 zählt die Süsswasserfauna von Rissington an der Hawkes Bai auf. — **Suter** 1901 Tr. N. Z. Inst. v. 24 macht interessante Bemerkungen über die Binnenconchylien von Neuseeland; — Derselbe 1905 ibid. v. 25 zählt die Fauna von Little Barrier Island auf. — Placostylus bovinus ist von Lord Howes Island abzuleiten, nicht von Neucaledonien; **Suter** 1901 J. Conch. p. 318. — Ueber einen Arion von Neuseeland vgl. **Collinge** 1903 J. Mal. X, p. 17. — Fünf neue Entodontidae beschreibt **Webster** 1904 Pr. mal. Soc. VI, p. 106—108. — Ein Verzeichniss sämmtlicher bekannter Arten giebt **Hutton** 1904 in seinem Index faunae Novae Zealandiae. — **Suter** 1904 Pr. mal. Soc. VI, p. 165 beschreibt einige neue Arten von Endodonta und Rhytida. — Derselbe 1904 berichtet über die Resultate der Erforschung einer Anzahl neuseeländischer Seen, die zum Nachweis des Vorkommens von Gundlachia geführt haben, und revidirt die Gattungen Potamopyrgus und Isidora.

Sandwichs-Inseln. 1901 **Ancey** (J. C.) behandelt das Vorkommen von Papuina barnaclei Smith, die er für eingeschleppt und wieder verschwunden hält; und macht einige synonymische Bemerkungen. — **Collinge** 1902 erwähnt den eurōpäischen Limax maximus von Hawaii. — Fünf neue Achatinella von Molokai beschreibt **Borcherding** 1901 Nachrbl. p. 32; — einige neue Amastra **Baldwin** 1903 Nautilus XVII, p. 34; — eine neue Leptachatina (henshawi) **Sykes** 1903 J. Mal. X; — eine Limnaea (hawaiensis) **Pilsbry** 1903 Pr. Phil. p. 790.

Helix sandwicensis Pfr. ist Jugendzustand einer südamerikanischen Happia aus der Gruppe der cuzcana und sicher nicht hawaiisch; **Ancey** 1902 J. Conch. p. 145. — Die Opeas von Hawaii erörtert **Sykes** 1904 Pr. mal. Soc. VI, p. 112 (2 n. sp.). — Eine ganze Reihe neuer Arten bildet **Ancey** 1904 Pr. mal. Soc. VI, p. 117 —127 ab. — Derselbe 1904 behandelt eine interessante subfossile Fauna von Hawaii und beschreibt einige neue Succinea. — Mit derselben Fauna beschäftigt sich auch **Henshaw** J. Mal. v. VI, p. 56 und beschreibt eine Anzahl neuer Punctum von Oahu und Vitrea von Hawaii. Die Erhaltung ist eine so gute, dass es wahrscheinlich erscheint, dass die Formen auch noch lebend vorkommen. — **Sykes** 1904 Ann. N. H. XIV, p. 159 beschreibt eine neue Amastra (rex).

Amerika.

Nordamerika. Die Beziehungen zwischen den nordamerikanischen und den europäischen Pisidien erörtert **Sterki** 1901 Nachrbl. p. 82. **Whiteaves** 1904 Ottawa Natural. XVII p. 192 macht auf das Vorkommen von Arionta arbustorum in Neufundland aufmerksam. Da an derselben Stelle auch die europäische Haide (Calluna) wächst, über deren Einschleppung sich noch eine Tradition erhalten hat, hält er eine Einschleppung der Schnecke auch nicht für unmöglich.

Ueber das merkwürdige Vorkommen von Tachea hortensis in Neu England vgl. **Winkley** 1904 in Nautilus XVII p. 121.

Canada. **Whiteaves** 1902 Ottawa Nat. XVI macht Bemerkungen über die Binnenconchylien von Keewatin, Northern Ontario und British Columbia. — **Walker** 1904 Ottawa Nat. XVIII p. 18 macht einige Zusätze zur Molluskenfauna. — Ein Anonymus (F. R. L.) bespricht ebenda das Vorkommen von Margaritana deltoidea.

Alaska. **Baker** 1904 Nautilus XVIII p. 62 beschreibt eine neue Limnaea (randolphi).

Vereinigte Staaten. **Blatschley & Ashley** 1901 Rep. Ind. Geol. XXV berühren in ihrer wesentlich palaeontologischen und geologischen Arbeit auch die rezente Fauna der Seen von Nordindiana. — **Chandall** 1901 Nautil. XV behandelt die Verbreitung der nordamerikanischen Physidae. — Schilderungen von Sammelexcursionen in Montana giebt **Elrod** 1901 Nautil. XV. — Einen neuen Unio aus Texas beschreibt **Frierson** 1901 ibid. — **Gratacap** 1901 Bull. Amer. Mus. XV giebt einen neuen Catalog der Binney & Bland Collection mit genauen Angaben über die Typen und die abgebildeten Exemplare. — Eine Anzahl neuer Pisidien und Sphaerien beschreibt **Sterki** 1901 in Nautilus XIII & XIV. — Einen neuen Unio (Lampsilis blatchleyi) aus Indiana beschreibt **Daniels** 1902 Naut. XVI. — Die Fauna des Lake Chautauqua, New York, behandelt **Eversman & Goldsborough** 1902 Rep. Fish Comm. XXVII. — Sammelexkursionen auf Flüssen in Texas und Louisiana schildert **Frierson** 1902 Nautil. XVI. — Populäre Mittheilungen über die Mollusken der westlichen Vereinigten Staaten macht **Orcutt** 1902 W. Amer. Scient. XII. — Neue amerikanische Landschnecken beschreibt **Pilsbry** 1902 Nautilus XVI p. 30; eine neue Helicina (tantilla) aus Florida ebenda p. 53; aus Idaho in Pr. Phil. 1902 p. 593. — Die in den Sacramento Mountains in Neu-Mexico gesammelten Mollusken zählt **Vanatta** 1902 Nautilus XVI auf. — **Walker & Pilsbry** 1902 Pr. Phil. geben die Fauna der Mt. Mitchell Region in Nord Karolina. — **Colton** 1903 Nautil. XVII p. 99 zählt die Landschnecken von Mount Desert in Maine auf. — **Collins** 1903 ibid. p. 112 die Fauna von Cedar Lake in Indiana. — **Pilsbry** 1903 ibid. p. 113 beschreibt eine neue Amnicola (augustina) aus Florida. — **Billup** 1903 Nautilus XVI p. 22 macht einen Vorschlag zum gemeinsamen Studium der nordamerikanischen Goniobasis.

— Derselbe 1903 ibid. p. 125 zählt die Fauna von Calhoun Falls in Süd Carolina auf. — **Blatchley & Daniels** 1903 in 27 Ann. Rep. Geol. Indiana zählen auch die in Indiana vorkommenden Mollusken auf. — **Daniels** 1903 ibid. giebt eine Check-List der Mollusken von Indiana. — Die Ancyliden der Gebiete westlich vom Mississippi behandelt **Walker** 1903 in Nautilus XVII. — **Pilsbry** 1903 Nautilus XVII p. 75 beschreibt einen neuen Planorbis (magnificus), den grössten unter den Amerikanern, und p. 77 eine neue Guppya (miamiensis). — Ferner giebt Derselbe 1903 Pr. Philad. p. 193 einen Bericht über die ziemlich eigenthümliche und an Varietäten reiche Fauna des Gebirges an der Westgrenze von Arkansas.

Pilsbry 1903 Pr. Philad. 626 beschreibt eine Cerionide (Zacoleus idahoensis) aus Idaho, die eine eigene Gattung bildet. — Einige Arten aus Nord-Carolina beschreibt **Vanatta** 1903 Nautilus XVI p. 106. — Derselbe 1903 Pr. Phil. p. 756 giebt ein Verzeichniss der in West-Florida und auf der zu Mississippi gehörenden Insel Horn gesammelten Arten. — **Hinkley** 1904 Nautilus XVII p. 37 verzeichnet eine Anzahl von ihm in Alabama gesammelten Arten; — **Farris** 1904 ibid p. 49 solche aus den Südweststaaten, besonders Arizona; — **Baker** 1904 ibid. XVII p. 112 vom Cedar Lake in Indiana; — **Cockerell** 1904 ibid. XVII p. 130 die Höhenfauna am Pikes Peak über 10 000 Fuss; — **Rhoads** eine Ausbeute aus Delaware ibid. XVIII p. 63; — **Hyning** 1904 ibid. XVII p. 130 die Fauna von Des Moines in Jowa; — **Colton** 1894 ibid. XVII p. 99 die von Mount Desert in Maine; — eine Fauna der Dells von Wisconsin giebt **Baker** 1904 Trans. St. Louis XIV p. 99. — Wegen kleinerer faunistischer Notizen siehe in 1904: **Clapp, Cockerell, Moore, Daniels, Pilsbry.**

Californien. **Bartsch** 1903 Pr. Soc. Washington p. 103 beschreibt eine neue Sonorella (walcottiana). — Die Molluskenfauna von Süd-Californien zählt **Stearns** 1903 Nautilus XVI p. 133 auf. — Ueber Limax maximus und einige andere Nacktschnecken: **Stearns** 1904 Nautilus XVIII p. 34: — über den Limax auch **Vanatta** ibid. p. 23 und **Bartsch** p. 12. — Eine neue Sonorella (fisheri) beschreibt **Bartsch** 1904 Smiths. Miscell Collect.

Centralamerika. **Fischer & Crosse** im Schlussheft der Mission scient. Mexico 1902 theilen das mexikanische Faunengebiet in vier Provinzen: den Ostabhang gegen das Antillenmeer, die zentrale Hochebene, den pacifischen Abhang, von welchem indess die Landenge von Tehuantepec zu dem Osten gehört, und die kalifornische Halbinsel.

Die Fauna der Cocosinsel an der pacifischen Küste von Costarica zählt auf **Martens** 1902 Ges. nat. Fr. auf (1 n. sp. Tornatellina hopkinsi). — **Pilsbry** in Tryon beschreibt ein neues Coelocentrum (dispar) aus Guatemala; — **Sykes** 1902 Pr. mal. Soc. V eine neue Helicina (pterophora).

Da Costa 1901 Pr. mal. Soc. IV beschreibt einen neuen Drymaeus (chiriquensis) aus Panama. — **Ancey** 1903 Nautil. XVII beschreibt einige neue Streptostyla aus Centralamerika; — **Gude** 1903 Pr. mal. Soc. V p. 262 eine neue Leptarionta aus Chiriqui, Panama.

Preston 1903 J. mal. X p. 4 beschreibt neue Arten (Helicina und Bulimulus) aus Costarica.

Da Costa 1904 beschreibt eine Streptostyla (costaricensis) aus Costarica und einen Neocyclotus (panamensis) aus Panama.

Cocosinsel. **Ancey** 1903 J. Conch. p. 97 zählt die Fauna der zu Costarica gerechneten Insel dieses Namens auf (vgl. Martens 1898 S. B. Ges. Berlin no. 9). Er vermuthet eine Besiedelung sowohl von Amerika wie von Polynesien aus. — Eine neue Guppya (fultoni) beschreibt **Gude** 1903 Pr. mal. Soc. V p. 265.

Westindien. **Jarvis** 1902 Nautilus XV erörtert die geographische Verbreitung der Pleurodonte aus der Gruppe der Pl. acuta und (XV) der Pl. sinuosa.

Portorico. Die Landschnecken zählen **Dall & Simpson** 1901 Bull. Fish Comm. I auf.

Jamaica. Eine neue Art beschreibt **Clapp** 1901 Naut. XV p. 33; — eine neue Adamsiella **Henderson** 1901 Naut. XV p. 49; — zwei neue Glandina **Vendryes** 1901 Naut. XIV, einige neue Urocoptidae derselbe Naut. XV; — einen neuen Colobostylus (nutti) **Pilsbry** 1903 Naut. XVII p. 65.

Haiti. Ueber Excursionen auf der Insel berichtet **Henderson** 1901 Naut. XV p. 13—16. — Ein neues Chondropoma (superbum) beschreiben **Henderson & Simpson** 1902 Naut. XVI p. 98.

Bahamas. Die Landschnecken von Fortune Island zählt **Henderson** 1901 Naut. XV auf.

Barbados. **Brown** 1902 J. of Conch Leeds X p. 266 zählt 46 Arten Binnenconchylien auf und giebt eine tabellarische Uebersicht über die Verbreitung jeder Art.

Bermudas. **Gulick** 1904 Pr. Phil. p. 405 berichtet über eine interessante subfossile Fauna mit mehreren neuen Arten, die wahrscheinlich auch lebend vorkommen dürften. — Einige Bemerkungen über Landschnecken macht auch **Davis** 1904 Naut XVII p. 125.

Südamerika.

Eine Anzahl Arten von verschiedenen Punkten Südamerikas beschreibt **Ancey** 1901 Naturaliste p. 81—104; — eine Anzahl Dryptus und zwei Neocyclotus **Da Costa** 1901 Pr. Mal. Soc. p. 238. — **Pilsbry & Clapp** in Nautilus XV 1902 beschreiben eine grössere Anzahl neuer Landschnecken (Aperostoma, Circinaria, Glandina und Helicina) aus der Sierra de Santa Marta in Columbien; — **Fulton** 1902 Ann. N. Hist. IX einen neuen Bulimulus (compactus) aus Bolivia. — **Ancey** 1902 J. C, v. 50 einen neuen Bulimus (bonneti) von ebenda. — **Pilsbry** 1901 Naut. XIV beschreibt eine neue Pleurodonte und eine neue Clausilia aus Columbien. — Eine neue Temesa (magnifica) von Sorato in Bolivia und eine neue Nenia (pilsbryi) von Callanga in Peru beschreibt **Sykes** 1901 Pr. mal. Soc. IV p. 222. —

Eine neue Porphyrobaphe unsicheren Fundortes beschreibt **Rolle**
1902 Nachrbl. p. 211. — **Ancey** 1903 Nautil. XVII p.
89 giebt eine
neue Beschreibung von Porphyrobaphe galactochila und beschreibt
einen neuen Bulimulus (blanfordianus) von Iquico in Bolivia; —
Derselbe 1903 ibid. p. 102 beschreibt eine Reihe neuer Arten aus
Brasilien und Argentinien. — Zahlreiche neue Arten aus Südamerika beschreibt **Da Costa** 1904 Pr. mal. Soc. VI p. 5, 6. —
Solche aus Bolivia **Bavary** 1904 Bull. Soc. Zool. Fr. v. 29 p. 152.

Peru. 1901. Zwei neue Peronaeus beschreibt **Dautzenberg**
(J. C.). — Eine Anzahl neuer Arten von Ampullaria, Bulimulus,
Drymaeus und Helix **Derselbe** 1901 J. C. v. 49. — Einen neuen
Dryptus (filocinctus) von Peru beschreibt **Rolle** 1901 Nachrbl. P. 93;
— einen neuen Bulimulus (icterostomus) vom oberen Maranon
Martens 1901 Nachrbl. p. 149. — **Gude** 1903 Pr. mal. Soc. V p. 262
beschreibt eine neue Varietät (diminuta) von Labyrinthus baeri aus
Perené. — Einen Borus (separabilis), wahrscheinlich aus Peru be-
schreibt **Fulton** 1903 J. Mal. X p. 100; — **Rolle** 1904 Nachrbl.
p. 35 neue Arten von Bulimulus, Bulimus, Nenia und Systrophia.

Brasilien. Einige neue Bulimulidae aus Matto Grosso beschreibt **Smith** 1903 Pr. Z. S. p. 70. — Einen neuen Odontostomus
(toleratus) beschreibt **Fulton** 1903 J. Mal. p. 100. — Einen Strophocheilus (myersi) von Minas geraes beschreibt **Da Costa** 1904
Pr. mal. Soc. VI p. 5. — Die Unioniden von Goyaz zählt **Ihering**
1904 Nachrbl. p. 154 auf. — **Ribeiro** 1904 Arch. Mus. Rio Janeiro
XII p. 138 weist den europäischen Limax variegatus in Brasilien
nach. — **Ancey** 1904 Nautilus XVII p. 102 beschreibt einige neue
Bulimulus und Odontostomus.

Mexico. **Pilsbry** 1903 Pr. Philad. p. 701 beschreibt eine
grössere Anzahl neuer Arten aus verschiedenen Gattungen.; —
Fischer & Chatelet 1904 eine neue Glandina (lamyi).

b) Meeresconchylien.

Die wichtige Frage über das Verhältniss der arktischen Fauna
zur antarktischen erörtert **Smith** 1902 Pr. mal. Soc. V p. 162 in
seiner Presidential Adress. Er prüft die von John Murray als
identisch angegebenen 11 Arten und findet 6 davon sicher falsch
bestimmt; Janthina kommt als pelagisch nicht in Betracht, die 4
anderen sind kosmopolitisch oder doch sehr weit verbreitet. Bezüglich der Gattungen kommt er zu dem Schluss, dass die Aehnlich-
keit der beiden Faunen nicht grösser sei, als zwischen beliebigen
anderen Meeren, und dass die Südmeere eine ganze Anzahl von
Gattungen haben, welche den nordischen fehlen.

Arktisches Reich.

Friele & Grieg 1901 bringen den Bericht über die Norske
Nordhavs Expedition nach langer Unterbrechung zum Schluss; die

dritte Lieferung enthält eine vollständige Aufzählung aller beschriebenen Arten und bei jeder die horizontale und vertikale Verbreitung. — **Knipowitsch** 1901 Bull. Mus. Petersb. XII p. 377 zählt
die von der russischen Expedition im Jahre 1900 an Spitzbergen
gesammelten postpliocänen Arten auf; — Derselbe 1901 Ann. Mus.
Petersb. VI die Ausbeute des Eisbrechers Ermak im Sommer 1900;
— Derselbe 1901 Verh. Russ. Miner. Ges. v. XXVIII giebt auf
Grund der postpliocänen Molluskenfauna eine geologische Geschichte
der Mollusken ·des Weissen Meeres; — Derselbe 1902 Ann.
St. Petersbourg VI p. 435 zählt die von der russischen Expedition
nach Spitzbergen gesammelten Lamellibranchiaten, und ibid. VII
p. 355 die Gastropoden auf, mit Abbildung und Beschreibung zahlreicher, auch neuer Arten. — **Pollonera** 1902 Spediz. italica zählt
die von der ersten Expedition des Herzogs der Abruzzen gesammelten
Mollusken auf. — **Jensen** 1902 Ved. Medd. p. 33 behandelt die
arktischen Cyprinen; — **Johansen** 1902 einige litorale Arten von
Island. — **Dall** 1903 Synops. Astartidae beschreibt eine neue Astarte
(soror) von Grönland. — **Haegg** 1904 Moll. Schwed. Expedition behandelt die gesammelten Bivalven (1 n. sp.). — **Jensen** 1904 Ved.
Medd. p. 305 beschreibt einen neuen Pecten (frigidus) aus dem
arktischen Tiefwasser. — **Knipowitsch** 1904 Ann. Petersb. VIII
p. 133 giebt einen Nachtrag zu seinen früheren Veröffentlichungen
über die Ausbeute der russischen Expedition nach Spitzbergen.

Nordatlantisches Reich.

Kobelt hat seine Iconographie der schalentragenden europäischen
Meeresconchylien regelmässig weitergeführt, die Pectinibranchia pro-
boscidifera zu Ende gebracht und die Toxoglossa begonnen. —
Vayssière 1901 Bull. Franco-belg. XXXIV giebt eine vergleichende
Uebersicht der Nacktkiemer des Kanals, der atlantischen u. mittel-
meerischen Küste Frankreichs. — **Friele** 1902 Bergens Mus. Aarbog
zählt die von dem Fischerei-Dampfer Michael Sars bei seiner ersten
Nordmeerfahrt gesammelten Mollusken auf (vier Tafeln und Karte).
— Eine Anzahl zwischen Island und Jan Mayen gesammelte Zwei-
schaler zählt **Jensen** 1902 Ved. Medd. p. 43—46 auf; — **Johansen**
1902 ibid. p. 385 die an Island innerhalb der Gezeitenlinien gesammelten Arten. — **Vayssière** 1902 C. R. Ac. Sci. v. 134 giebt
eine vorläufige Notiz über die vom Talisman gesammelten Hinter-
kiemer und in einem eigenen Werke den Hauptbericht. — **Locard**
1903 Bull. Soc. Agr. Lyon X p. 95 ff. behandelt die europäischen
Cerithiden, und in Echange XIX die Pteropoden; ferner in Bull. Soc.
Agric. die Turbiniden und Trochiden.

    England. 1901. Ein von der **Conchological Society of
Great Britain and Ireland** eingesetztes Komité giebt ein Ver-
zeichniss der in „British Area“ lebenden Meeresmollusken (720 spec.).
    Mayfield in J. Conch. Leeds X p. 49 zählt die Strandfauna der
Grafschaft Norfolk auf; — **Byne & Leicester** ibid. p. 75 die der

Insel Man. — **Marshall** ibid. p. 122—128 und 190—193 setzt seine
Additions fort und behandelt Eulima, Natica und Adeorbis; — **Hoyle**
ibid. p. 197 giebt die Liste der britischen Cephalopoden nach der
Nomenclatur von 1869 (Jeffreys), 1890 (Normann) und der offiziellen
Liste von 1902. — **Knight** im Brit. Assoc. Hand. N. Glasgow giebt
eine Zusammenstellung der marinen Mollusken (und Brachiopoden)
von Glasgow. — **Marshall** 1902 J. Mal. giebt eine kritische Revision
der Arten von Fusus (Neptunea), Buccinum etc. (F. consimilis n.).
— Lokalfaunen und kleinere Mittheilungen geben in 1902: **Knight,**
Cole, Allen & Todd, Pearcey, Lebour, und für Irland: **Welsh**
und **Praeger.**

Sykes 1903 Pr. mal. Soc. V revidirt die britischen Eulimidae
und beschreibt eine neue Art (Eu. collini). — **Marshall** 1903 Additions VII setzt seine Revision der englischen marinen Fauna fort
und beschreibt einen neuen Utriculus (tomlinianus) und einige neue
Varietäten. — Eine neue Xylophaga (praestans) von Northumberland
beschreibt **Smith** 1903 Pr. mal. Soc.; — eine neue Doris (beaumonti)
von der Westküste von Irland **Farran** 1903 Rep. Fish Comm.
Ireland 1903 II. — Kleinere Lokalfaunen und Notizen über einzelne
Arten geben **Garstang & Sorby** und Cole von Essex; — **Knight**
von den äusseren Hebriden; **Simpson** von Aberdeen und Kinkardon-
shire: — **Hey** von Yorkshire; — von Narin in Irland **Massy.** —
Ferner **Todd, Sorby, Cooper, Patterson, Petch, Brady, Chaster.**

Die Liverpool Marine Biol. Assoc. giebt 1904 eine Revision der
Mollusken des Districtes von Plymouth. — **Greene** 1904 Pr. Suffolk
XI p. 320 giebt ein Verzeichniss der von der Küste von Suffolk be-
kannten Arten. — Kleinere Mittheilungen und Angaben über das
Vorkommen einzelner Arten machen **Castle, Chaster, Jackson,**
Standen, Plowright, Saunders, Lebour, Moscy, Vallentin.

Kanal. **Brasil** 1901 Bull. Soc. Norm. v. 5 zählt von Luc sur
mer 155 Arten auf; keine n. sp. — **Marquand** 1901 Rep. Guernsey
Soc. p. 70 berichtet über die marine Fauna der englischen Kanalinseln.

Belgien. **Gilson** 1902 Mem. Mus. Belg. I p. 7—81 giebt auch
eine Uebersicht der an der belgischen Küste gesammelten Arten.
— **Pelseneer** 1904 C. R. Assoc. Fr. 1903 p. 223 hat Petricola auch
an der belgischen Küste gefunden.

Ostsee. **Levander** 1901 Act. Soc. Fenn. XVII no. 4 zählt die
Fauna der Ostsee bei Helsingfors auf. — **Luther** 1903 Medd. Soc.
Fenn. XXVIII p. 41 berichtet über das Vorkommen von Alderia
modesta daselbst.

Mittelmeer. **Bellini** 1902 Boll. Soc. Napoli XV p. 85—121
zählt die von ihm an Capri gesammelten Arten auf; von Interesse
ist das Vorkommen einer Mitra zonata. Er unterscheidet fünf Tiefen-
zonen, eine über dem Meeresspiegel liegende mit Littorina neritoides,
die Küstenzone, die Lamellarienzone, die Zone der Kalkalgen (40
bis 80 m) und die Korallenzone, welche in eine obere und eine
untere zerfällt. — **Claudon** giebt eine Faunula von St. Raphael,

Dep. Var. — **Graeffe** 1902 Arb. Inst. Wien zählt die Mollusken des Golfs von Triest auf; — **Granger** 1902 Bull. Beziers XXII u. XXIII die der französischen Südküste. — **List** 1902 giebt in Flora und Fauna des Golfes von Neapel die prächtig ausgestattete Monographie der Mytiliden. — **Locard** 1902 C. R. Assoc. France 1901 giebt einige vorläufige Mittheilungen über die Fauna von Korsika.

Nalato 1902 hat eine mir nicht bekannt gewordene Uebersicht der venetianischen Mollusken herausgegeben; — **Pallary** 1902 J. Conch. das Verzeichniss der in der Bucht von Tanger gefundenen Arten. — Eine populäre Arbeit von **Saitta** 1902 über Fische und Mollusken von Sicilien ist mir nicht zugänglich geworden.

Bellini 1903 Boll. Soc. Napoli XVI p. 20 behandelt die Faunen der mit Meerwasser gefüllten Seen Fusaro und Mar Morto in den phlegräischen Feldern. Es fanden sich insgesammt 66 Formen; einige Varietäten werden als neu beschrieben. — **Seguenza** 1903 Paleont. ital. IX gibt eine Aufzählung der neogenen Rissoiden von Messina, der auch manches Bemerkenswerthe über lebende Arten enthält.

Pallary 1904 giebt zwei wichtige Beiträge zur Fauna des Mittelmeeres, den einen über den Golf von Gabés, den anderen über die Küste von Nordafrika; einige neue Arten werden namhaft gemacht. — **Ancey** 1904 Naut. XVIII p. 21 hat Natica prietoi Hid. an der afrikanischen Küste gefunden. — **Maluquez y Nicolay** 1904 Bol. Soc. españ. III p. 226—255 zählt die Mollusken von Llansa in Catalonien auf. — **Brusina** 1904 Nachrbl. p. 167 beschreibt ein neues Cerithium (sykesi) aus der Adria.

Pontus. **Ostroumow** 1902 Ann. Mus. Petersb. VI p. 621 giebt das Verzeichniss der im Azowschen Meere gesammelten Arten. — Einige gemeine Strandarten erwähnt **Haupt** 1904 in: Natur u. Haus XII p. 193.

Westafrikanisches Reich.

Meisenheimer 1902 Zool. Anzeiger p. 92 beschreibt aus dem Golf von Guinea einen neuen Pteropoden, Pteroceanis diaphana, der eine neue Familie Pteroceanidae bildet. — **Martens** 1903 Valdivia und S.-B. Ges. Berlin giebt die Zusammenstellung der Faunen der einzelnen Abtheilungen von Westafrika. — **Joubin** beschreibt 1902 u. 1903 neue Cephalopoden von den Kapverden. — **Nobre** 1903 (?) Ann. Porto VII zählt die Fauna der Kapverden auf. — **Font** y **Saqué** 1904 Bol. Soc. españ. III, p. 209—211 zählt eine Anzahl am Rio de Oro an der Saharaküste gesammelte Arten auf. — **Casey** 1904 Trans. St. Louis beschreibt eine neue Pleurotomidengattung Helenella von St. Helena. — Einige neue Arten veröffentlicht **Sowerby.**

Südafrika. **Sowerby** 1901 Pr. mal. Soc. IV beschreibt sieben neue Arten von The Kowies; — **Smith** 1901 J. Conch. Leeds X, p. 104 beschreibt 19 neue Arten und berichtigt eine Reihe Sowerby'scher Bestimmungen. — Derselbe 1901 Pr. mal. Soc. IV, p. 232 zählt die von Südafrika beschriebenen Volutiden auf und beschreibt zwei neue Arten (Alcithoe ponsonbyi u. Lyria quecketti) von Natal; — Derselbe 1902 J. Mal. X, p. 248 sieben n. sp.; — Sowerby 1902 Mar. Invert. S. A. p. 93 giebt einen Nachtrag zu seinem früheren Veröffentlichungen; — Smith 1903 Pr. mal. Soc. V giebt ebenfalls einen Nachtrag zum Sowerby'schen Katalog (390 sp., 18 n. sp., zahlreiche Berichtigungen). — Smith 1904 J. Malac. XI beschreibt eine grosse Anzahl von Arten von Port Alfred. — Auch Sowerby veröffentlicht 1904 als vierten Band der Marine Investigations eine erhebliche Zahl neuer Lamellibranchiaten.

Indo-pacifisches Reich.

Rothes Meer. 1901 H. Fischer in J. C. zählt 65 Arten von Djibuti am Rothen Meer auf, davon eine Anzahl neu; er bringt auch einige Savigny'sche Arten zur Neuabbildung.

Meisenheimer 1902 Zool. Anz. beschreibt eine neue Pteropode aus dem Material der deutschen Tiefsee-Expedition, die eine eigene Gattung und Familie bildet (Pteroceanis diaphana). — Fuchs 1902 macht einige Bemerkungen über die von der „Pola" nachgewiesene Tiefseefauna des Rothen Meeres. — Shopland 1902 Pr. mal. Soc. V zählt die von ihm während eines zehnjährigen Aufenthaltes in Aden beobachteten Mollusken auf.

Sturany 1903 Denk. Ak. Wien v. 74 giebt mit der Bearbeitung der von der „Pola" gesammelten Mollusken einen sehr wichtigen Beitrag zu unserer Kenntniss der erythraeischen Fauna (21 n. sp.). Eine eigentliche Abyssalfauna ist nicht vorhanden; unter 1000 M. wurde nur die leere Schale einer Janthina gefunden.

Hägg 1904 Ark. Zool. beschreibt zwei von der schwedischen Nilexpedition gesammelte Nudibranchier.

Persischer Meerbusen. 1901· Melvill & Sykes bearbeiten die Mollusken aus dem Persischen Meerbusen, dem Golf von Oman, dem arabischen Meerbusen, nach den Sammlungen des Telegraphen-Direktors Townsend; ein guter Theil derselben ist beim Auswechseln eines alten Telegrapenkabels abgenommen worden; es konnten deshalb auch meistens die genauen Tiefen angegeben werden. Die Einleitung von Townsend giebt einen ganz vorzüglichen Ueberblick über die Vertheilung der Arten und ihre Abhängigkeit von der Bodenbeschaffenheit.

Melvill & Standen 1903 Ann. N. H. v. 12 beschreiben weitere 68 neue Arten aus der Ausbeute Townsend; — Dieselben 1903 J. Conch. v. 10 geben eine Revision der Scalidae aus demselben Gebiet und beschreiben einige neue Arten. — Melvill 1903 J. Mal. v. 10 revidirt die Columbellidae und beschreibt eine n. sp. (C. caliope). — Derselbe 1904 Pr. mal. Soc. VI zählt eine Reihe neuer Arten aus dem persischen Meerbusen und den angrenzenden Gewässern nach Sammlungen von Townsend auf; eine weitere Anzahl 1904 in

J. Mal. XI, p. 79—85. — **Melvill & Standen** 1904 J. Conch. XI,
zählen die gesammelten Cypraeidae auf.

Lakhediven und Malediven. **Eliot** 1903 hat für ein
grösseres geographisches Werk über die Inseln die Nudibranchier
bearbeitet; — **Smith** 1903 die marinen Mollusken.

Ostafrika. **Hoyle & Standen** 1901 beschreiben von der
Somaliküste 45 Gasteropoden, 13 Pelecypoden, alle neu, und einen
Octopus n. sp. — **Martens** 1902 Nachrbl. beschreibt eine Anzahl
neuer von der Valdivia gesammelter Arten (Actaeon, Puncturella,
Solariella, Typhis, Ringicula, Pleurotoma, Voluta) von der Ostküste
Afrikas. — **Eliot** 1902 Pr. Z. S. beschreibt drei neue Gattungen
Nudibranchier von Sansibar. — **Voeltzkow** 1902 Abh. Senckenb.
zählt die an der Aldabras gesammelten Meeresconchylien auf.
Eliot 1903 Pr. Zool. Soc. setzt die Bearbeitung der ostafrika-
nischen Nudibranchier fort. — **Martens** 1903 beginnt die systema-
tische Bearbeitung der Gastropoden der deutschen Tiefsee-Expedition;
— Derselbe 1903 S.-B. Ges. Berl. giebt eine Uebersicht über die
Verbreitung der Meeresmollusken längs der Küste von Ost- und
Südafrika. — **Eliot** 1904 Pr. Z. S. zählt eine weitere Reihe neuer
ostafrikanischer Nudibranchier auf.

Bengalischer Meerbusen. **Smith** 1904 Ann. Nat. Hist. XIII
und XIV behandelt die Ausbeute des Investigator im Tiefwasser
dieses Meerbusens und bildet zahlreiche neue Arten ab.
Preston 1904 J. Mal. XI beschreibt zahlreiche neue Arten von
Ceylon; — **Hoyle** 1904 die ceylonesischen Cephalopoden.

Malayisches Gebiet. **Alcock** 1902 Naturalist Ind. Sea giebt
p. 267—282 Abbildungen und Beschreibung von ihm im indischen
Ocean gesammelten Arten. — **Schepmann** 1903 Tijdschr. ned. Ver.
(2) VIII beschreibt drei neue von der Siboga gesammelte Oliva-
Arten. — Einen sehr wichtigen Beitrag zur Fauna namentlich des
südindischen Meeres hat die Tiefsee-Expedition der Valdivia ergeben,
von der **Martens** 1903 die beschalten Gastropoden als vol. VII der
Wissenschaftlichen Ergebnisse herausgegeben hat.

Philippinen. **Sowerby** 1901 Pr. mal. Soc. v. 4 beschreibt
nach den Sammlungen von O. Koch zahlreiche neue marine Arten
von Cebu. — Einen neuen Spondylus (occidens) beschreibt **Sowerby**
1903 J. Mal. X p. 77 — einen neuen Murex (multispinosus) **Sowerby** 1904 Pr. mal. Soc. VI p. 7; — eine neue Pleurotomidengattung
(Lophiotoma) Casey 1904 Trans. St. Louis XIV.

Japan. **Pilsbry** 1901 Pr. Phil. p. 383 beschreibt eine Anzahl
neuer Arten; — ebenso 1903 Nautil. XVII, p. 69—71; — eine
neue Pleurotomaria (hirasei) 1903 Pr. Philad. p. 496. — Eine
Uebersicht über die japanischen Gastropoden giebt **Pilsbry** Pr. Phil.
p. 3—37, über die Pelecypoden ebenda p. 550—561. Die zahlreichen
neuen Arten werden unten namhaft gemacht. — Einige neue Chlamys
beschreibt **Bavay** 1904 J. Conch. v. 52.

Australien. **Hedley** 1900 u. 1901 Pr. Linn. S. N. S. Wales
XXV u. XXVI beschreibt zahlreiche neue australische Arten und

bildet bereits beschriebene ab. — Derselbe 1901 Record Austral. Mus. IV. p. 121 giebt eine Revision der Typen der von der Chevert Expedition gesammelten Arten. — Derselbe 1902 u. 1903 Mem. Austral. Mus. IV verzeichnet die von der „Thetis" vor der Küste von Neusüdwales gesammelten Mollusken, und beschreibt in Rec. Austral. Mus. IV eine neue Voluta (perplicata).

1903 **Pritchard & Gatliff** setzen ihre Arbeit über die Fauna von Victoria (in Pr. Soc. Victoria XIV) fort. — **Hedley** 1903 Rec. Austr. Mus. V zählt die auf den Inseln Paanopa und Nauru der Gilbert-Gruppe gesammelten Mollusken auf. — **Kesteveen** 1902 Pr. L. Soc. N. S. Wales XXVII, p. 206 fügt der Fauna von Queensland 16 sp. Rissoidae zu.

Die Arbeiten von **Hedley, Verco** und **Pritchard & Gatliff** werden auch in 1904 fortgesetzt.

1903 **Hedley** (4) macht darauf aufmerksam, dass eine äusserst scharfe Faunengrenze zwischen Melbourne und Sydney liegt; sie wird durch Kap Wilson markirt und hängt in letzter Linie von der Existenz einer Landverbindung zwischen Südaustralien und Tasmanien, der sogenannten Bass-Strasse, im Pliocän ab, welche Kap Wilson über die Inseln Flinders und Kent mit Kap Portland in Tasmanien verband. Hedley bezeichnet die Fauna, welche sich von Kap Wilson westlich über Melbourne und Adelaide über die ganze südaustralische Küste bis Westaustralien erstreckt, als die Adelaidean Fauna, die östliche von Tasmanien, Gippsland und Neusüdwales als Peronian Fauna. Er schlägt ausserdem für die Küste von Queensland von der Moreton-Bay bis zur Torresstrasse den Ausdruck Solanderian Fauna vor und von der Torresstrasse bis zu den Houtmans Abrolhos an der Westküste den Namen Dampierian Fauna.

Hedley 1904 (1) beschreibt nach Drake - Sammlungen von Hamilton aus Neuseeland 2 n. gen. und 12 n. sp.; — **Smith** 1902 J. Mal. IX, p. 109 eine neue Gomphina (maorum). — **Suter** 1902 J. Mal. IX, p. 65 eine neue Separatista (benhami).

Tasmanien. **Tate & May** 1901 Pr. Linn. Soc. N. S. Wales XXVI geben eine revidirte Liste der tasmanischen Meeresconchylien.

Neu Caledonien. **Dautzenberg** 1902 J. Conch. giebt eine monographische Bearbeitung der Cypraeiden mit sorgfältiger Synonymie (70 sp. mit einigen neuen Varietäten). — **Pace** 1902 ibid. giebt eine Kritik der Hervier'schen Aufzählung der neucaledonischen Columbellidae. — Nautilus macromphalus ist streng auf Neu Caledonien beschränkt; schon an Viti und den Neuen Hebriden findet sich nur N. pompilius; **Willey** 1899 P. Z. S. p. 8.

Neu Seeland. **Park** 1903 Trans. N. Z. Inst. XXXV, p. 299 zählt die Mollusken der Totaranui Bay bei Nelson auf. — **Hutton** 1904 giebt in seiner Fauna auch ein vollständiges Verzeichniss der neuseeländischen Arten. — **Hedley** 1904 Rec. Aust. Mus. V, p. 86 —97 bereichert die neuseeländische Fauna um zahlreiche Arten. —

Murdoch 1904 giebt einen erheblichen Nachtrag zur neuseeländischen Fauna. — Ebenso **Webster**.

Westatlantisches Reich.

Carpenter 1901 Nautil. XV zählt die schalentragenden Meermollusken von Rhode Island auf. — Ueber Drakefahrten an der Küste von Neu-England berichtet **Howe** 1901 in Bull. U. S. Fish-Comm. XIX p. 239. — **Winkley** 1902 Naut. XVI p. 14 giebt Nachricht über Sammelexcursionen an der Küste von Neu-England; — **Blaney** 1904 Naut. XVII p. 109 über Sammeln in der Frenchman's Bai in Maine. — **Johnson** 1904, Naut. XVIII p. 47 bespricht einige Mollusken vom Cap Cod.

Die marine Fauna der Bermudas behandeln **Verrill** 1904 Trans. Connect. Acad. XI p. 15—62; — und **Davis** 1904 in Naut. XVII p. 125—130, beide mit Tafeln und Abbildungen neuer Arten.

Westamerikanisches Reich.

Westküste von Nordamerika. Eine neue Subemarginula und eine Pinna beschreibt **Dall** 1901 Naut. XIV p. 142; — ein neues Bittium **Dall & Bartsch**; — eine Anzahl Nacktschnecken **Eliot** 1901 Pr. mal. Soc. IV p. 163. — Beiträge zur Fauna der Nordwestküste von Nordamerika giebt **Hemphill** 1901 Naut. XIV. — **Orcutt** 1901 Amer. Scient. XI führt die Fauna der nordamerikanischen Westküste zu Ende.

Bartsch 1902 Naut. XVI p. 9 beschreibt eine neue Rissoina (bakeri) aus Californien. — Die westamerikanischen Cypraeiden zählt **Button** 1901 J. Conch. Leeds X auf. — Drei neue Chromodoris von Kalifornien, beschreibt **Cockerell** 1902 Nautilus XVI p. 19—21; — **Dall** 1902 Naut. XV p. 102 eine neue Volutomitra (alaskana) von Alaska; — Derselbe ibid. p. 43 beschreibt einige neue Arten; auch die Descriptions & Illustrations in P. U. S. Mus. XXIV und die verschiedenen Synopsis ebenda enthalten zahlreiche Arten von der Westküste. — **Dall & Bartsch** 1902 Naut. XVI p. 94 beschreiben eine neue Rissoina (kelseyi) von Kalifornien.

Einen neuen Sigaretus (noyesi) beschreibt **Dall** 1903 Nautilus XVII p. 37; — eine neue Metzgeria (californica) Derselbe ibid. p. 51. — Acht neue Arten aus dem kalifornischen Kanal von St. Barbara Derselbe 1903 Pr. Biol. S. Wash. XVI p. 171; — eine neue Trivia (ritteri) von Kalifornien **Raymond** 1903 Naut. XVII p. 85; — ein neues Dentalium (vallicolens) Derselbe 1904 Naut. XVII p. 123; — ein Periploma (sulcata) **Dall** 1904 ibid. p. 122. — Eine systematische populäre Aufzählung der Fauna giebt **Keep** 1904 in einem eigenen Werkchen. — Zwei neue Pleurotomen von Kalifornien beschreibt **Raymond** 1904 Naut. XVIII p. 1—3; — **Lowe** 1904 Naut. XVIII p. 18—20 verzeichnet eine Anzahl bei Santa Catalina gedrakter Arten.

Panama-Provinz. **Pilsbry & Vanatta** 1902 zählen die von der Hopkins-Stanford-Expedition an den Galapagos-Inseln gesammelten marinen Mollusken auf (ca. 100 sp., 5 n. sp.) Ebenso die von der Cocosinsel (19 sp.), unter diesen das westindische Chlorostoma maculostriatum.

Martens 1902 S. B. Ges. Berlin p. 59—62 zählt einige an der Cocos-Insel vorkommende Mollusken auf.

Hoyle 1904 verzeichnet die vom Albatros 1901 gedrakten Cephalopoden.

Westindien und tropisches Südamerika. Die marine Fauna von Portorico zählen **Dall & Simpson** 1901 Bull. Fish Comm. I auf, ca. 600 Arten, davon 42 n. sp. — Eine Anzahl mariner Mollusken aus der Nähe von Pernambuco **Dall** 1901 Pr. Ac. Wash. III p. 139 (2 n. sp.); von 87 beobachteten Arten kommen nur 13 nicht in Westindien vor, eine Abgrenzung zwischen Brasilien und Westindien ist also unmöglich. — Neue westindische Arten der Gattungen Venericardia, Tivela, Cytherea beschreibt **Dall** 1902 gelegentlich der Revision der amerikanischen Veneridae und in Pr. U. St. Nat. Mus. v. 24; — einige westindische Pyramidelliden **Clessin** 1902 in Martini & Chemnitz.

Dall 1903 beschreibt gelegentlich der Revision der Astartidae einige tropisch atlantische Arten; — **Vanatta** 1903 Pr. Phil. einige Arten von West-Florida und Mississippi; — **Baker** 1903 zählt eine Anzahl an der Küste von San Salvador gesammelte Formen auf. — Einen neuen Fusus von Brasilien beschreibt **Grabau** 1904 Smithson. Coll. v. 45.

Antarktisches Reich.

Mellvill & Standen 1901 J. Conch. Leeds X p. 43 zählen die von R. Valentin in Stanley Harbour auf den Falklands-Inseln gesammelten Arten auf (keine n. sp.). — **Preston** Pr. mal. Soc. IV p. 257 beschreibt eine neue Cymbiola (maugeri). — **Smith** 1902 hat für den Reisebericht des Southern Cross die Mollusken bearbeitet und beschreibt zahlreiche neue Arten aus dem antarktischen Gebiet. — Die Photinula der Magellansstrasse erörtert **Ihering** 1902 Nachrbl. p. 97. — Eine neue Scissurella von Patagonien beschreibt **Bartsch** 1903 Naut. XVII p. 90.

Pelseneer 1904 C. R. Assoc. Française 1903 bespricht einige Probleme der antarktischen Fauna. — **Strebel** 1904 Zool. Jahresb. XXI p. 171—248 bearbeitet ausführlich die Trophon der Südspitze Amerikas. — **Vallentin** 1904 Mem. Manch. v. 48 behandelt die Fauna der Falklandinseln.

II. Systematik.

A. Cephalopoda.

Hoyle 1904 Mem. Manchester vol. 48 giebt einen vorzüglich gearbeiteten Bestimmungsschlüssel der lebenden Cephalopoden. Sein System ist folgendes:

I. **Octopoda.**

Cirrhoteuthidae mit den Gattungen Cirroteuthis, Stauroteuthis, Froekenia, Opisthoteuthis.

Amphitretidae: Amphitretus.

Alloposidae: Alloposus, Bolitaena.

Argonautidae: Argonauta, Ocythoë, Tremoctopus.

Polypodidae: Polypus, Tritaxeopus, Pinnoctopus, Cistopus, Scaeurgus, Moschites, Hoylea, Eledonella, Japetella.

II. **Decapoda.** A. *Myopsidae.*

Sepiolidae: Sepiola, Inioteuthis, Euprymna, Stoloteuthis, Heteroteuthis, Nectoteuthis, Sepioloidea, Sepiadarium, Rossia, Semirossia, Promachoteuthis.

Loliginidae: Loligo, Sepioteuthis, Loliolus, Loliguncula.

Sepiidae: Sepia, Sepiella, Hemisepius.

B. *Oegopsidae.*

Spirulidae: Spirula.

Gonatidae: Gonatus.

Onychoteuthidae: Onychoteuthis, Ancistroteuthis, Chaunoteuthis, Teleoteuthis, Tetronychoteuthis, Lycoteuthis.

Enoploteuthidae: Enoploteuthis, Abralia, Thelidioteuthis, Ancistrochirus, Pterygioteuthis, Pyroteuthis, Abraliopsis, Octopodoteuthis, Cuciotenthis.

Thaumatolampadidae: Thaumatolampas.

Architeuthidae: Architeuthis.

Bathyteuthidae: Bathyteuthis, Ctenopteryx.

Tracheloteuthidae: Tracheloteuthis, Brachioteuthis.

Histioteuthidae: Histioteuthis, Calliteuthis, Meleagroteuthis.

Thysonoteuthidae: Thysonoteuthis

Ommastrephidae: Ommastrephes, Symplectoteuthis, Sthenoteuthis, Dosidiscus, Illex, Todaropsis, Hyaloteuthis, Rhynchoteuthis.

Chiroteuthidae: Chiroteuthis, Doratopsis, Mastigoteuthis.

Grimalditeuthidae: Grimalditeuthis.

Galiteuthidae: Galiteuthis.

Cranchiidae: Cranchia, Pyrgopsis, Leachia, Taonius.

C. *Incertae Sedis*: Dubioteuthis, Lepidoteuthis, Cirrhobrachium,

Octopoda.

Argonautidae.

Argonauta (Linné) expansa Dall zuerst abgeb. bei **Dall** 1902 Pr. U. St. Nat. Mus. XXIV t. 33 f. 1—3.

Tremoctopus (delle Ch.) scalenus n. Panama; **Hoyle** 1904 Bull. Mus. Cambridge vol. 43 p. 13 fig.

Amphitretidae.

Amphitretus (Hoyle), Ein frisches Exemplar dieser seltenen Gattung beschreiben **Ijima & Ikeda** 1902 Annot. Zool. japon. IV; die spezifische Bestimmung bleibt unsicher.

Cirrhoteuthidae.

Stauroteuthis (Verrill) hippocrepium n. Panama; **Hoyle** 1904 Bull. Mus. Cambridge vol. 43 p. 6, fig.

Froeckenia n. gen. für Tr. clara n. Panama; **Hoyle** 1904 Bull. Mus. Cambridge vol. 43 p. 7, fig.

Polypodidae (Octopidae).

Polypus (Schneider) gardineri n. Lakhediven; **Hoyle** Lakhed. p. 976 Textfig. 144, 145; — herdmanni n. Ceylon; **Hoyle** 1904 Suppl. Rep. p. 187 pl. 1; — arborescens n. ibid., id. p. 189 t. 2 f. 8, 9, 12, t. 3; — campbelli n. Campbell Insel; **Smith** 1902 Voy. Southern Cross p. 201 t. 24 f. .

Hoyle 1901 Mem. Manchester vol. 45, III nimmt für Octopus Lam. den Namen Polypus Schneider 1784 auf und nennt die Familie Polypodidae; ebenso hat Eledone in Zukunft Moschites Schneider zu heissen.

Hoylea (Cossmann). — **Hoyle** 1901 Mem. Manchester vol. 45 erklärt die Ersetzung von Histiopsis Hoyle (wegen eines älteren Histiops) für unnöthig, umsomehr als der Name Hoylea durch Rochebrune präoccupirt und Histiopsis ohnehin zweifelhaft ist. (Im Diagnostic Key 1904 scheint er indes den Namen doch anzunehmen).

Dekapoda.

Sepiolidae.

Heteroteuthis (Gray) weberi n. Java; **Joubin** 1902 Mem. Soc. zool. France XV p. 113.

Joubin 1902 Mem. Soc. zool. France XV p. 80—144 giebt eine Revision der Familie. Er unterscheidet drei Unterfamilien: Sepiolidinae mit den Gattungen Sepiola Leach, Inioteuthis Verrill, Microteuthis Ortmann, Stoloteuthis Verrill und Promachoteuthis Hoyle; — Heteroteuthinae mit den Gattungen Heteroteuthis Gray (nec Verrill) und Nectoteuthis Verrill; — und Rossiae mit der Gatt. Rossia Owen und den Untergattungen Rossia s. str., Franklinia Normann und Semirossia Steenstrup.

Rossia (Owen) caroli n. Azoren; **Joubin** 1902 Bull. Soc. zool. France XXVII p. 138.

Loliginidae.

Loligo (Lam.) diomedeae n. Acapulco, West-Mexiko; **Hoyle** 1904 Bull Mus. Cambridge vol. 43 p. 29, fig.

Sepiidae.

Sepia (L.) koettlitzi n. Küste des Somali-Landes; **Hoyle & Standen** 1901 Mem. Manchester vol. 45 t. 1; — burnupi n. Natal; **Hoyle** 1904 J. of Conch· XI p. 27, fig.

Enoploteuthidae.

Abralia (Gray) andamanica Goodrich abgebild. bei **Alcock** 1902 p. 280, Textfig.

Chiroteuthidae.

Chiroteuthis (d'Orb.) pellucida Goodrich, abgebild. bei **Alcock** 1902 p. 280, Textfig.

Mastigoteuthis (Hoyle) dentata n. Galapagos; **Hoyle** 1904 Bull. Mus. Cambridge vol. 43 p. 34, fig.

Cranchiidae.

Taonius (Steenstr.) abyssicola Goodrich, abgebild. bei **Alcock** 1902 p. 279, Textfig.

Ommastrephidae.

Rhyncboteuthis (d'Orb.) chuni n., nördlich der Marquesas; **Hoyle** 1904 Bull. Mus. Cambridge vol. 43 p. 32, fig.

Sedis incertae.

Lepidoteuthis n. gen. **Joubin** 1901 Cephal. Princesse Alice p. 70 t. 6, t. 7, t. 10, f. 3—6, t. 15 f. 1, 2, aus dem Magen eines an den Azoren gefangenen Walfisches (wahrscheinlich auf ein halbverdautes Stück gegründet, das seine Oberhautbewaffnung verloren hat; **Hoyle** 1901 Mem. Manchester v. 45; cfr. Diagnostic Key 1904 p. 17).

Dubioteuthis n. gen., **Joubin** 1901 Cephal. Princesse Alice p. 102 t. 15 f. 8—10.

Cirrobrachium n. gen., **Hoyle** 1904 Rep. Albatros, in Mus. Cambridge, vol. 43 p. 28; — filiferum n., nördlich der Marquesas; id. ibid. p. 28.

B. Gastropoda.

I. Prosobranchia.

a) **Pectinibranchia.**

α. *Rhachiglossa.*

Muricidae.

Cossmann 1903 Essais paléont. comp. V rechnet zu dieser Familie die Muricinae, Ocinebrinae, Trophoninae, Typhinae und Rapaninae. Er macht darauf aufmerksam, dass die Muricinae, Ocinebrinae und Typhinae nach fünf verschiedenen Richtungen hin korrespondirende Varietäten oder Formen entwickeln, welche er als Longicaudes, Poliacanthophores, Pterophores und Pachycolpes bezeichnet. — Zu den *Muricinae* rechnet er die Gattungen Murex s. str. mit den Untergattungen Murex s. str. einschliesslich Haustellum Montf, Tubicauda Jouss., Acupurpura Bayle; — Pteropurpura Jouss. mit Alipurpura Bayle; — Chicoreus Mtf. mit Euphyllon Jouss. und Inermicosta Jouss.; — Muricantha Swains. mit Favartia Jouss., Hexaplex Perry und Poirieria Jousseaume, und Homalacantha Moerch; — Muricopsis Bucq., Dautz. & Dollf. — Zu den *Ocinebrinae* (oder wie er schreibt Ocenebrinae) die Gattungen Ocinebra Leach mit den Untergattungen Ocenebra s. str., Antimurex n. = Crassilabrum Jouss. nec

Mühlf., und Ocenebrina Jouss.; Vitularia Swains.; Pterorhytis Conrad; — Hadriania Bucq. mit Pseudomurex Mtrs.; — Urosalpinx Stimps.; — Eupleura Adams. — Zu den *Trophoninae*: Trophon mit Trophonopsis, Xanthochorus Fischer, Forreria Jouss. und Boreotrophon Fischer; — und Aspella Gray. — Zu den *Typhinae*: Typhis Montf. mit den Untergattungen Typhis s. str. einschliesslich Typhina Jouss., Typhinellus Jouss. und Haustellotyphus Jouss.; — Cyphonochilus Jouss.; — Pterotyphis Jouss. — Zu den *Rapaninae*: Rapana Schum. mit Latiaxis Swainson.

Antimurex nom. nov. für Crassilabrum Jousseaume nec Mühlf.; **Cossmann** 1903 Essais paléont. p. 12; — Typus Murex crassilabrum Gray.

Kalydon (Hutton) paivae Crosse. Zu dieser Art als Varietäten zu stellen sind nach **Hedley** 1903 Thetis II p. 381: Trophon hanleyi Angas, Tr. australis T. Woods, Tr. assisi T. Woods und Tr. squamosissimus Woods; — curta n. Neuseeland; **Murdoch** 1904 Tr. N. Z. Inst. p. 228 t. 8 f. 22.

Latiaxis (Swains.) rosaceus n. (= nodosa Sow. nec Ad.), Südafrika; **Smith** 1903 Pr. mal. Soc. V p. 376 t. 15 f. 6.

Maculotriton Dall ist nach **Pilsbry & Vanatta** 1904 Pr. Philad. p. 592 als Gattung zu den Muricidae zu stellen. (Shell acuminate - oblong, longitudinally plicate and spirally tuberculate - lirate, with a smooth trochoid nucleus of about $3^{1}/_{2}$ whorls; aperture ovate, the outer lip thick, dentate within, and strengthened by a rounded varix outside; another varix often developed opposite it on the last whorl. Anterior canal open, very short. A small posterior sinus is defined by a low callus on the parietal wall. Operculum with basal nucleus. — Type: Triton bracteatus Hds.; — M. bracteatus subsp. longus n. Japan; iid. p. 595.

Murex (L.) malabaricus Smith abgeb. bei **Alcock** 1903 p. 172, Textfig.; — gallinago n. Japan; **Sowerby** 1903 Ann. N. H XII p. 496; — submissus n. Maldiven: **Smith** 1903 Maldive Isl p. 609 fig.; — damicornis n. Neusüdwales; **Hedley** 1903 Mem. Austral. Mus. IV p. 378 Textfig. 92; — trunculus var. pagodula n. Nordafrika: **Pallary** 1903 Ann. Mus. Marseille VIII p. 6 t. 1 f. 1; — brandaris var. robusta n., quadrifasciata n., diplacantha n., Mittelmeer; **Dautzenberg** 1904 J. Conch. v. 52 p. 285 t. 8 f. 1—3; — multispinosus n. Philippinen; **Sowerby** 1904 Pr. mal. Soc. VI p. 8, Textfig.; — (Pteropurpura) carpenteri Dall abgeb. bei **Dall** 1902 Pr. U. St. Nat. Mus. XXIV t. 34 f. 9; — (Pt.) petri Dall desgl. t. 34 f. 7; — (Pteronotus) exquisitus n. unsicheren Fundortes; **Sowerby** 1904 Pr. mal. Soc. VI p. 176.

Muricidea (Swains.) philippiana Dall zuerst abgeb. bei **Dall** 1902 Pr. U. St. Nat. Mus. XXIV t. 29 f. 5; — (Pseudoneptunea) multangula Phil. desgl. t. 30 f. 1.

Ocinebrina (B. D. D.) edwardsi var. apiculata n. Tanger; **Pallary** 1901 J. C. p. 344, abgeb. ibid. 1902 t. 1 f. 8, 9; var. crassata n. ibid. f. 10, 11; — var. hispidula n. Golf von Gabes; **Pallary** 1900 J. Conch. v. 52 p. 231 t. 7 f. 18.

Ocinebra? (Leach) painei n. Kalifornien; **Dall** 1903 Pr. Wash. XVI p. 175 — marjoriae n. persischer Meerbusen; **Melvill & Standen** 1903 Ann. N. H. XII p. 308 t. 22 f. 10; — monoptera n. Japan; **Pilsbry** 1904 Pr. Philad. p. 17 t. 4 f. 32.

Pteropurpura (Jousseaume). **Dall** 1902 Pr. U. St. Nat. Mus. XXIV p. 532 nimmt diesen Namen (von 1880) statt des bei den Reptilien praeoccupirten Pteronotus auf; Pterymurex Rovereto 1899 wird dadurch überflüssig.

Trophon (Montf.) kowieensis n., Kowies, Südafrika; **Sowerby** 1901 Pr. mal. Soc. IV p. 213 t. 22 f. 16; — pelecatus n. Patagonien; **Dall** 1902 Pr. U. S. Mus. 24 p. 535; — (Boreotrophon) maclaini n. Grönland; id. p. 538; — (Actinotrophon) kamtschatkanus n. Kamtschatka; id. p. 541; — (A.) smithi n. Kalifornien; id. p. 542. — (A.) peregrinus n. ibid., id. p. 543; — beringi n. Beringsmeer; id. p. 544; — pacificus n. ibid., id. p. 544; — tripherus n. Nordwestamerika; id. p. 545; — alaskanus n Alaska; id. p. 545; — mazatlanicus n. Mazatlan; id. p 546; — panamensis n. Panama: id. p. 546; — avalonensis n. Avalon b. Sta. Barbara, Kalifornieu, id. p 546, mit var. ? eucymatus n. p. 547; — rotundatus n. Beringsmeer; id. p. 547; — (Austrotrophon) pinnatus n. Unterkalifornien; id. p. 549; — simplex n. Südafrika; **Hedley** 1903 Thetis II p. 380, Textfig. 93. — oblini n. Südspitze von Amerika; **Strebel** 1904 Zool. Jahrb. XXI p. 203 t. 3 f. 9; — paessleri n. ibid., id. p. 213 t. 7 f. 56; var. turrita n. ibid., id. p. 215 t. 7 f. 57; — elongatus n. ibid., id. p. 217 t. 7 f. 58; var. t. 8 f. 66; — pseudoelongatus n. ibid., id. p. 220 t. 7 f. 60; — albus n. ibid., id. p. 221 t. 7 f. 61; — obesus n. ibid., id. p. 222 t. 7 f. 62; — acuminatus n. ibid., id. p. 222 t. 7 f. 62; — fenestratus n ibid., id. p. 225 t. 7 f. 59; — hoyei n. ibid., id. p. 227 t. 8 f. 63, 69; — brucei n. ibid., id. p. 230 t. 8 f. 72; — ornatus n. ibid., id. p. 231 t. 8 f. 73; — standeni n. Falkland-Inseln; id. p. 232 t. 7 f. 67; — couthouyi n. Südspitze von Amerika; id. p. 236 t. 7 f. 65, t. 8 f. 76; — elegans n. ibid., id. p. 241 t. 8 f. 71; — ringei n. Pfeffer mss., ibid., id. p. 242 t. 8 f. 77. — laminatus Petterd zuerst abgebildet (als Murex) bei **Tate & May** 1901 t. 23 f. 3.

Typhis (Montf.) martyria n. Golf von Kalifornien; **Dall** 1902 Pr. U. S. Mus. 24 p. 550; — transcurrens n. Sansibar; **Martens** 1902 S. B. Ges. Berlin p. 240, abgeb. Tiefsee t. 3 f. 2; — syringianus n. Süd-Australien; **Hedley** 1903 Thetis II p. 381, Textfig. 94.

Purpuridae.

Cossmann 1903 Essais Paléoconch. comp. V rechnet zu dieser Familie die Gattungen: Purpura Brug. mit den Untergattungen Purpura s. str. einschliesslich Plicopurpura n. und Planithais Bayle, Stramonita Schum. einschliesslich Thalessa Ad. und Trochia Swains; Polytropalicus Rovereto = (Polytropa Swains.) mit Cronia Ad. und Agnesia Ten. Woods; — Cymia Moerch; — Jopas Adams mit mit Pinaxia H. Ad.; — Vexilla Swains mit Usilla H. Ad ; — Acanthina Fischer de Waldh. mit Chorus Montf.; — Ricinula Lam. mit Sistrum Montf.; — Concholepas Lam.

Purpura (Brug.) pseudamygdala (Cronia) nom. nov. für Bucc. amygdala Reeve, nec Purpura amygdala Kiener; **Hedley** 1902 Studies VII p. 599 t. 29 f. 4, 5; — sertata n. Südaustralien; **Hedley** 1903 Thetis II p. 383, Textfig. 95, 96;. — eudeli n. China; **Sowerby** 1903 J. Malac. X p. 74 t. 5 f. 3. — pura n. ibid., Smith 1903 Pr. mal. Soc. V p. 376 t. 15 f. 21; — tosana n. Japan; **Pilsbry** 1904 Pr. Phil. p. 17 t. 3 f. 30; — texturata n. Port Alfred; Smith 1904 J. of Mal. XI p. 32 fig.

Plicopurpura nom. nov. für Purpurella Dall nec Desv.; **Cossmann** p. 69.

Ricinula (Lam.) japonica (Pentadactylus) n. Japan; Sowerby 1903 Ann.
N. H. XII p. 496; — paucimaculata n. ibid., id. p. 496.

Sistrum (Montf.) squamiliratum n. Südafrika; Smith 1903 Pr. mal. Soc. V
p. 377 t. 15 f. 17; — indigoferum n. Rotes Meer; Melvill 1901 Ann. Nat. Hist. VII
p. 551 t. 9 f. 1; — morus var. borealis n. Japan; Pilsbry 1904 Pr. Phil. p. 18
t. 3 f. 31.

Rapanidae.

Rapana (Schum.) idolea Tryon (nec idoleum Jonas) = fusiformis Chemn.;
Martens 1903 Tiefsee p. 96.

Buccinidae.

Cossmann 1901 Essais Paléoc. comp. fasst in dieser Familie sechs Unterfamilien zusammen: 1. Buccininae mit den lebenden Gattungen Buccinum L.
incl. Volutharpa Fischer, Mala Jeffr., Liomesus Stimps. — 2. Cominellinae mit
den Gattungen Cominella Gray incl. Triumphis Gray, Chlanidota Martens, Josepha,
Tenn. Woods, — Cyllene Gray. -- 3. Photinae für Phos Montf. und einige fossile
Gattungen. -- 4. Pisaniinae für Pisania Gray (= Pollia Gray), Metula Adams
und Tritonidea Swains. einschl. Cantharus Bolten. — 5. Latrunculinae für
Latrunculus Gray (Typus Eburna spirata), einschl. Peridipsaccus Rovereto (Typus
Eb. molliana Chemn.) und Zemira Ad. (Eb. australis). — 6. Pseudolivinae mit
den Gattungen Pseudoliva (Typus B. plumbeum Chemn.) und Fulmentum Fischer
(Typus seuddoliva sepimenta Rang.).

Adansonia nom. nov. für Folinaea Mtrs. nec Folinia Crosse; Pallary 1902
J. Conch v. 50 p. 23.

Buccinum (L.) hirasei n. Japan; Pilsbry 1901 Pr. Phil. p. 391 t. 20 f. 22.
— inclitum n. Japan; Pilsbry 1904 Nautilus v. 18 p. 87; — chichimanum n. ibid.,
id. p. 87.

Cominella (Gray) unifasciata Sow. = Purpura castanea Dkr.; Smith 1904
J. of Malac. XI p. 33; — sulcata Sow. wahrscheinlich eine Daphnella; id. p. 28.

Lachesis (Risso) australis n. Kerguelen; Martens 1903 Tiefsee p. 62
t. 5 f. 18.

Donovania (Bucq.) decorata n. Mtrs. mss., Nordafrika; Pallary 1902 J. C.
p. 13 t. 1 t. 14. — fenestrata Tate & May abgeb. bei Tate & May 1901
t. 24 f. 36.

Euthria (Gray) hokkaidonis n. Hokkaido, Japan; Pilsbry 1901 Pr. Phil.
p. 389 t. 19 f. 17; — quecketti n. Durban, Natal; Smith 1901 J. C. Leeds X
p. 110 t. 1 f. 1; — aucklandica n. Neuseeland; Smith 1902 Voy. Southern Cross
VII p. 203 t. 24 fig. 12, 13; — pura n. Südafrika; Martens 1903 Tiefsee VII
p. 25 t. 2 f. 14.

Euthria eburnea Sowerby = Peristernia leucothoe Melvill; Smith 1903
Pr. mal. Soc. V p. 309.

Fascinus n. gen. Buccinidarum, zunächst mit Hindsia verwandt, klein, oblong
mit grossem Embryonalgewinde und 4 Windungen, gegittert, nur ein Varix an
der Mündung; Hedley 1903 Thetis II p. 373. — Typus F. typicus n. Südaustralien; id. p. 376, Textfig. 91.

Pisania (Bivona) delicatula n. Bird Island, Pacific; Sowerby 1902 J. Mal. VIII p. 101 t. 9 f. 2.

Metula (Adams) daphnelloides n. Golf von Oman; Melvill & Standen 1903 Ann. N. H. XII p. 307 t. 22 f. 9; — mitrella Ad. & Rve. = hindsi Adams; Smith 1904 Investigator p.

Phos (Montf.) gladysiae n. Golf von Oman; Melvill & Standen 1901 Pr. Z. S. p. 416 t. 23 f. 15; — oxyglyptus n. Portorico; Dall & Simpson 1901 Bull. Fish Comm. I p. 401 t. 57 f. 18; — nitens n. Cebu; Sowerby 1901 Pr. mal. Soc. IV p. 208 t. 22 f. 1; — tabidus n. Neusüdwales; Hedley, in: Pr. Linn. S. N. S. Wales vol. 29 p. 191; — tenuicostatus (Cominella) T. Woods zuerst abgeb. bei Tate & May 1901 p. 358, Textfig. 2.

Nassarina (Dall) metabrunnea n. Portorico; Dall & Simpson 1901 Bull. Fish Comm. I p. 401 t. 57 f. 16.

Nassaria (Link) teres n. Nicobaren; Martens 1902 S. B. Ges. Berlin p. 240; Tiefsee p. 98 t. 3 f. 9.

Sylvanocochlis n. gen. Buccinidarum; Smith 1903 J. C. Leeds X p. 325 für Pseudoliva ancilla Hanley (Shell very smooth, dun coloured, imperforate, fading nto white in the centre of the last whorl, somewhat solid, spire attenuately fusiform, whorls compressedly flattened, not the least channelled at the sutures; mouth ovate oblong, outer lip thin, possessing a tooth-like projection, near the base, at the point where commences the spiral groove extending over the last whorl to the columellar margin; the last almost smooth, white, shining with a shining noduled callus in the upper part).

Tritonidea (Swains.) submenkeana n. Japan; Pilsbry 1901 Pr. Phil. p. 387 t. 21 f. 24. — natalensis n. Natal = subrubiginosa Sow. nec Smith; Smith 1901 J. C. Leeds, X p. 111 t. 1 f. 23; — sowerbyana n. Golf von Oman; Melvill & Standen 1903 Ann. N. H. XII p. 306 t. 22 f. 8; — natalensis Smith = carinifera Küster; Smith 1903 Pr. mal. Soc. V p. 371; — tosana n. Japan; Pilsbry 1904 Pr. Phil. p. 19 t. 4 f. 33. — (Cantharus) eburneus Petterd (Trophon) abgeb. bei Tate & May 1901 p. 357, Textfig, 1; — kingicola Tate & May desgl. t. 24 f. 20.

Chrysodomidae.

Cossmann 1901 (Ess. Paléoc. comp.) errichtet eine eigene Familie. Dieselbe enthält (an lebend vorkommenden Formen) Chrysodomus Swains. (= Neptunea Bolten) mit den Untergattungen Sipho Klein, Volutopsis Moerch, Siphonalia Adams, Kelletia Bayle, Penion Fischer (für Fusus dilatatus Quo), Austrofusus Kobelt und Pseudoneptunea Kobelt: — und Euthria Gray.

Dall 1902 Pr. U. St. Nat. Mus. XXIV p. 521 betrachtet die Chrysodominae als eine Unterfamilie der Buccinidae und erkennt folgende Gattungen an: Chrysodomus Swains., Typus Chr. antiquus L.; — Ecphora Conrad (Miocän); — Tritonofusus Beck mit Siphonorbis Moerch (= Siphonella Verill), Typus F. lachesis Moerch.; — Plicifusus Dall, Typus F. kroyeri Moeller; — Ancistrolepis Dall für Chr. eucosmius Dall und Mohnia Friele; — Volutopsius Moerch. mit Pyrulofusus Moerch; — Liomesus Stimps.; — und Beringius Dall, Typus Chrysodomus crebricostatus Dall. — Der Name Sipho Klein wird als vorlinneisch verworfen, Neptunea Bolten als auf ein buntes Artengemenge ohne Diagnose gegründet.

Chrysodomus (Swains.) intersculptus var. frater n. Japan; **Pilsbry** 1901
Pr. Phil. p. 591 t. 20 f. 22; — pericochlion Schrenk abgeb. ibid. t. 20 f. 23.

Beringius (Dall). — Die Namen Jumala Friele und Ukko Friele haben in
die Synonymie zu wandern; **Dall** 1902 Pr. U. St. Nat. Mus. XXIV p. 529.

Volutopsius (Mörch) trophonius n. Beringsmeer; **Dall** 1902 Pr. U. S. Mus.
vol. 24 p. 527: — kobelti n. ibid., id. p. 528 t. 35 f. 2; — castaneus Mörch.
ebenda neu abgebildet t. 36 f. 2; — attenuatus Dall t. 36 f. 3; — regularis Dall
t. 36 f. 6.

Siphonalia (Adams) maxima Tryon, ein ausgewachsenes Stück abgeb. bei
Hedley 1903 Mem. Austral. Museum IV t. 38.

Sipho (Klein) antarctidis n. Antarktisches Meer; **Pelseneer** 1903 Voy.
Belgica p. 22.

Nassidae.

Cossmann 1901 (Essais Paléoc. comp. livr. 4) vertheilt die Nassiden in
folgende Unterfamilien: 1. Nassinae mit Nassa Lam. (einschliesslich Niotha Ad.,
Zeuxis Ad., Hima Ad., Amycla Ad. und Telasco Ad.), Desmoulea Gray, Arcu-
laria Link (einschliesslich Naytia Ad.), Cyclonassa Swains. und Alectryon Montf.
(einschliesslich Aciculina Ad.); — 2. Dorsaninae mit den Gattungen Dorsanum
Gray (einschliesslich Liodomus Swains., Northia Gray und Adinus Ad.), und
Buccinanops d'Orb. (einschliesslich Bullia Gray); — 3. Truncariinae mit den
Gattungen Ilyanassa Stimps. (einschliesslich Paranassa Conrad und Nassodonta
Ad.), Amentone n. (= Canidia Adams 1861 nec Thomson 1857), Truncaria Ad.
& Rve., und Venassa Martens.

Amycla corniculum var. bedei n. Golf von Gabés; **Pallary** 1904 J. Conch.
v. 52 p. 228 t. 7 f. 9.

Bullia (Gray) trifasciata n. Kap; Smith 1904 J. Malac. XI p. 34 t. 2 f. 17;
— (Pseudostrombus) strenaria n. Persischer Meerbusen; **Melvill** 1904 Pr. mal.
Soc. VI p. 51 t. 5 f. 10.

Cyllene (Gray) japonica n. Japan; **Pilsbry** 1904 Pr. Philad. p. 19
t. 4 f. 34.

Nassa (Lam.) collaticia (Alectryon) n. Karachi; **Melvill & Standen** 1901
Pr. Z. S. p. 409 t. 23 f. 10; — (Al.) eronea n. Persischer Meerbusen; iid. p. 410
t. 23 f. 11; — (Al.) idyllia n. Golf von Oman; iid. p. 410 t. 23 f. 12; — (Niotha)
angriasensis n. Angrias Bank bei Bombay; iid. p. 412 t. 23 f. 13; — (N.) stur-
tiana n. Golf von Oman; iid. p. 413 t. 23 f. 14; — frederici nom. nov. für N.
(Hima) townsendi Melv. nec Dall; — tingitana n. Tanger; **Pallary** 1901 J. C.
p. 226, t. 1 f. 3, 4; — cebuensis n. Cebu; **Sowerby** 1901 Pr. mal. Soc. IV p. 208
t. 22 f. 2; — eusulcata n. Südafrika; **Sowerby** 1902 Marine Invest. Cap p. 94
t. 2 f. ; — circumtexta n. Südafrika (= trifasciata Sow. nec Ad); **Martens**
1903 Tiefsee p. 27 t. 3 f. 18; — natalensis n. Südafrika; Smith 1903 Pr. mal.
Soc. V p. 373 t. 15 f. 6 (= sturmii Reeve nec Phil.); — optima n. Nordwest-
Australien; **Sowerby** 1903 J. Mal. X p. 73 t. 5 f. 12; — desmoulioides n. Südafrika; **Sowerby** 1903 Marine Invest. Cap p. 219 t. 4 f. 1; — analogica n. ibid.,
id. p. 219 t. 4 f. 3; — (Alectryon) himeroessa n. Golf von Oman; **Melvill &
Standen** 1903 Ann. N. H. XII p. 306 t. 22 f. 7; — maldivensis n. Malediven;
Smith 1903 p. 606; — mulukuensis n. ibid., id. p. 607; — subtranslucida
n. ibid., id. p. 607; — disparilis n. ibid., id. p. 607; — (Cyclonassa)

vayssieri n. Nordafrika; **Pallary** 1903 Ann. Mus. Marseille VIII p. 9 t. 1
f. 15—18; — thaumasia Stur. Rotes Meer, zuerst abgeb. bei **Sturany** 1903
Pola t. 2 f. 7, 8; — steindachneri n. ibid., id. t. 2 f. 9; — xesta n. ibid.,
id. t. 2 f. 6; — munda n. ibid., id. t. 2 f. 4; — sporadica n. ibid., id. t. 2 f. 5;
— stiphia n. ibid., id. t. 2 f. 2; — poecilosticta n. Port Alfred, Kap; **Smith**
1904 J. Malac. XI p. 33 t. 2 f. 16; — fernssaci var. arcuata n. Golf von Gabés;
Pallary 1904 J. Conch. v. 52 p. 226 t. 7 f. 10; — var. exigua n. ibid, id. p. 226
t. 7 f. 14; — semiplicata var. hiradoensis n. Japan; **Pilsbry** 1904 Pr. Philad.
p. 20 t. 4 f. 35; var. hizenensis n. ibid., id. p. 21 t. 4 f. 36

Columbellidae.

Cossmann 1901 (Essais Paléoc. comp. livr. 4) spaltet die Familie in die
Unterfamilien Columbellinae und Atiliinae. Die erstere umfasst die Gattungen
Columbella Lam., Mitrella Risso (mit Nitidella Swains.), Anachis Ad. (mit
Astyris Ad.), Alcira A. Ad. und Strombocolumbus Cossm. (= strombina Moerch
1859, nec Bronn 1849); — letztere die Gattungen Atilia Ad. einschliesslich
Orthurella Sacco, und Aesopus Gould.

Pace 1902 Pr. mal. Soc. V p. 36 - 154 giebt ein Verzeichnis der bekannten
Arten nebst einer kritischen Uebersicht der vorgeschlagenen Gattungen und
Sektionen; Strombocolumbus Cossmann für Strombina Moerch wird zurück-
gewiesen, da eine Gattung Strombina Bronn nicht existirt.

Kesteveen 1902 Pr. N. S. Wales XXVI bildet die Embryonalschalen von
C. semiconvexa und C. australis ab.

Aesopus (Gould) urania n. Mekran Küste; **Melvill & Standen** 1901 Pr.
Z. S. p. 407 t. 23 f. 9, mit var. albens.

Antistreptus n. gen., ähnlich Anachis, aber linksgewunden mit rechts-
gewundenem Nucleus; **Dall** 1902 Pr. U. St. Mus. 24 p. 532; Typus A. magella-
nicus n. Magellansstrasse; id. p. 532.

Columbella (Lam.) melitoma (Seminella) n. Karachi; **Melvill & Standen**
1901 Pr. Z. S. p. 405 t. 23 f. 5; — (S.) phaula n. ibid., iid. p. 405 t. 23 f. 6; —
(S.) selasphora n. ibid , iid. p. 406 t. 23 f. 7; — (S.) townsendi n. ibid., iid. p. 406
t. 23 f. 8; — albinodulosa Gaskoin, neu abgebildet bei H. **Fischer** 1901 J. C.
p. 101, Textfig.; — (Atilia) fauroti Jouss. zuerst abgebildet, ibid. p. 102 Textfig.
— polynyma nom. nov. für misera Dkr. nec Sow. = japonica Mrts. nec Reeve;
Pilsbry 1901 Pr. Philad p. 196; — (Anachis) leptalea n. Umkomaas, Natal;
Smith 1902 J. C. Leeds p. 250 t. 4 f. 4; — calliglypta n. Puertorico **Dall &**
Simpson 1901 Bull. Fish Comm. I p. 405 t. 57 f. 13; — perpicta n. ibid., iid.,
p. 405 t. 57 f. 12; — hidalgoi Mtrs. zuerst abgeb. bei **Pallary** 1902 J. C. v. 50
t. 1 f. 5 - 7; — plexa n. Australien; **Hedley** 1901 Studies V p. 720, Textfig. 28;
— hervieri nom. nov. für peasei; **Pace** 1903 J. Conch. v. 50 p. 420; — (Nitidella)
seychellarum n. Seychellen; **Martens** 1903 Tiefsee p. 105 t. 5 f. 17; — calliope
n. Bombay; **Melvill** 1903 J. Malac. X p. 29 fig.; — agatha n. Persischer
Meerbusen; **Melvill** 1904 Pr. mal. Soc. VI p. 52 t. 5 f. 11; — turturina var.
borealis n. Japan; **Pilsbry** 1904 Pr. Philad. p. 13; — albinodosa var. ogasawarana n. ibid., id. p. 14 t. 3 f. 23; — liocyma n. ibid., id. p. 14 t. 3 f. 24; —
somnium n. ibid., id. p. 15 t. 2 f. 28, 29; — habajimana n. ibid , id. p. 15 t. 3
f. 25; — divaricata n. ibid., id. p. 16 t. 3 f. 26; — buttoni Suter (= Lachesis
sulcata Hutt.) zuerst abgebildet bei **Murdoch** 1904 Tr. N. Z Inst. p. 223 t. 7

f. 12; — transitans n. Neuseeland; id. p. 224 t. 7 f. 13; — paxillus n. ibid., id.
p. 224 t. 7 f. 14; — saxatilis n. ibid., id. p. 224 t. 7 f. 15.

Mitrella (Risso) agnesiana n. Golf von Oman; **Melvill & Standen** 1901
Pr. Z. S. p. 401 t. 23 f. 3; — alizonae n. Persischer Meerbusen; iid. p. 402 t. 21
f. 5; — astolensis n. Mekran Küste; iid. p. 403 t. 23 f. 4; — nomadica n.
Karachi; iid. p. 404 t. 21 f. 7; — erythraensis n. Rotes Meer; **Sturany** 1903
Pola abgeb. t. 1 f. 5; — nomaensis n. ibid., desgl. t. 1 f. 6.

Erato (Donovan) recondita n. Golf von Oman; **Melvill & Standen** 1903
Ann. N H. XII p. 302 t. 21 f. 9; var. haplochila n. ibid., iid. p. 302 t. 21 f. 10;
— bimaculata Tate zuerst abgebildet bei **Tate & May** 1901 t. 23 f. 6.

Coralliophilidae.

Cossmann 1903 Essais Paléoconch. comp. V p. 82 rechnet hierher die
Gattungen Rhizochilus Steenstr, Coralliophila Adams mit Coralliobia Adams,
Leptoconchus Rüppell, Magilus Montf. und Rapa Klein.

Coralliophila (H. & A. Ad.) rubrococcinea n. Persischer Meerbusen; **Mellvill
& Standen** 1901 Pr. Z. S. p. 401 t. 21 f. 2; — jeffreysi var. hiradoënsis n. Japan;
Pilsbry 1904 Pr. Phil. p. 16 t. 3 f. 27. — dissimulans n. Ceylon; **Preston** 1904
J. Mal. XI p. 77 Textfig.

Olividae.

Oliva (Lam.) caribaeensis n. Portorico; **Dall & Simpson** 1901 Bull. Fish
Comm. I p. 391 t. 56 f. 9; — rubrolineata n. Neue Hebriden; **Fischer** 1902
J. Conch. v 50 p. 409 t. 8 f. 12, 13; — rufofulgurata n. Holländisch Indien;
Schepman 1903 Tijdscr. nederl. Vereen. vol. 8 p. 67; — dubia n. ibid., id. p. 68;
— ceramensis n. Ceram; id. p. 68.

Ueber die Mittel zur Artunterscheidung bei Oliva vgl. **Bridgman** 1903
Pr. mal. Soc. V p. 346.

Ancillaria (Lam.) lanceolata (Turrancilla) n. Sansibar; **Martens** 1901 S. B.
Ges. Berlin p. 23; 1903 Tiefsee VII p. 110 t. 3 f. 10; — hasta n. ibid.; id. 1903
p. 37 t. 3 f. 13; — contusa Rve. abgeb. bei **Sowerby** 1903 Marine Invest.-Cap
II; — albozonata n. Port Alfred, Kap; **Smith** 1904 J. Malac. XI p. 29 t. 2
f. 9; — reevei n. ibid., id. p. 29 t. 2 f. 10.

Turbinellidae.

Turbinella (Lam.) triangularis Smith = truncata Sow.; **Smith** 1903 Pr.
mal. Soc. V p. 370.

Mitridae.

Costellaria (Swains.) malcolmensis n. Persischer Meerbusen; **Melvill & Standen**
1901 Pr. Z. S. p. 421 t. 23 f. 18; — pasithea n. Golf von Oman, iid. p. 422 t. 23
f. 17; — hizenensis n. Hizen, Japan; **Pilsbry** 1901 Pr. Phil. p. 386 t. 21 f. 31;
— vanattai n. ibid., id. p. 387 t. 21 f. 31; — diaconalis n. Persischer Meerbusen;
Melvill & Standen 1903 Ann. N. H. XII p. 308 t. 22 f. 12; — angustissima n.
Maldiven; **Smith** 1903 Maldiven p. 605 fig.

Mitra (L.) lalage (Cancilla) n. Golf von Oman; **Melvill & Standen** 1901
Pr. Z. S. p. 419 t. 23 f. 16; — (Turricula) caliendrum n. Persischer Meerbusen;
iid. p. 420 t. 21 f. 1; — (Pusia) blanfordi n. Golf von Oman, iid. p. 423 t. 23 f. 19

— kowiensis n. Kowies, Südafrika; Sowerby 1901 Pr. mal. Soc. IV p. 213
t. 22 f. 17; — tunetana n. Tunis; **Pallary** 1903 Ann. Mus. Marseille VIII p. 8
t. 1 f. 8,9; — cornicula var. glaudina n. Nordafrika; id. p. 8 t. 1 f. 19; — (Phaeo-
mitra) triplicata n. Ostafrika; **Martens** 1903 Tiefsee p. 104 t. 3 f. 17; — lowei
n. St. Barbara Channell; **Dall** 1903 Pr. Biol. Soc. Washington XVI p. 173; —
dolorosa n. ibid., id. p. 173; — hirasei n. Japan; **Pilsbry** 1904 Pr. Philad. p. 12
t. 13 f. 21; — townsendi n. Persischer Meerbusen; **Melvill** 1904 Pr. mal. Soc. VI
p. 163 t. 10 f. 14. — (Pusia) hedleyi n. Neuseeland; **Murdoch** 1904 Tr. N. Z. Inst.
p. 228 t. 8 f. 21.

Thala (H. & A. Ad.) ogasawarana n. Japan; **Pilshry** 1904 Pr. Phil. p. 13
t. 3 f. 22; — ceylanica n. Ceylon; **Preston** 1904 J. Mal. XI p. 76, Textfig.

Turricula (Klein) scalariformis T.-Woods, abgeb. bei **Tate & May** 1901
p. 361, Textfig. 3.

Fusidae (= Fasciolariidae).

Cossmann 1901 (Essais Paléoc. comp. livr. 3) setzt an die Stelle des ge-
bräuchlichen Namens Fasciolariidae den Namen Fusidae. Er rechnet zu derselben folgende Unterfamilien: 1. Fusinae mit den Gattungen Fusus Lam. (mit
Aptyxis Troschel und Columbarium Martens, letzteres sicher eine Toxoglosse);
— Clavella Swains. 2. Fasciolariinae mit den Gattungen Fasciolaria Lam. (mit
Pleuroploca Fischer), Lathyrus Montf., Peristernia Mörch und Leucozonia Gray;
— 3. Ptychatractinae für Ptychatractus Stimps.

Austrofusus (Kob.) appressus n. Südwestafrika; **Martens** 1901 S. B. Ges.
Berlin p. 21; Tiefsee t. 2 f. 9.

Fusus (Lam.) crassus n. Tanger; **Pallary** 1901 J. Conch. v. 49 p. 43 abgeb.
bei **Pallary** 1902 J. C. v. 50 t. 1 f. 1, 2; — verrucosus var. Chuni n. Ostafrika;
Martens 1903 Tiefsee p. 101 t. 2 f. 15; — subangulatus n. Ostafrika; **Martens**
1901 S. B. Ges. Berlin p. 21, Tiefsee t. 8 f. 11; — rufinodis n. Ostafrika, Sumatra;
id. S. B. Ges. Berlin p. 22; Tiefsee t. 2 f. 10; — ?retiarius n. Ostafrika; id. 1901
p. 22, Tiefsee t. 2 f 4; — cingulatus n. Kap; **Smith** 1904 J. Mal. XI p. 30 t. 2
f. 11; — bifrons n. Rothes Meer; **Sturany** 1903 abgeb. t 1 f. 1—4; — waitei n. Neusüdwales; **Hedley** 1903 Austral Mus. IV p. 373 t. 37 f. 1; — suboblitus n.
Japan **Pilsbry** 1904 Pr. Philad. p. 18 t 1 f 5.

Fusus pyrrhostoma Watson ist nach **Sowerby** 1903 Marine Invest. II eine
Neptuneopsis, nach **Martens** 1903 Tiefsee eine eigene Gattung Fusivoluta bei
den Volutidae.

Latirus (Montf.) alboapicata n. Durban, Natal; **Smith** 1902 J. C. Leeds X
p. 250 t. 4 f. 5; — singularis n. unsicheren Fundortes; **Sowerby** 1903 J. Malac.
X p. 74 — imbricatus Sow. = abnormis Smith; **Sowerby** 1903 Marine Invest.
II p.

Metzgeria (Dkr.) californica n. Kalifornien; **Dall** 1903 Nautilus XVII p. 51.

Peristernia (Moerch) ustulata var. luchuana n. Japan; **Pilsbry** 1901
Pr. Philad. p. 309 t. 19 f. 18; — corallina n. Maskat; **Melvill & Standen** 1903
Ann. N. Hist. XII p. 308 t 22 f. 11.

Volutidae.

Voluta (L.) ponsonbyi (Alcithoe) n. Natal; **Smith** 1901 Pr. mal. Soc. IV
p. 231, Textfig.; — quecketti (Lyria?) n. ibid., id. p. 234, Textfig. — perplicosa
n. Australien; **Hedley** 1901 Rec. Austr. Mus IV p. 309 Textfig. — (Fusivoluta)

anomala n. Nordost-Afrika; **Martens** 1902 S. B. Berlin p. 237; abgeb. 1903 Tiefsee VII p. 107, t. 3 f 14; — epigona n. Ost-Afrika; **Martens** 1903 Tiefsee VII
p. 106, Textfig.; — dobrni n Florida; **Sowerby** 1903 J. mal. X p. 74 t. 5 f. 8;
— brazieri Cox ist eine Abnormität von deliciosa Montf.: Smith 1904 Pr. mal.
Soc. VI p. 178.

Cymbiola (Swains.) mangeri n. Falkland-Inseln; **Preston** 1901 P. mal. Soc.
IV p. 237 Textfig.

Fusivoluta n. subg. Volutae, ohne Spindelfalten, mit schrägem, papillen-
förmigen Apex, für V. anomala n.; **Martens** 1902 S. B. Ges. Berlin 1902 p. 237.

Scaphella (Swains.) stearnsi zuerst abgeb. bei **Dall** 1902 Pr. U. S. Mus.
XXIV p. 517, Textfig.

Lyria (Swains.) planicostata n., unbekannten Fundortes; **Sowerby** 1903
J. mal. S. X p. 75 t. 5 f. 7.

Volutilithes (Ad. & Rve.) gilchristi n. Südafrika; **Sowerby** 1902 Marine
Invest. p. 99 t. 2 f.

Turbinellidae.

Cossmann 1901 (Essais Pal. compar. livr. 4) zählt zu dieser Familie die
Unterfamilien: 1. Turbinellinae mit den Gattungen Turbinella Lam. und Vasum
Bolten; — 2. Tudiculinae mit Tudicla Bolten und Streptosiphon Gill. — 3. Ful-
gurinae für die Gattung Fulgur Montf. — 4. Melongeninae mit Melongena Schum.
Pugilina Schum., Solenostira Dall, Semifusus Swains., Megalatractus Fischer.

Turbinella (Lam.) triangularis n. Durban, Natal, Tiefwasser; **Smith** 1902
J. Conch. Leeds X p. 249 t. 4 f. 6 = truncata Sow. fide Smith 1903 Pr. mal.
Soc. V p. 370.

β. *Taenioglossa.*

Tritoniidae.

(Simpulidae Dautz., Aquillidae Pilsbry, Septidae Dall).

Die Familie ist in der Berichtszeit von drei bedeutenden Forschern, **Coss-**
mann (Essais Pal. comparée V 1903), **Pilsbry** (Pr. Ac. Philad. 1904) und **Dall**
(Smiths. miscell. Coll. 1904 no. 1475) bearbeitet worden.

Cossmann stützt sich wesentlich auf die Stellung der Varices. Er er-
kennt, abgesehen von den nur fossil vorkommenden Gattungen an: Tritonium
für Murex tritonis L. mit Subg, Lampusia, Typus Tr. pileare L. einschliesslich
Sektion Aquillus für Tr. cutaceum, Subg. Ranularia, Typus Tr. clavator Lam.
— Subg. Lotorium, Typus Tr. femorale L. mit Sekt. Linatella, Typus Tr. poulsoni
Mörch.; Subg. Colubraria, Typus Tr. maculosum Gmel.; — Gen. Persona, Typus
Tr. anus L.; — Gen. Priene, Typus Triton scaber King mit Subg. Fusitriton für
Tr. cancellatus Lam. — Gen. Ranella Typus R. gigantea Lam., mit Sektion Biplex
für R. pulchra Gray, und Subgen. Argobuccinum, Typus Murex argus Gmel.

Pilsbry 1904 kassirt den Namen Tritonium aus den altbekannten Gründen
und nimmt dafür Aquillus Montf. (als etymologisch verschieden von Aquila)
an, nennt demnach auch die Familie Aquillidae, als Typus der Gattung nimmt
er Murex cutaceus L. an. Dazu stellt er als Sektionen Lampusia, L_0 torium und
Monoplex, Typus Tr. cynocephalus L, und als Untergattung Septa, Typus
S. rubicunda Perry = Tr. nodifer Lam.; als Gattungen erkennt er ferner an:
Distortrix, Priene, Colubraria, Cumia und bei Ranella.

Dall 1904 (Smith. Miscell. Collect. vol. 47 no. 1475) spaltet die Familie in drei: Ranellidae, Septidae, Colubrariidae. Er giebt (in Schlüsselform) für dieselben folgendes systematisches Schema:

a) Ranellidae. Nur eine Gattung:

Bursa Bolten mit den Untergattungen Bursa s. str. (mit den Sektionen Bursa, Typus spinosa Lam., Marsupina n., Typus spadicea Montf.; Chasmotheca n. Typus foliata Brod., Ranella, Typus bufonia Gmel.; Lampadopsis n. Typus rhodostoma Beck.; Colubrellina n. Typus condita Gmel., — Aspa Ad., Typus marginata Gmel; — Bufonaria Schum. mit den Sektionen Crossata Cossm., Typus ventricosa Brod.; Bufonaria s. str., Typus scrobiculator L., und Craspedotriton Dall, Typus convolutus Brod.

b) Septidae. Hierher neben mehreren fossilen Gattungen:

Personella Conrad, lebend repräsentirt durch Tr. quoyi.

Gyrineum Link, Typus Murex gyrinus L. = Ranella ranina Lam.

Eugyrina Dall, Typus Ranella gigantea Lam.

Argobuccinum Mörch, Typus Ranella vexillum Brod.. mit den Untergattungen: Paralagena Dall (= Lagena Mörch 1852, nec Walker 1784), Typus Tr. clandestinus Lam.; — Fusitriton Cossm., Typus Tr. cancellatus Lam.; — Priene Ad., Typus Tr. scaber King.

Distortrix Link, Typus Murex anus L.

Cymatium Bolten, Typus Murex femoralis L., mit den Sektionen: Lampusia Schum , Typus Murex pilearis L.; Ranularia Schum., Typus Tr. clavator L. Tritonocauda n., Typus M. caudatus Gmel., Gutturnium Mörch, Typus Tr. tuberosus Lam.; Turritriton n., Typus Tr. gibbosus Brod.; Tritoniscus n., Typus Tr. loroisi Petit; Cabestana Bolten, Typus M. cutaceus L., und den Untergattungen Monoplex Perry, Typus Murex costatus Born, und Linatella Gray, Typus Tr. cingulata Perry.

Septa Perry (= Triton Lam.), Typus S. rubicunda Perry = Triton nodiferus Lam.

Colubrariidae (wahrscheinlich sämmtlich rhachigloss), mit der einzigen Gattung Colubraria Schum. 1817 (= Epidromus Mörch 1852) mit den Sektionen; Colubraria s. str., Typus C. maculosa Gmel, ?Cumia Bivona, Typus C. decussata Biv. (= Tr. reticulatus Blainv.); Maculotriton n., Typus Tr. swiftii Tryon; caducifer Dall n., Typus T. truncatus Hds ; Taeniola n., Typus Tr. decollatus Sow., und der Untergattung Phrygiomurex n. für Triton sculptilis Rve.

Pilsbry & Vanatta 1904 Pr. Philad. bestreiten die Berechtigung der Familie Colubrariidae; sie verweisen unter Abbildung von Zunge und Apex Maculotriton zu den Muricidae neben Ocinebra und Caducifer zu den Buccinidae als Subgenus von Tritonidea; auch Taeniola Dall gehört zu Pisania.

Caducifer n. sect. Colubrariae, Typus Tr. truncatus Hinds. **Dall** 1904 Smiths. Misc. Coll. 1475 p. 136. — Gehört zu den Buccinidae. **Pilsbry & Vanatta** 1904.

Chasmotheca n. sect. Bursae, Typus foliata Brod.; **Dall** 1904 l. c. p. 118.

Eugyrina n. gen. für Ranella gigantea Lam.; **Dall** 1904 l. c. p. 132.

Maculotriton n. sect. Colubrariae, Typus Triton bracteatus Hinds.; **Dall** 1904 l. c. p. 136. — Gehört nach **Pilsbry & Vanatta** 1904 zu den Muricidae.

Marsupina n. sect. Bursae, Typus B. crassa Dillw.; **Dall** 1904 l. c. p. 118.

Monostiolum n. sect. Colubrariae, Typus Triton swifti Tryon; **Dall** 1904 l. c. p. 136.

Paralagena nom. nov. für Lagena Mörch 1852, nec Walker 1784; **Dall** l. c. p. 132.

Phrygiomurex n. subg. Colubrariae, Typus Triton sculptilis Rve.; **Dall** 1904 l. c. p. 137.

Taeniola n. subg. Colubrariae, Typus Triton decollatus Sow.; **Dall** 1904 l. c. p 137.

Tritoniscus n sect Cymatii, Typus Tr. loroisi Petit; **Dall** 1904 p. 134.

Tritonocauda n. sect. Cymatii, Typus Triton caudatus Gmelin; **Dall** 1904 l. c. p. 133.

Turritriton n. sect. Cymatii, Typus Triton gibbosus Brod.; **Dall** 1904 p. 133.

Cryotritonium n. subg. für Lampusia (Priene) murrayi Smith;· **Martens** Tiefsee VII p. 38.

Triton (Lam.) pumilio (Lotorium) n. Süd-Australien; **Hedley** 1903 Triton II p. 339 Textfig. 68; — (Tritonium) streptum nom. nov. für Tr. distortum Schub. & Wagner; **Cossmann** 1903 Essais V p. 112; — (Lotorium) nassariforme n· Süd-Afrika; **Sowerby** 1902 Mar. Invest. p. 95; -- (Simpulum) doliarium var. elongata n. Nord-Afrika; — **Pallary** 1903 Ann. Mus. Marseille VIII p. 1 t. 1 f. 3; — (Cryotritonium n.) murrayi Smith abgeb. bei **Martens** 1903 Tiefsee VII p. 38 t. 3 f. 16.

Colubraria (Schum.) crebriliratus n. Port Alfred, Kap; **Sowerby** 1903 Marine Invest Cap II p. 220 t. 4 f. 4; — concinnata n. Golf von Oman; **Melvill** 1904 Pr. mal. Soc. VI p. 51 t. 5 f. 10.

Lampusia (Schum.) nodocostata Tate & May, abgeb. bei **Tate & May** 1901 t. 23 f. 2.

Doliidae.

Dolium (L.) magnificum n. China; **Sowerby** 1904 Pr. mal. Soc. VI p. 7 Textfig.

Cossmann 1903 Essais Paléoc. comp. V zählt zur Familie die Gattungen: Dolium Lam. mit den Untergattungen Dolium s. str. (einschliessl. Perdix Montf.), Eudolium Dall (= Doliopis Mtrs. nec Conrad) und Malia Valenc., und Pirula Lam. — Ficus Klein = Ficula Swains. = Sycotypus Adams nec Browne).

Lamellariidae.

Lamellaria (Montg.) mollis n. Antarktisches Meer; **Smith** 1902 Voy. Southern Cross VII p. 205 t. 24 f. 1.

Cassididae.

Cossmann 1903 Essais Paléoconch. comp. V p. 121 erkennt als Gattungen an: Cassidea Brug. (= Cassis Lam. nec Klein), mit den Untergattungen Cassidea s. str. einschliesslich Levenia Gray, und Semicassis Mörch mit Casmaria Adams; — Bezoardica Schum. mit Cypraeicassis Stutchb.; — Cassidaria Lam.; — Sconsia Gray, — und Oniscia Sow. mit Pachybathron Gask.

Cassis (Lam.) bituberculosa n. Cap Guardafui, Ost-Afrika; **Martens** 1901 S. B. Ges. Berlin p. 23; 1903 Tiefsee VII p. 111 t. 3 f. 11; — microstoma n. Ost-Afrika; **Martens** 1903 Tiefsee VII p. 112 t. 3 f. 12; — (Semicassis) fortisulcata·

n. Kauai, Sandwichsinseln; **Smith** 1904 Pr. mal. Soc. VI p. 21 Textfig. — (Cassidea) pyrum var. thomsoni Brazier abgeb. bei **Hedley** 1904 Thetis II t. 35 f. 2, 3; — turgida Reev. var. ibid. t. 36 f. 1; — (Cassidea) sinuosa n. Süd-Australien; **Verco** 1904 Tr. S. Austr. v. 28 p. 141, Textfig.

Strombidae.

Cossmann 1904 Essais Pal. comp. VI unterscheidet bei den lebenden Strombiden die Gattungen Strombus L. mit Monodactylus Klein, Gallinula Klein und Canarium Schum.; — Rostellaria Lam.; — Rimella Agassiz; — Terebellum (Klein) Lam. — Er hält die Familie für einen direkten Nachkommen der mesozoischen Aporrhaidae.

Radius (Klein) gracillimus n. Natal; **Smith** 1901 J. Conch Leeds, X p. 107 t. 1 f. 20, 21.

Aporrhaidae.

Cossmann 1904 Essais Pal. comp. VI nimmt für die einzige lebende Gattung den Namen Chenopus Phil. an, behält aber für die Familie den Namen Aporrhaidae bei, da er auch den Familiennamen Prioritätsrechte zuspricht.

Struthiolariidae.

Cossmann 1904 Essais Pal. comp. VI p. 105 erkennt Pelicaria Gray, Typus Str. scutulata Martyn, als Gattung an.

Cypraeidae.

Cossmann 1903 Essais Paléoc. comp. V vereinigt in dieser Familie die alten Gattungen Cypraea, Ovula, Pedicularia und Erato. Er erkennt als Gattungen an: Cypraea mit den Untergattungen Cypraea s. str., Luponia, Monetaria, Cypraeovula und Trivia; — Pustularia Swains.; — Amphiperas Gron. mit Simnia Risso, Neosimnia Fischer; — Pedicularia Swains.; — Calpurnus Montf.; — Erato Risso. — Die von Jousseaume aufgestellten Gattungen werden theilweise als Sektionen anerkannt.

Pediculariidae.

Pedicularia (Swains.) stylasteris n. Neusüdwales; **Hedley** 1903 Mem. Austral. Mus. IV p. 342 f. 69; — californica Newcomb abgeb. bei **Dall** 1902 Pr. U. St. Nat. Mus. XXIV t. 38 f. 5.

Cypraeidae.

Cypraea (L.) tigris var. lineata n. Viti-Inseln; **Kenyon** 1902 in J. C. Leeds X p. 183; — mappa var. viridis n. Neu-Caledonien; ibid. p. 183; — breyeriana var. barbara n. ibid., ead. p. 183; — helvola var. borneensis n. Borneo; ead. p. 183; var. timorensis n. Timor; ead. p. 184; — miliaris var. diversa n. West-Australien; ead. p. 184; — carneola var. rubiola n. ibid., ead. p. 184; — minoridens nom. nov. für microdon auctor. nec Gray; **Melvill** 1901 J. Conch. X p. 119; — chrysalis Kiener = microdon Gray; id. p. 117.

Cypraea caledonica = lynx monstr., barthelemyi = moneta monstr.; noumeensis = annulus monstr.; — crossei = stolida monstr.; **Dautzenberg** 1902 in J. C. vol. 50 p. 294. — argus var. concatenata n. Neu-Caledonien; ibid. p. 296; —

controversa Gray — isabella var., id. p. 299; — propinqua Garr. = carneola var. id. p. 300; — talpa var. saturata n. ibid., id. p. 302; — rhinoceros Souv. = interrupta var. id. p. 303; — coffea Sow. = neglecta var., id. p. 311; — neglecta monstr. marteli n. ibid., id. p. 311 t. 7 f. 3, 4; — caurica var. obscura Rossiter abgeb. ibid. t. 7 f. 5, 6; — mappa var. montrouzieri nom nov. für var. nigricans Crosse, id. p. 325; — histrio var. luctuosa u. ibid, id. p. 331; — vestimenti Rochebr. und pleuronectes Rochebr. = moneta var. barthelemyi; id. p. 335; — tigris var. rossiteri n. ibid, id. p. 342; — candida Pease = clandestina var. id. p. 357; — clandestina monstr. marteli n. ibid., id. p. 358 t. 7 f. 12; — poraria var. insignis n. ibid., id. p. 368; — staphylaea var. depravata n. ibid., id. p. 374 t. 7 f. 9, 10. — tricornis Jouss und henardi Jouss. = cicercula var., id. p. 378; — fultoni n. Süd-Afrika; **Sowerby** 1903 Mar. Invest. Cap II p. 218 t. 4 f. 7.

Die Cypraeiden des persischen Meerbusens und der anliegenden Gebiete revidiren **Melvill & Standen** 1904 J. of Conch. XI p. 117; neu einige unbedeutende Varietäten von C. caurica, ocellata und pulchella.

Trivia (Gray) atomaria u. Panama; **Dall** 1902 Naut. XVI p. 43; — panamensis n. ibid., id. p. 43.

Cerithiidae.

Bittium (Leach) atramentarium n. Karachi; **Melvill & Standen** 1901 Pr. Z. S. p. 375 t 22 f. 16; — chemnitzianum n. Japan; **Pilsbry** 1901 Pr. Phil. p. 393 t. 19 f. 14, 15; — reticulatum var. hanleyi Mtrs.. zuerst abgebildet bei **Pallary** 1902 J. C. 50 t. 1, f. 15; — quadricinctum n. Südafrika; **Smith** 1903 Pr. mal. Soc. V p. 381 t. 15 f. 11; — caudatum n. Persischer Meerbusen; **Melvill** 1904 Pr. mal. Soc. VI p. 161 t. 10 f. 8; — williamsoni n. Kalifornien; **Arnold** 1903 Mem. Calif. Acad. III p. 295; — furvum Watson = Cerithium icarus Bayle juv.; **Hedley** 1904 Studies VIII p. ૬૬.

Cerithidea (Swains.) mutata n. Albemarle, Galapagos; **Pilsbry & Vanatta** 1902 Hopk. Stanf. Exped. p. 558 t. 25 f. 1

Cerithiolinum n. gen.. für Cer. metula Loven; **Locard** 1903 Ann. Soc. Agric. Lyon X p. 110.

Cerithium (Brug.) yerburyi var. djiboutiensis n, Djibuti; **H. Fischer** 1901 J. C. p. 110 t. 4 f. 9. — (Clypeomorus) clypeomorus Jouss. zuerst abgebildet ibid. p. 112, Textfig. 8; — dautzenbergi n. Fichteninsel, Neu-Caledonien; **Vignal** 1901 J. C. p. 303 t. 8 f. 11, 12; — bavayi n Neu-Caledonien; id. p. 304 t. 8 f. 7, 8; — muscarum var. protracta n. ?; id. p. 305 t. 8 f. 9, 10; — rufonodulosum n. Algoabay; **Smith** 1901 J. Conch. Leeds X p. 108 t. 1 f. 8; — oscitans n. Cebu; **Sowerby** 1901 Pr. mal. Soc. IV p. 211 t. 22 f. 12; — trailli var. kikaiensis n. Japan; **Pilsbry** 1904 Pr. Philad. p. 25 t. 4 f. 38; — subscalatum n. ibid., id. p 25 t. 4 f. 39; — anembatum n. Persischer Meerbusen; **Melvill** 1904 Pr. mal. Soc. VI p. 161 t. 10 f. 6; — pervicax n. ibid., id. p. 161 t. 10 f. 7; — tubulus Dkr. = serotina H. Ad.; **Hedley** 1903 Mem. Austral. Mus. IV p. 346; — exilissimum u. Mittelmeer; **Locard** 1903 Ann. Soc. Agr. Lyon X p. 106; — submediterraneum n. Mtrs. mss., ibid., id. p. 106; — verecundum n. Golf von Oman; **Melvill & Standen** 1903 Ann. N. H. XII p. 300; — albocopertum n. Bermudas; **Davis** 1904 Nautilus XVII p. 129, Textfig.; — sykesi n. Adria; **Brusina** 1904 Nachrichtsbl. p. 167.

Cerithiopsidae.

Cerithiopsis (Fbs. & H.) pupa n. Portorico: **Dall & Simpson** 1901 Bull.
Fish Comm. I p. 424 t. 53 f. 16; — turbonilloides (Bittium) T. Woods, abgeb. bei
Tate & May 1901 p. 385 Textfig. 6; — sarissa n. Neuseeland; **Murdoch** 1904
Tr. N. Z. Inst. p. 221 t. 7 f. 8, 9.

Triforiidae.

Triforis (Desh) idoneus n. Mekran Küste; **Melvill & Standen** 1901 Pr. Z.
S. p. 376 t. 22 f. 17; — picturatus n. Cebu; **Sowerby** 1901 p. 211 t. 22 f. 12
(= elegans Hinds fide **Smith** 1903 Lakhediven p. 613.) — (Triphora) regina n.
Australien; **Hedley** 1902 Studies VII p. 608 t. 32 f. 21; — innotabilis n. Sydney;
id. p. 608 t. 32 f. 23—25; — albovittata n. ibid., id. p. 609 t. 32 f. 26, 27; —
nigrofusca Ad. zuerst abgebildet id. t. 33 f. 34, 35: — tasmanica Woods desgl.
t. 32 f. 22; — cinerea n. Australien; id. p. 612 t. 33 f. 36, 37; — nocturna n. ibid.,
id. p. 613 t. 32 f. 30, 31; — maculosa n. ibid, id. p. 614 t. 32 f. 32, 33; — ampulla
n. ibid. id.. p. 615 t. 33 f. 38, 39; — fasciata T. Woods zuerst abgebildet, id. p. 33
f. 40, 41; — labiata A. Ad. desgl. t. 33 f. 42—44; — kesteveeni n. Sydney; id.
p. 618 t. 33 f. 45; — (Trifora) concatenata n. Persischer Meerbusen; **Melvill**
1904 Pr. mal. Soc. VI p. 162 t. 10 f. 9; — (Triphora) princeps n. unsicheren Fundortes; **Sowerby** 1904 Pr. mal. Soc. VI p. 174; — smithii n. desgl., id. p. 175; —
abnormalis n. Japan; **Sowerby** 1903 Ann. N. H. XII p. 498; — (Viriola?)
senafirensis n. Rothes Meer; **Sturany** 1903 Denk. Ak. Wien v. 74 p. 262.
— lilaceocinctus n. Malediven; **Smith** 1903 Lakhediven p. 613; — excellens
n. ibid., id. p. 613; — gracilior n. ibid., id. p. 614; — pura n. ibid., id. p. 614;
— fuscicans n. Port Alfred; **Smith** 1904 J. Mal. XI p. 37 t. 3 f. 6; — fusco-
maculata n. ibid., id. p. 37 t. 3 f. 7; — convexa n. ibid., id. p. 37 t. 3 f. 9.
Hedley 1903 Studies VII erklärt für die richtige Schreibart Triphora.

Vermetidae.

Vermetus (Mörch) waitei n. Port Kembla, Australien; **Hedley** 1903 Thetis
II p. 346, Textfig. 72.
Die Gattung monographisch behandelt von **Clessin** in Mart. & Chemn. ed. II.
Stephopoma (Moerch) nucleogranosum n. Süd-Australien; **Verco,** Tr. Soc.
S. Australia v. 29 p. 189, Textfig.

Turritellidae.

Turritella (Lam.) acuta T. Woods, oxyacris Tate u. lamellosa Watson =
subsquamosa Dkr.; **Hedley** 1903 Thetis II p. 347; — punctulata Sow. abgeb. bei
Martens 1903 Tiefsee t. 4 f. 9; — declivis Ad. & Rve. var. desgl. t. 4 f. 10; —
illustris n. Persischer Meerbusen; **Melvill** 1904 J. Malac. p. 81.
Mesalia (Gray) pulchella n. Tanger; **Pallary** 1901 J. Conch p. 315.

Caecidae.

Caecum (Flem.) lilianum n. Sydney; **Hedley** 1902 Studies VII p. 603 t. 29
f. 7; — digitulum n. Neu-Seeland; **Hedley** 1904 Record Austral Mus. V p. 94
Fig.
Strebloceras (de Folin) cygnicollis n. Neu Süd Wales; **Hedley** 1904 Pr. Linn.
Soc. N. S. Wales v. 29 p. 189.

Naticidae & Sigaretidae.

Natica (Lam.) tranquilla (Eunatica) n. Golf von Oman; **Melvill & Sykes** 1891 p. 359 t. 22 f. 5; — kraussi n. Natal, Mauritius; Smith 1901 J C. Leeds p. 248 t. 4 f. 1; — delicatula n. Antarktischer Ocean; Smith 1902 Voy. Southern Cross VII p. 206 t. 24 f. 6; — millepunctata var. punctatissima n. Nordafrika; **Pallary** 1903 Ann. Mus. Marseille VIII p. 11 t. 1 f. 6, 7; — hebraea var. zonata n. ibid, id. p. 11 t. 1 f. 10, 11; — burnupi n. Südafrika; Smith 1903 Pr. mal. Soc. V p. 385 t. 15 f. 11; — (Lunatia) draconis n. Sta. Barbara Channel, Kalifornien; **Dall** 1903 Pr. soc. biol. Washington XVI p. 174; — (Macromphalina) californica n. ibid., id. p. 175; — strigosa n. Neu-Amsterdam; **Martens** 1903 Tiefsee VII p. 64 t. 4 f. 7; — sculpta n. Kerguelen; abgeb. ibid. t. 4 f. 1; — perscalpta Marts, desgl. t. 4 f. 5, 6; var. eximia n. ibid., id. p. 66 t. 3 f. 23, 24; — pliculosa n. Ostafrika; ibid. p. 118 t. 3 f. 21; — effosa Watson 1886 = beddomei Johnst. 1884; Hedley 1903 Thetis II p. 358; — tropus n. Port Alfred; Smith 1904 J. Mal. XI p. 34 t. 2 f. 22; — decipiens n. ibid, id. p. 34 t. 2 f. 23.

Amauropsis (Moerch) moerchi abgeb. bei **Hedley** 1902 Pr. L. Soc. N. S. Wales v. 26 p. 700, Textfig.; — purpurea desgl. bei **Dall** 1902 Pr. U. St. Nat. Mus. XXIV p. 551 t. 3.

Polynices (Montf.) sagamiensis n Japan; **Pilsbry** 1904 Pr. Philad. p. 23 t. 4 f. 57.

Sigaretus (Lam.) noyesii n. Gorgona-Inseln; **Dall** 1903 Naut. XVII p. 37.

Vanicoro (Gray) expansa n. Nordwest-Australien; **Sowerby** 1902 J. Mal. VIII p. 102 t. 9 f. 3.

Littorinidae.

Echinella (Swains.) cumingi var. luchuana n. Liu Kiu Ins.; **Pilsbry** Pr. Phil 1901 p. 394 t. 21 f. 25.

Laevilittorina (Dall) elongata n. Antarktischer Ozean; **Pelseneer** 1903 Voy. Belgica, Zool. p. 14.

Litorina (Fer.) atkana n. Westliche Aleuten; **Dall** 1902 Pr. U. S. Nat. Mus. XXIV p. 551 t. 39 f. 11; — aleutica Dall abgeb. ibid. t. 39 f. 4, 6.

Litiopidae.

Argyropeza n. gen. für A. divina n. Golf von Oman; **Melvill & Standen** 1901 Pr. Z. S. p. 371 (t. nitida, vitrefacta apice brunneo, anfr. 3 laevibus, sequentes bicarinati, carinis nodulosis, ultimus tricarinatus; apertura ovata; peristoma sinuatum; columella ad basin subproducta).

Fossaridae.

Fossarus (Phil.) capensis n. Südafrika; **Pilsbry** 1901 Pr. Phil. p. 190 t. 5 f. 13; — sydneyensis n. Sydney; Hedley 1901 p. 89 t. 3 f. 12; — bulimoides T. Woods = ? Actaeon austrinus juv.; Hedley 1903 Thetis II p. 393. — (Couthouya) unicarinalis n. Bombay; **Melvill & Standen** 1903 Ann. N. H XII p. 301 t. 21 f. 7; — quinquecarinalis n. Persischer Meerbusen; **Melvill** 1904 Pr. mal. Soc. 1904 v. 6 p. 54 t. 5 f. 19; — thelacme n. ibid., id. p. 54 t. 5 f. 20; — bulimoides T. Woods zuerst abgeb. b. **Tate & May** 1901 t. 26 f. 66; — minuta (Crosseia) Petterd desgl. t. 27 f. 85.

Fossarina Ad. & Ang. vide Trochidae.

Solariidae.

Solarium (Lam.) maximum Phil., Embryoualschale abgeb. bei **Hedley** 1903 Thetis II p. 349 Textfig. 73; dieselbe stin.mt mit Formen, welche von Adams zur Pleuropodengattung Agadina Gould gerechnet werden; — supraradiatum n. Nicobaren; **Martens** 1903 Tiefsee p. 118 t. 4 f. 16; — (Torinia) cerdaleum n. Persischer Meerbusen; **Melvill & Standen** 1903 Ann. N. H. XII p. 297 t. 20 f. 16; — (T.) abyssorum n. Golf von Oman; id. p. 297 t. 21 f. 1; — (T.) admirandum n. ibid., id. p. 322.

Omalaxis (Desh.) exquisita n. Portorico; **Dall & Simpson** 1901 Bull. Fish Comm. I p. 435 t. 54 f. 12. — meridionalis n. Cape Three Points, Australien; Hedley 1903 Thetis II p. 351 Textfig. 74; — (Homalaxis) cornuammonis n. Golf von Oman; **Melvill & Standen** 1903 Ann. N. H. XII p. 298 t. 21 f. 4; — rotulacatbarinea n. ibid., iid. p. 299 t. 21 f. 3.

Trichotropidae.

Trichotropis (Brod) townsendi n. Golf von Oman; **Melvill & Standen** 1901 Pr. Z. S. p. 360 t. 22 f. 7; — pulcherrima n. ibid., iid. 1903 Ann. N. H. XII p. 296 t. 20 f. 15.

Sirius (Hedley) n. gen. Trichopidarum, kegelförmig, dünnschalig, ohne Epidermis, Typus Raulinia badia Tenn. Woods.; **Hedley** 1900 (1) p. 88 t. 3 fig. 8. — Zunächst mit Lippistes verwandt, aber mit einem Vorsprung an der Spindel und abweichendem Embryonalende; Hedley 1903 Thetis II p. 344.

Anoplocamus (Dall) borealis Dall, zuerst abgeb. b. **Dall** 1902 Pr. U. St. Nat. Mus. XXIV t. 38 f. 4.

Caprilidae.

Caprilus (Montf.) subcompressus n. Antarktischer Ocean; **Pelseneer** 1903 Voy. Belgica Zool. p. 20 fig.; — caramanensis n. Rothes Meer; **Sturany** 1903 Denkschr. Ak. Wien vol. 74 p. 256 t. 7 f. 12; — fragilis Bucht von Bengalen; **Smith** 1904 Ann. N. H. XIV p. 1; — devotus n. Neusüdwales; **Hedley** 1904 Pr. Linn. Soc. N. S. Wales v. 29 p. 190.

Rissoidae.

Rissoa (Freminv.) charope (Apicularia) n. Golf von Oman; **Melvill & Sykes** 1901 Pr. Z. S. p. 365 t 22 f. 8. — (Manzonia) petronella n. Karachi; iid. p. 366 t. 22 f. 9; — (Alvania) alveata n. Angrias Bank bei Bombay; iid. p. 366 t. 22 f. 10; — crawfordi n. Südafrika, Algoa Bay; **Smith** 1901 J. Conch. Leeds X p. 107 t. 1 f. 13; — portoricana n. Portorico; **Dall & Simpson** 1901 Bull. Fish Comm. I p. 433 t. 53 f. 20; — opima n. ibid., iid. p. 433; — adarensis n. südliches Eismeer; **Smith** 1902 Voy. Southern Cross VII p. 205 t. 24 f. 17; — spinosa Mtrs. zuerst abgeb. b. **Pallary** 1902 J. C. 50 t. 1 f. 12, 13; — tokyensis n. Japan; **Pilsbry** 1904 Pr. Philad. p. 26 t. 4 f. 40; — ogasawarana n. ibid., id. p. 26 t. 4 f 41; — (Setia) inflata n. Antarktischer Ozean; **Pelseneer** 1903 Voy. Belgica Zool. p. 21 fig.; — columna n. ibid., id. p. 21 fig.; — subtruncata n. ibid., id. p. 21 fig.; — perspecta n. Port Arthur; **Smith** 1904 J. Mal. XI p. 25 t. 2 f. 25; — conspecta n. ibid., id. p. 35 t. 3 f. 1; — monodonta var. auriformis n. Golf von Gabes; **Pallary** 1904 J. de Conch. v. 52 p. 254 t. 7 f. 12; —

apicilirata Tate & May zuerst abgeb. b. **Tate & May** 1901 t. 26 f. 61; — demessa T. & M. desgl. t. 26 f. 61; — discrepans T. & M. desgl. t. 26 f. 65; — dubitabilis Tate desgl. t. 26 f. 71; — tumida T. Woods desgl. t. 26 f. 67; — simsoni Tate & May desgl. t. 26 f. 76; — verconis Tate desgl. t. 27 f. 86; — hulliana Tate desgl. t. 26 f. 62; — perexigua (Rissoina) T. & M. desgl. t. 23 f. 5; — unilirata T. Woods desgl. t. 26 f. 79; — pellucida T. & M. desgl. t. 23 f. 8; — vulgaris n. Neuseeland; **Webster** 1904 Tr. N. Z. Inst. p. 277 t. 9 f. 3. — micans n. ibid., id. p. 271 t. 9 f. 4; — zosterophora n. ibid, id. p. 277 t. 9 f. 5; — carnosa n. ibid., id. p. 278 t. 9 f. 6; — candidissima n. ibid., id. p. 278 t. 9 f. 6; — agrestis n. ibid., id. p. 279 t. 10 f. 10; — microstriata n. Neu-Seeland; **Murdoch** 1904 Tr. N. Z. Inst. p. 229 t. 8 f. 25; — insculpta n. ibid., id. p. 229 t. 8 f. 28.

Acinulus Mtrs. mss. n. subgen. Acini, Typus Rissoa cimex Fbs.; **Seguenza** Paleont. ital. IX p. 48.

Eatoniella (Smith) paludinoides n. Antarktisches Meer; Smith 1902 Voy. Southern Cross VII p. 205 t. 24 f. 18; — limbata Hutton, zuerst abgeb. bei **Webster** 1904 Tr. N. Z. Inst. t. 10 f. 8; — olivacea Hutton desgl t. 10 f. 9.

Fenella (A. Ad.) tanyspira n. Karachi; Indusmündung; **Melvill & Standen** 1901 Pr. Z. S. p. 370 t. 22 f. 14.

Epigrus n. g. Rissoidarum, für R. ischna Tate; **Hedley** 1903 Mem. Austral. Mus. IV p. 354 f. 78; — vesconis Tate (= Rissoa badia Pett. nec A. Ad. abgeb. ibid. p. 356 Textfig. 79, 80.

Fluxina (Dall) dalliana n. Golf von Oman; **Melvill & Standen** 1903 Ann. N. H. XII p. 298 t. 23 f. 5.

Flemingia Jeffreys (nec de Koninck) umgetauft in Taramellia; **Seguenza** 1903 Palaeont. ital, IX p. 53.

Rissoina (Brug.) sceptrum regis n. Golf von Oman; **Melvill & Sykes** 1901 Pr. Z. S. p. 367 t. 22 f. 11; — (Rissolina) pseudoscalaris n. ibid., iid. p. 368 t. 22 f. 13; — (Phosinella) paschalis n. Karachi; iid. p. 368 t. 22 f. 12; — bertholetti Aud (= Savigny t. 4 f. 2) neu beschrieben und abgebildet; **H. Fischer** 1901 J. C. p. 114 t. 4 f. 5, 6; — rissoi Aud. (= Savigny t. 4 f. 1) desgl. ibid. p. 115; — cretacea T. Woods abgeb. b. **Hedley** 1903 Mem. Austral. Mus. IV fig 76; — rex n. Japan; **Pilsbry** 1904 Pr. Philad. p. 27 t. 5 f. 42; — materinsulae n. ibid., id. p. 27 t. 5 f. 44; — isosceles n. Golf von Oman; **Melvill & Standen** 1903 Ann. N. H. XII p. 302 t. 21 f. 12; — (Zebina) registomoides n. ibid., iid. p. 303 t. 21 f. 13; — alfredi n. Port Alfred; **Smith** 1904 J. Mal. XI p. 35 t. 2 f. 24; — (Phosinella) phormis n. Golf von Oman; **Melvill** 1904 J. Mal. XI p. 80.

Rissopsis (Garrett) buliminoides Tate & May zuerst abgebildet **Tate & May** 1901 t. 26 f. 75; — consobrina T. & M. desgl. t. 27 f. 94.

Scrobs (Watson) pyramidatus n. Neusüdwales; **Hedley** 1903 Mem. Austral. Mus. IV p. 354 f. 77.

Taramellia nom. nov. für Flemingia Jeffr. nec de Koninck; **Seguenza** 1903 Palaeont. ital. IX p. 53.

Adeorbidae.

Adeorbis (S Wood.) placens n. mit var. complanata n., Golf von Oman, Persischer Meerbusen; **Melvill & Standen** 1901 Pr. Z. S. p. 373 t. 22 f. 15; — subcarinatus var. interrupta n. England; **Marshall** 1903 J. of Conch. Leeds p. 192; — axiotinus n. Golf von Oman; **Melvill & Standen** 1903 Ann. N. H. XII p. 391 t. 21 f. 8.

Paludinidae.

Amnicola (Hald.) tryoni n. Mexiko; **Pilsbry** 1903 Pr. Philad. p. 781 t. 52
f. 10; — panamensis Psbry. abgeb. ibid. t. 52 f. 11; — augustina n. Florida; id.
1904 Nautilus XVII p. 113.

Andrusovia n. gen. Brusina mss. für A. dybowskii n, Kaspisches Meer;
Westerlund 1903 Rad Jugosl. Akad. v. 151 p. 133.

Bythinia (Leach) servainiana var. caspica n. Kaspisches Meer; **Westerlund**
1902 Nachrbl. p. 45; — striatula var. japonica n. Japan; **Pilsbry** 1901 Pr. Phil.
p. 405, abgeb. 1902 t. 9 f. 9—12 (nach **Moellendorff** Westchina 1901 p. 101 zu
Fossarulus zu stellen); — richmondiana Petterd (und Pupa anodonta Muson
& Hedley) = Hydrobia petterdi Smith fide **Hedley** 1904.

Clessinia (Dyb.) ahngeri n. Kaspisches Meer; **Westerlund** 1902 Nachrbl. p. 45.

Hydrobia (Hartm.) sturanyi n. = Sturany 1894 t. 18 f. 34, 35, Ochridasee,
Albanien; mit var. pygmaea n.; **Westerlund** 1902 Nachrbl. p. 46; — steindachneri n. ibid., = Sturany t. 18 f. 32, 33; id. p. 47.

Jullienia (Cr. & F.) carinata n. Yunnan; **Fulton** 1904 J. Mal. XI p. 52
t. 4 f. 5.

Lartetia (Bourg.) umbilicata n. Südfrankreich; **Locard** 1903 Bull. Nimes
v 29 p. 10, Textfig.

Lithoglyphus (Mühlf.) acutus n. Muchalatka; **Westerlund** 1902 Nachrbl.
1902 p. 47; — minutus n. Kleinasien; **Naegele** 1903 Nachrbl. p. 176.

Micromelania (Brus.) subulata n. Kaspisches Meer; **Westerlund** 1902
Nachrbl. p. 47.

Nematurella (Sandb.) marginata n. Kaspisches Meer; **Westerlund** 1902
Nachrbl. p. 45.

Paludestrina (d'Orb.) antarctica n. Antarktisches Meer; **Smith** 1902 Voy.
Southern Cross VII p. 204 t. 24 f. 16; — popoensis n., Poposee, Anden; **Bavay**
1904 Bull. Soc. zool. France v. 29 p. 154 Textfig. 5.

Paludomus (Swains.) siamensis n. Menam, Siam; **Blanford** 1903 Pr. mal.
Soc. V p. 283 t. 8 f. 3.

Potamopyrgus (Stimpson) subterraneus n. Neuseeland; **Suter** 1904 Trans.
N. Zeal. Inst. p. 267, Textfig.

Pseudamnicola (Paul.) sinaica n. Sinaihalbinsel; **Pallary** 1903 Bull. Soc.
Egypte II p. 243 Textfig.

Pyrgula (Jan.) neveui n. Titicacasee; **Bavay** 1904 Bull. Soc. zool. Fr. v. 29
p. 155 Textfig. 6.

Pyrgulopsis (Pilsbry) patzcuarensis Psbry. abgeb. b. **Pilsbry** 1903 Pr.
Philad. p. 780.

Stenothyra (Bens) formosana n. Formosa; **Pilsbry & Hirase** 1904 Nautilus
XVIII p. 8.

Somatogyrus (Gill) hinkleyi n. Alabama; **Walker** 1904 Naut. XVII
p. 135 t. 5 f. 1; — constrictus n. ibid., id. p. 135 t. 5 f. 2; — nanus n. ibid., id.
p. 136 t. 5 f. 3; — umbilicatus n. ibid., id. p. 137 t. 5 f. 4; — coosaensis n. ibid.,
id. p. 137 t. 5 f. 5; — obtusus n. ibid., id. p. 138 t. 5 f. 6; — crassus n. ibid., id.
p. 138 t. 5 f. 7; — georgianus n. ibid., Georgia; id. p. 139 t. 5 f. 8; — pensyl-
vanicus n., Pensylvanien, id. p. 140 t. 5 f. 9; — virginicus n. Virginia; id. p. 141
t. 5 f. 10; — pilsbryanus n. Alabama; id. p. 142 t. 5 f. 11.

Vitrella (Clessin). — **Geyer** hat begonnen, die schwäbischen Quellen auf diese seither mit zwei Ausnahmen nur in einzelnen Exemplaren im Genist gefundene Gattung zu durchforschen und hat dabei nicht nur eine ganz überraschende Menge von Individuen, sondern auch einen ganz ungeahnten Formenreichthum gefunden, der allerdings die älteren Arten so ziemlich über den Haufen wirft. G. sondert die Formen in erster Linie nach den Fundorten. Er stellt 1904 folgende Arten auf und bildet sie vorzüglich ab: quenstedti Wiedersh., Falkensteiner Höhle, p. 310 t. 8, 9 u. 10, mit pellucida Benz als Verkümmerungsform, und var. weinlandi n. p 316 t. 8 f. 21, 22, 27, 28, Eckisloch bei Urach; — putei n. Kohlberg bei Nürtingen, p. 317 t. 11 f. 1—10; — var. rösleri n. Nonnenbrunnen bei Ofterdingen, p. 318 t. 11 f. 11—17; — exigua n Randecker Moor; p. 320 t.8 f. 10—13; — labiata n. Wiesenquellen bei Degenfeld; id. p. 320 t. 10 f. 11—16: — franconia n. mit var. scalaris p. 323 t. 12, Quellen zwischen Vorbach und Tauber, — var. spirata n. p. 325 t. 12, 13, zwischen Vorbach und und Jagst; — var. spirilla t. 14, Brettachthal; — var. postera n. t. 13, Gegend von Backnang.

Viviparidae.

Vivipara (Lam.) henzadensis n. Henzada, Birma; **Pilsbry** 1901 Pr. Phil. p. 188 t. 5 f. 1; — japonia var. iwakawa n. Japan; **Pilsbry** 1902 Pr. Phil. p. 117 t. 9 f. 3 (= oxytropis Kobelt nec Benson; — ingallsiana (Reeve?) Kobelt = sclateri Ffld.; id. p. 118 t. 9 f. 4; — abbreviata Reeve = malleata Reeve; id. p. 116 t. 9 f. 6, 7; — gracilior n. Tsadsee; **Martens** 1903 S. B. Ges. Berlin p. 7; — locardi n. Westfrankreich; **Germain** 1903 Bull. S. Ouest France III p. 218, Textfig.; — rouyeri n. Java; **Bullen** 1906 Pr. mal. Soc. VI p. 110 t. 6 f. 3.

Valvatidae.

Valvata (Müll.) hagenmülleri n. Corsika; **Caziot** 1903 (1) p. 315; — stelleri n. Kamtschatka; **Dybowski** 1903 Ann. Mus. Petersbourg VIII p. 46; — innesi n. Egypten; **Pallary** 1903 Bull Egypte II p 243 Textfig.; — (Cincinna) piscinalis var. dilatata n. Dänemark; **Sell** 1903 Nachrbl. p. 110; — humeralis Psbry. abgeb. b. **Pilsbry** 1903 Pr. Philad. p. 778; — andreana (Cincinna) n. Diluvium; **Menzel** 1903 Nachrbl. p. 77, Textfig., mit var. latior ibid., Textfig.; — maroccana n. Marocco; **Pallary** 1904 J. Conch. v. 52 p. 41 t. 3 fig. 6, 7.

Melaniidae.

Burtonilla n, gen. für Turbonilla (?) terebriformis Smith aus dem Tanganyika; **Smith** 1904 Pr. mal. Soc. VI p. 67 Textfig. 2. — (Shell elongate, slender, imperforate; whorls numerous, longitudinally costate, glossy, apparently without a periostracum; aperture entire, not chanelled in front; columella reflexed anteriorly, above obsolete uniplicate; labrum probably thin).

Doryssa (H. & A. Adams) schuppii n. Brasilien; **Ihering** 1902 Museo Paulista p 659, Textfig. 1; — rixosa n. ibid., id. p. 632 Textfig. 2, 3.

Melanopsis (Fer.) mourebeyensis n. Marokko; **Pallary** 1901 J. C. p. 228 — Ueber die Stellung der neuseeländischen und neucaledonischen Melanopsis vgl. **Suter** 1901 J. Conch. p 320, und **Ancey** 1903 J. Conch. p. 43.

Melania (Lam.) reiniana var. hidachiensis n. Prov. Hidachi, Japan; **Pilsbry** 1902 Pr. Phil. p. 119 t. 9 f. 2; — libertina var. latifusus n. Mino, Japan; id

p. 120 t. 9 f. 8. — Ebenda ein Diagramm der japanischen Melanien; — binodosa n. Siam; **Blanford** 1903 Pr. mal. Soc. V p. 283 t. 8 f. 2; — dulcis n Gebi, Molukken; **Fulton** 1904 J. Mal. XI p. 51 t. 4 f. 2; — aeruginosa n. ibid, id. p. 51 t. 4 f. 1; — lauta n. ibid. id. p. 52 t. 4 f. 4.

Rhinomelania n. subg. für Semisinus zenkeri n. Kamerun; **Martens** 1901 S. B Ges. Berlin p. 26.

Semisinus (Fischer) zenkeri (Rhinomelania) n. Kamerun; **Martens** 1901 S. B. Ges. Berlin p. 26.

Ampullariidae.

Bemerkungen über die Ampullariidae macht **Dall** 1904 J. of Conch. v. XI p. 50—55.

Ampullaria (Lam.) baeri n., Huallaga, Peru; **Dautzenberg** 1901 J. C. p. 312 t. 9 f. 12, 13; — winkleyi n. Burma; **Pilsbry** 1901 Pr. Phil. p. 189 t. 5 f. 2, 3; — dalyi n., Siam; **Blanford** 1903 Pr. mal. Soc. V p. 281 t. 8 f. 1.

Limnopomus n. subg. Ampullariae, Typus A. columellaris Gould; **Dall** 1904 J. of Conch. v. XI p. 54.

Pseudampullaria Ancey 1898 = Petterdiana 1896; **Suter** 1901 J. Conch. p. 320.

Assimineidae.

Assiminea (Gray) angustata n., Kitani, Japan; **Pilsbry** 1901 Pr. Phil. p. 396; — umlaasiana n., Natal; **Smith** 1902 J. C. Leeds X p. 249 t. 4 f. 3; — pagodella n, Australien; **Hedley** 1902 Studies VII p. 603 t. 29 f. 6.

γ) *Toxoglossa.*

Conidae.

Conus (L.) clytospira .(Leptoconus) Melvill & Standen zuerst abgebildet bei **Melvill & Standen** 1901 Pr. Z. S. p. 21 f. 12 (nach Preston ibid. = C. milne-edwardsi Jouss. 1894); — beddomei n, Westindien; **Sowerby** 1902 J. Mal. VIII p. 101 t. 9 f. 1—5; — torquatus n. Westafrika; **Martens** S. B. Ges. Berlin p. 15; — stimpsoni n., Key West, Florida; **Dall** 1902 Pr. U. S. Mus. v. 24 p. 503 t. 29 f. 7; — eucoronatus n. Cap St. Blaize, Südafrika; **Sowerby** 1903 Marine Invest. II p. 217 t. 3 f. 9; — gilchristi n., Natal; id. p. 217 t. 3 f. 8; — patens n., Kap; id. p. 218 t. 3 f. 7; — torquatus Martens abgeb. bei **Martens** 1903, Tiefsee t. 1 f. 1; — aculeiformis var. torensis n. Rothes Meer; **Sturany** 1903 Pola, p. 227 (19) t. 4 f. 8; — planiliratus var. batheon n. ibid., id. p. 227 (19) t. 4 f. 6, 7; — boubeae n., unsicheren Fundortes; **Sowerby** 1903 Pr. mal. Soc. VI p. 76 t. 5 f. 5; — dormitor n, Japan; **Pilsbry** 1904 Pr. Phil. p. 6 t. 1 f. 9; — kikaiensis n. ibid., id. p. 6 t. 1 f. 8; — gratacapii n. ibid., id. p. 6 t. 1 f. 10; — coromandelicus Smith abgeb. bei **Melvill** 1904 Pr. mal. Soc. VI p. 170, Textfig.

Pleurotomidae.

Casey 1902 in Trans Acad. St. Louis giebt ein vollständig neues System der Pleurotomiden, lebender und fossiler. Er unterscheidet sieben Unter-gattungen: Pleurotominae (oder wie er schreibt: Pleurotomini), Clavinae, Belinae, Pseudotominae, Donovaniinae (sicher keine Toxoglossen), Daphnellinae, Taraninae und Mitromorphinae. Zu den Pleurotominae gehören: Pleurotoma Lam., Lophiotoma n., Gemmula Wkff., Tomopleura n., Orthosurcula n., Surcula H, & A. Adams. Die übrigen Unterfamilien sind nicht in gleicher Weise durchgeführt.

Antiphanes n. subg. von Pleurotoma, Typus Surcula perversa Gabb; **Dall** 1902 Pr. U. S. Mus. v. 24 p. 513; — catalinae n., Kalifornien; **Raymond** 1904 Nautilus XVIII p. 2.

Ancystrosyrinx (Dall) orientis n., Persischer Meerbusen; **Melvill** 1904 Pr. mal. Soc. VI p. 56 t. 5 f. 3.

Bathytoma (Harris & Burrows) biconica n., Australien; **Hedley** 1903 Thetis II p. 385 Textfig. 98.

Borsonia (Bell.) epigona n., Sumatra; **Martens** 1901 S. B. Ges. Berlin p. 19; Tiefsee p. 91 t. 2 f. 2.

Clathromangelia? (Mtrs.) strigillata n. Golf von Gabes; **Pallary** 1904 J. Conch. v 52 p. 222 t. 6 f. 7.

Clathurella (Carp.) thalia n., Mekranküste; **Melvill & Standen** 1901 Pr. Z. S. p. 445 t. 24 f. 10; — darnleyi Braz. = albifuniculata; Hedley Record 1901 p. 122; — macleayi Braz. abgeb. ibid. Textfig.; —ᵃ granulosissima Tate desgl. bei **Tate & May** Pr. N. S. Wales 1901 t. 24 f. 34; — dichroma n., Rotes Meer; **Sturany** 1903 Pola p. 252 (44) t 5 f. 5; — chichimijana n., Japan; **Pilsbry** 1904 Pr. Phil. p. 11 t. 1 f. 7; — centrosa n. ibid, id. p. 11 t. 1 f. 6; — lischkeana n. ibid., id. p. 12 t. 2 f. 14; — polyhymnia n, Persischer Meerbusen; **Melvill** 1904 J. Mal. X p. 165 t. 10 f. 17; — amphiblestrum n., Persischer Meerbusen; **Melvill** 1904 Pr. mal. Soc. VI p. 58 t. 5 f. 7; — epixantha n. ibid., id. p. 59 t. 5 f. 3; — hedleyi n. ibid., id. p. 59 t. 5 f. 9; — crassilirata, n., Port Alfred, Kap; Smith 1904 J. Mal. XI p. 27 t. 2 f. 6; — opsimathes n., Persischer Meerbusen; **Melvill & Standen** 1903 Ann. N. H. XII p. 314 t. 22 f. 19; — sykesii n. ibid., iid. p. 314 t. 23 f. 4; — quisquilia n. ibid., id. p. 315 t. 23 f. 7; — epentroma n., Neuseeland; **Murdoch** 1904 Trans. N. Z. Inst. p. 219 t. 7 f. 4; var. whangaruensis n. ibid., p. 219 t. 7 f. 5.

Clavatula (Lamarck) parilis n. Durban; **Smith** 1901 J. C. Leeds X p. 115 t. 1 f. 7; — turriplana n. Kapland; **Sowerby** 1903 Mar. Invest. Cap. II p. 215 t 3 f. 6.

Columbarium (Marts.) canaliculatum n., Ostafrika; **Martens** 1902 S. B. Ges. Berlin p. 20, abgeb. Tiefsee VII t. 2 f. 7; — cingulatum n. ibid., id. p. 20, abgeb. id. t. 2 f. 8.

Cythara (Schum.) typhonota n., Tumb Island; **Melvill & Standen** 1901 Pr. Z. S. p. 446 t. 24 f. 12; — edithae n., Golf von Oman; iid. p. 446 t. 24 f. 11; — hirasei n., Japan; **Pilsbry** 1904 Pr. Phil. p. 10 t. 2 f. 13; — verhöffeni n., Westküste von Sumatra; **Martens** 1903 Tiefsee p. 91 t. 2 f. 5; — elegantissima n., Persischer Meerbusen; **Melvill & Standen** 1903 Ann. N. H. XII p. 319 t. 23 f. 13; — nevilliana n., Ceylon; **Preston** 1904 J. Mal. XI p. 75.

Daphnella (Hinds) ceciliae n., Mekran-Küste; **Melvill & Standen** 1901 Pr. Z. S. p. 447 t. 24 f. 13; — evergestis n., Golf von Oman; iid. p. 447 t. 24 f. 14; — receptoria n., Mekran-Küste; iid. p. 448 t. 24 f. 15; — veneris n., Golf von Oman; iid p 449 t. 24 f. 16; — xyloïs n. ibid., iid. p. 449 t. 24 f. 17; — fragilis var. articulata n., Japan; **Pilsbry** 1901 Pr. Phil. p. 385 t. 21 f. 26; — eugrammata n., Cuba; **Dall** 1902 Pr. U. S. Mus. v. 24 p. 503 t. 29 f. 3; — vestalis n., Australien; **Hedley** 1903 Thetis II p. 390 Textfig. 105; — angasi nom. nov. für

Clath. sculptilis Angas nec Tate; id. p. 391; — dea n., Persischer Meerbusen; **Melvill** 1904 Pr. mal. Soc. VI p. 167 t. 10 f. 24; — lucasii n. ibid., id. p. 167 t. 10 f. 25; — radula n., Japan; **Pilsbry** 1904 Pr. Phil. p. 8 t. 2 f. 17; — (Pleurotomella) nereidum n., Golf von Oman; **Melvill & Standen** 1903 Ann. N H. XII p. 315 t. 23 f. 2; — (Pl.) amphitrites n. ibid., iid. p. 316 t. 23 f. 3; — thyatrica n. ibid., iid. p. 316 t. 23 f. 6; — thya n. ibid., id, p 316 t. 23 f. 8; — buccinulum n. ibid, iid. p. 317 t. 23 f. 9; — epicharta n. ibid., iid. p. 317 t. 23 f. 10; — bedya n. ibid, iid. p. 318 t. 23 f. 11; — euphrosyne n. ibid., iid. 318 t. 23 f. 12; — cassandra n, Neusüdwales; **Hedley** 1904 Pr. Linn. Soc. N. S. Wales v. 29 p. 187 fig. 8; — eulimenes n., Golf von Oman; **Melvill** 1904 J. Malac. XI p. 84 fig.

Drillia (Gray) alcyonea n., Golf von Oman; **Melvill & Standen** 1901 Pr. Z S. p. 435 t. 23 f. 21; — athyrma n. ibid., iid. p. 436 t. 23 f. 22; — circumvertens n ibid, iid. p. 436 t. 23 f. 23; — clydonia n. ibid., iid. p. 437 t. 23 f. 24; — omanensis n. ibid., iid. p. 438 t. 24 f. 1; — prunulum n. ibid., iid. p 439 t. 24 f. 2; — tasconium n. ibid., iid. p. 440 t. 24 f. 2; — topaza n. ibid., iid. p. 440 t 24 f. 4; — (?) actinocyla ñ., Portorico; **Dall & Simpson** 1901 Bull. Fish Comm. I p. 385 t. 57 f. 15; — gundlachi n. ibid., iid. p. 386 t. 57 f. 17; — ponciana n. ibid., iid. p. 386 t. 57 f. 19; — melonesiana n. ibid., iid. p. 386 t. 57 f. 20; — interpleura n. ibid., iid. p. 386 t. 57 f. 21; — greeleyi n., Brasilien; **Dall** 1901 Pr. Ac. Wash. III p. 146; — (Clavus) fusconitens n., Cebu; **Sowerby** Pr. mal. S. p. 208 t. 22 f. 3; — rugisculpta n, Kowie; **Sowerby** ibid. p. 213 t. 22 f. 20; — tricarinata T. Woods abgeb. b. **Hedley** Record 1901 p. 23, Textfig.; — spaldingi n. desgl. p. 122, Textfig.; — cancellata Tate desgl. b. **Tate & May** Pr. N. S W. t. 24 f. 27; — agnewi Tate desgl. t. 24 f. 29; — elachystoma n., Ost-Afrika; **Martens** S. B. Ges. Berl. 1901 p. 17; Tiefsee VII t. 2 f. 13; — roseobasis n., Galapagos; **Pilsbry & Vanatta** 1902 Pr. Wash. Acad. IV p. 558 t. 25 f. 3; — albemarlensis n. ibid., id. p. 538, t. 25 f. 3; — empyrosia Dall zuerst abgeb. b. **Dall** 1902 Pr. U. S. Mus. 24 p. 516, Textfig.; — fossata n., Natal; **Sowerby** 1903 Mar. Invest. Cap II p. 214 t. 3 f. 5; — scitecostata n, Port Alfred; id. p. 214 t. 4 f. 10; — wilkiae Sow. = platystoma Smith; **Smith** 1903 Pr. mal. Soc. V p. 363; — sesquitertia n., Ostafrika; **Martens** 1903 Tiefsee VII p. 82 t. 1 f. 7; — bisinuata Mrts. abgeb. ibid. t. 1 f. 8; — dilecta n, Südaustralien; **Hedley** 1903 Thetis II p. 387 Textfig. 100; — nenia n. ibid., id. p 387 Textfig. 101; — prosuavis n. = suavis Smith nec Hervier; id. p. 389 Textfig. 102; — multilirata Smith zuerst abgeb. id. p. 389 Textfig. 103; — potti Stur. zuerst abgeb. b. **Sturany** 1903, Pola t. 5 f. 8; — ?inchoata Stur. desgl. ibid. t. 5 f. 8; — streptonotus n., Japan; **Pilsbry** 1904 Pr. Phil. p. 7 t. 3 f. 18; — albiguttata n. ibid., id. p. 8 t. 3 f. 19; — thetis n., Port Alfred, Kap; **Smith** 1904 J. Mal. XI p. 26 t. 2 f. 1; — subcontracta n. ibid., id. 26 t. 2 f. 2; — albonodulosa n. ibid., id. p. 27 t. 2 f. 3; — praetermissa n. ibid., id. p. 27 t. 2 f. 4; — nivosa n. ibid, id. p. 27 t. 2 f. 5. — dives n., Persischer Meerbusen; **Melvill & Standen** 1903 Ann. N. H. XII p. 311 t. 22 f. 15; — philotima n. ibid., iid. p. 311 t. 22 f. 16; — continua n. ibid., iid. p. 312 t. 22 f. 18; — lithoria n. ibid., iid. p. 313 t. 22 f. 10; — audax n., Golf von Oman; iid. p. 313 t 23 f. 1; — worthingtoni n. Andamanen; **Smith** 1904 Ann. N. H. XIII p. 160; — lyallensis n, Neuseeland; **Murdoch** 1904 Trans. N. Z. Inst. p. 221 t. 7 f. 7.

Genota (H. & A. Ad.) fissa (Dolichotoma) n. Ostafrika; **Martens** 1901 S. B. Ges. Berl. p. 18; Tiefsee p. 87 t. 1 f. 14; — atractoides var. obsolescens n. Nias; id. 1903 Tiefsee p. 86; var. aethiopica n. Ostafrika; id. p. 87 t. 1 f. 15; — bitorquata n., Dar es Salam; **Martens** 1901 S. B. Ges. Berl. p. 18; Tiefsee t. 1 f. 13; — belaeformis n., Kapland; **Sowerby** 1904 Mar. Invest. II p. 216 t. 4 f. 8; — stearnsiana n., Californien; **Raymond** 1904 Nautilus p. 1.

Glyphostoma (Carp.) tricolor Braz. abgeb. b. **Hedley** 1901 Rec. p. 122, Textfig.; — siren n., Port Alfred, Kap; **Smith** 1904 J. Mal. XI p. 28 t 2 f. 7; — epicharis n., Rotes Meer; **Sturany** 1903 Pola p. 251 (43) 7 f. 2; — pycnochila n., Persischer Meerbusen; **Melvill** 1904 Pr. Mal. Soc. VI p. 58 t. 5 f. 6.

Helenella n. gen. für Pleurotoma multigranosa Smith; **Casey** 1904 Tr St. Louis p. 167; — insolens n., St. Helena; id. p. 167.

Homotoma (Bellardi) mirabilis n., Golf von Gabes; **Pallary** 1904 J. Conch. v. 52 p. 219 t. 7 f. 2; — bracteata n. ibid., id. p. 220 t. 7 f. 4.

Leucosyrinx (Dall) crispulata n., Ostafrika; **Martens** 1901 S. B. Ges. Berl. p. 16; abgeb. Tiefsee t. 2 f. 6; — recta n., Australien; **Hedley** 1903 Thetis II p. 386 Textfig. 99; — vepallida n., Golf von Aden; **Martens** 1902 S. B. Ges. Berl. p. 240; Tiefsee t. 2 f. 6; mit var. denticulosa p. 90.

Lophiotoma n. gen. für Pleurotoma tigrina Lam.; **Casey** 1904 Tr. St. Louis v. 14 p. 130; — microsticta n., Philippinen; id. p. 130.

Mangelia (Risso) averina n., Karachi, Indusmündung; **Melvill & Standen** 1901 Pr. Z. S. p. 441 t. 24 f. 5; — myrmecodes n. ibid., iid. p. 442 t. 24 f. 6; — phaea n., Persischer Meerbusen; iid. p. 442 t. 24 f. 7; — pulchripicta n. ibid., iid. p. 443 t. 24 f. 9; — terpnisma n., Golf von Oman; iid. p. 443 t. 24 f. 8; — asarca n, Portorico; **Dall & Simpson** 1901 Bull. Fish Comm. I p. 388 t. 57 f. 14; — aguadillana n. ibid., iid. p. 389 t. 57 f. 22; — eudeli n., Réunion; **Sowerby** 1902 J. Mal. VIII p. 192 t. 9 f. 4; — desalesi Ten. Woods, abgeb. b. Hedley 1901 Record p. 23, Textfig.; — sanctaegallae Tate desgl. b. **Tate & May** 1901 Pr. N. S. Wales, t. 24 f. 33; — delicatula Tate desgl. t. 24 f. 35; — alternata n., desgl., Textfig. 4; — ?incerta n., Victoria; **Pritchard & Gatliff** 1902 Pr. Wash. Ac. v. XIV p. 180 t. 9 f. 1; — (Eucythara) africana n., Natal; **Sowerby** 1903 Mar. Invest. Cap II p. 216 t. 5 f. 9: — pertabulata n., Rothes Meer; **Sturany** 1903 Pola p. 23 (23) t. 3 f. 1; — (Glyphostoma) epicharis n., Rothes Meer; id. p. 251(43) t. 7 f. 2; — pura n., Japan; **Pilsbry** 1904 Pr. Phil. p. 9 t. 2 f. 15; — semicarinata n. ibid., id. p. 9 t. 2 f. 16; — kamakurana n. ibid., id. p. 10 t. 2 f. 11; — cinnamomea var. peraffinis n. ibid., id. p. 10 t. 2 f. 12; — adamantina n., Persischer Meerbusen; **Melvill** 1904 Pr. Mal. Soc. VI p. 165 t. 10 f. 18; — aglaja n. ibid., id. p. 165 t. 10 f. 19; — apollinea n ibid., id. p. 166 t. 10 f. 20; — barbiton n. ibid., id. p. 166 t. 10 f. 21; — callistephana n. ibid, id. p. 166 t. 10 f. 22; — kowatensis n. ibid., id. p. 167 t. 10 f. 25; — bathmis n., Persischer Meerbusen; **Melvill** 1904 Pr. Mal. Soc. IV p. 57 t. 5 f. 4; — ecphora n. ibid., id. p. 58 t. 5 f. 5; — pycnochila n. ibid., id. p. 58 t. 5 f. 6; — alfredi n., Port Alfred, Kap; **Smith** 1904 J. Mal. XI p. 29 t. 2 f. 8; — (Philbertia) papillosa n, Golf von Gabes; **Pallary** 1904 J. Conch. v. 52 p. 220 t. 7 f. 4; — kochi n. ibid., id. p. 221 t. 7 f. 5; — (Clathromangelia) strigilata n. ibid., id. p. 222 t. 7 f. 6; — comideleuca n., Persischer Meerbusen; **Melvill & Standen** 1903 Ann. N. H. XII p. 313 t. 23 f. 5.

Megasurcula n. gen. für Surcula carpenteriana Gabb; **Casey** 1904 Tr. St. Louis XIV p. 147.

Orthosurcula n. gen. für Pleurotoma longiforma Aldr. & Surcula transversaria Lam.; **Casey** 1904 Tr. St. Louis XIV p. 151.

Mitromorpha (Pease) suteri n., Neuseeland; **Murdoch** 1906 Trans. N. Z. Inst. p. 220 t. 7 f. 6.

Pleurotoma (Lam.) subsuturalis (Brachystoma) n. Ost-Afrika; **Martens** 1901 S. B. Ges. Berl. p. 16; — (Subulata) bisinuata n. ibid., id. p. 17; — (Dolichotoma) fissa n. ibid., id. p. 18; — (D.) bitorquata n. ibid., id. p. 18; — (Pseudotoma) chuni n., Sumatra; id. p. 19; — (Antiphanes) piona n., Alaska; **Dall** 1902 Pr. U. S. Mus. v. 24 p. 514; — thalaea n., Californien; id. p. 514; — santarosana n. ibid., id. p. 515; — callicesta n., Acapulco; id. p. 515, mit Textfiguren; — symbiotes n., Indischer Ozean; **Alcock** 1902 p. 130, Textfig,; — gilchristi n., Süd-Afrika; **Sowerby** 1902 Mar. Invest. p. 99 t. 2 fig.; — weldiana Woods = Drillia fucata Reeve; **Hedley** 1902 Nautilus XVI p. 49; — (Surcula) lobata n., Natal; **Sowerby** 1903 Mar. Invest. Cap II p. 213 t. 4 f. 9; — (Clavus) lignaria n. ibid. id. p. 213 t. 3 f. 4; — (Genota) belaeformis n. ibid., id. p. 216 t. 4 f. 8; — (Gemmula) gemmulina n., Westküste von Sumatra; **Martens** 1902 S. B. Ges. Berl. p. 238; 1903 Tiefsee VII t. 1 f. 2; — (G.) rotatilis n., Somaliküste; id. p. 239; Tiefsee t. 1 f. 3; — (Brachytoma) subsuturalis n. ibid., id. p. 239; Tiefsee t. 1 f. 7; — vepratica n., Torresstrasse bis Botany-Bai; **Hedley** 1903 Thetis II p. 384, Textfig. 97; — siebenrocki Sturany zuerst abgeb. b. **Sturany** 1903 Pola t. 3 f. 2; — beblammena n., Rothes Meer; id. p. 23 (23) t. 3 f. 4; — (Oligotoma) patricia n., Persischer Meerbusen; **Melvill** 1904 J. Mal. X p. 164 t. 10 f. 15; — (Brach.) griffithi var. gracilior n., Ostafrika; **Martens** 1903 Tiefsee, p. 84; — tryponodes n., Persischer Meerbusen; **Melvill** 1904 Pr. mal. Soc. VI p. 57 t. 5 f. 2; — (Gemmula) navarchus n. ibiid.; **Melvill & Standen** 1903 Ann. N. H. XII p. 310 t. 21 f. 15.

Pontothauma (Smith) chuni n., West-Sumatra; **Martens** 1902 S. B. Ges. Berlin p. 19; Tiefsee p. 86 t. 1 f. 10.

Raphitoma (Bell.) taprurensis (Giunanianà) n., Golf von Gabes; **Pallary** 1904 J. Conch. v. 52 p, 218 t. 7 f. 1.

Surcula (H. u. A, Ad.) circumstricta n., Ost-Afrika; **Martens** 1901 S. B. Ges. Berl. p. 15; — obliquicosta n., Sumatra; id p. 16; beide abgeb. 1903 Tiefsee VII t. 1 f. 6 u. t. 2 f. 1; — exstructa n. ibid., id. p. 81 t. 1 f. 4; — halicrya n., Persischer Meerbusen; **Melvill** 1904 Pr. mal. Soc. VI p. 164 t. 10 f. 16; — margaritae n., Andamanen; **Smith** 1904 Ann. N. H. XIII p. 458.

Spirotropis (G. O. Sars) limula n., Neu-Amsterdam; **Martens** 1903 Tiefsee p. 61 t. 5 f. 23.

Tomopleura n. gen. für Pleurotoma nivea Phil.; **Casey** 1904 Tr. St. Louis XIV p. 138.

Cancellariidae.

Cancellaria (Lam.) agalma (Trigonostoma) n., Golf von Oman; **Melvill & Standen** 1901 Pr. Z. S. p. 450 t. 24 f. 18; — middendorffiana Dall zuerst abgeb. b. **Dall** 1902 Pr. U. S. Mus. v. 24 p. 516, Textfig.; — producta n., Natal; **Sowerby** 1903 Mar. Invest. Cap, v. II p. 220 t. 4 f. 5; — (Trigonostoma) luscinia n., Arabischer Meerbusen; **Melvill & Standen** 1903 Ann. N. H. p. 319 t. 23 f. 14,

15; — pergradata n., Südaustralien; **Verco** 1904 Trans. Soc. South Australia v. 28 p. 142, Textfig.

Admete (Kroyer) microscopica (Cancellaria) Dall abgeb. b. **Dall** 1902 Pr. U. S. Mus. 24 p. 504, t. 29 f. 4.

Terebridae.

Terebra (Lam.) diversa n. = rufopunctata Sow. nec Smith; **Smith** 1901 J. C. Leeds X p. 115 t. 1 f. 6; — juanica n., Portorico; **Dall & Simpson** 1901 Bull. Fish Comm. I p. 382 t. 57 f. 5; — cognata Smith zuerst abgeb. b. **Melvill & Standen** 1901 (2) t. 21 t. 9; — macandrewi Smith desgl. t. 21 f. 6; — pellyi Smith desgl. t. 21 f. 10; — hedleyi nom. nov. für Cingulina brazieri; **Tate** Pr. N. S. Wales p. 214; — texana n., Texas; **Dall** 1902 Pr. U. S. Mus. XXIV p. 502, Textfig.; — floridana n., Florida; id. p. 502, Textfig.; — rushii n. ibid., id. p. 502, Textfig.; — inconspicua n., Victoria; **Pritchard & Gatliff** 1902 Pr. S. Victoria XIV, p. 181 t. 9 f. 2; — loisae n., Natal; **Smith** 1903 Pr. mal. Soc. V p. 360 t. 15 f. 1; — casta var. natalensis- n. ibid , id. p. 360; — hedleyi n., Japan; **Pilsbry** 1904 Pr. Phil. p. 3 t. 1 f. 1; — hizenensis n. ibid., id. p. 4 t. 1 f. 2; — awayensis n. ibid., id. p. 5 t. 1 f. 4; — texana Dall abgeb. b. **Dall** 1902 Pr. U. St. N. Mus. XXIV t. 29 f. 8; — (Subula) floridana n. desgl. f. 9; — (Acus) rushii n. desgl. f. 6; — assimilis Angas = fictilis Hinds.; **Hedley** 1903 Thetis II p. 384; — helichrysum n., Persischer Meerbusen; **Melvill & Standen** 1903 Ann. N. H. XII p. 310 t. 22 f. 14; — suspensa n., Port Alfred; **Smith** 1904 J. Mal. XI p. 30 t. 2 f. 12 (= pertusa Sow. nec Born).

Parviterebra (Pilsbry n.) paucivolvis n., Japan; **Pilsbry** 1904 Pr. Phil. p. 5 t. 1 f. 4.

♂) *Ptenoglossa.*
Scalidae.

Boreoscala n. sect., Typus Sc. groenlandica; **Kobelt** 1902 Jcon. mar. p. 4.

Crossea (A. Ad.) biconica n., Torresstrasse; **Hedley** 1902 P. L. S. N. S. Wales XXVI p. 12 t. 2 f. 24; — gatliffi n. ibid, id. p. 13 t. 2 f. 25; — carinata n., Neusüdwales; **Hedley** 1902 Thetis II, p. 345, Textfig. 71; — glabella n., Neuseeland; **Murdoch** Trans N. Zealand Inst. 1904 p. 225 t. 8 f. 16, 17; — cancellata T. Woods abgeb. b. **Tate & May** 1904 Pr. Linn. Soc. N. S. Wales t, 23 fig. 1; — minuta Petterd ibid. v. 27 f. 85.

Berthais n. gen. Scalidarum für Scala intertexta Melv. & Stand., Golf von Oman, und Onoba egregia A. Ad.; **Melvill** 1904 Pr. mal. Soc. VI p. 61, Textfig.

Aclis (Lovèn) bitaeniata n., Japan; **Sowerby** 1903 Ann. N. H. XII p. 498; — beltista n., Persischer Meerbusen; **Melvill** 1904 Pr. mal. Soc. VI p. 53 fig.; — thesauraria n., Golf von Oman; **Melvill** 1904 J. Malac. XI p. 79 fig.

Scala (Klein) gloriola (Clathrus) n., Maskat, Golf von Oman; **Melvill & Standen** 1901 Pr. Z. S. p. 355 t. 22 f. 6; — millecostata Pease zuerst abgeb. bei **Smith** J. C. Leeds X t. 1 f. 5; — amathusia n., Mekran-Küste; **Melvill & Standen** 1903 J. C. Leeds X p. 341 t. 7 f. 1; — calidea n., Maskat, Persischer Meerbusen; iid. p. 341 t. 7 f. 2; — cerdanta n., Golf von Oman; iid. p. 342 t. 7 f. 3; — continens n. ibid., iid. p. 342 t. 7 f. 12; — deifica n. ibid., iid. p. 343 t. 7 f. 4; — eclectica n., Indien, Kurachi; iid. p. 343 t. 7 f. 5: — emiliae n. ibid , iid. p. 343 t. 7 f. 6; — goniophora n. ibid., iid. p. 344 t. 7 f. 7; — laidlawi n ,

Persischer Meerbusen; iid. p. 344 t. 7 f. 8; — melior n., Kurachi; iid. p. 345 t. 7 f. 9; — rissoinaeformis n., Golf von Oman; iid. p. 346 t. 7 f. 10; — sykesii n. ibid., iid. p. 346 t. 7 f. 11; — thelicteria n., Persischer Meerbusen; iid. p. 346 t. 7 f. 13; — townsendi, Mekran-Küste; iid. p. 347 t. 7 f. 14; — (Opalia) xenicima n. ibid., iid. p. 348 t 7 f. 17; — (Cirsotrema) corolla n., Golf von Oman; iid. p. 348 t. 7 f. 18; — (C.) mammosa n. ibid., iid. p. 349 t. 7 f. 15; — (C.) optima n., Maskat; iid. p. 350 t. 7 f. 16; — eulita n., Portorico; **Dall & Simpson** 1901 Bull. Fish Comm. I p. 412 t. 57 f. 2; — humerosa n., Cebu; **Sowerby** 1901 Pr. mal. Soc. IV p. 210 t. 22 f. 10; — (Scalaria) unilateralis n., Nicobaren; **Martens** 1902 S. B. Ges Berl. p. 241; 1903 Tiefsee p. 118 t. 4 f. 11; — tenebrosa n., Südafrika; **Sowerby** 1903 Mar. Invest. II p. 220 t. 4 f. 6; — jolyi n., Monterosato mss., Nordafrika; **Pallary** 1903 Ann. Mus. Marseille VIII p. 10 t. 1 f. 20—22; — sawineae n., Santa Barbara Channel, Californien; **Dall** 1903 Pr. Biol. Soc. Wash. XVI p. 175; — sophinodis n., Persischer Meerbusen; **Melvill** 1903 Pr. mal. Soc. VI p. 53 t. 5 f. 17; — instricta n., Neu-Amsterdam; **Martens** 1903 Tiefsee VII p. 69 t. 4 f. 12; — nitidella Dall zuerst abgeb. b. **Dall** 1902 Pr. U. St. Nat. Mus. XXIV t. 30 f. 8; — scipio Dall ibid. f. 10; — (Amaea) mitchelli n., desgl. ibid. f. 3, 4; — (Acrilla) retifera Dall ibid. t. 30 f. 9; — (Constantia) intertexta n., Golf von Oman; **Melvill & Standen** 1903 Ann. N. H. XII p. 304 t. 22 f. 6; — eusculpta n., Japan; **Sowerby** 1903 Ann. N. H. XII p. 497.

ε) Gymnoglossa.

Pyramidellidae.

Chaster 1901 J. C. Leeds X p. 8 ändert die präoccupierten Sektions- oder Gattungsnamen Spiralina Ch. in Spiralinella; — Jordaniella in Jordanula, — und Noëmia Folin in Oda Mtrs. mss.

Dall & Bartsch 1904 Pr. Biol. Soc Washingt. p. 1—16 geben eine Synopsis der Gattungen, Untergattungen und Sektionen der Familie. Sie erkennen als Gattungen an Pyramidella Lam., Turbonilla Risso, Odostomia Flem., Murchisonella Mörch.

Clessin in Martini-Chemnitz 1901 & 1902 gibt den Schluss einer Monographie der Pyramidelliden.

Eulimella (Scacchi) carmanica n., Golf von Oman; **Melvill & Standen** 1903 Ann. N. H. XII p. 303 t. 21 f. 14; — nivea n., Port Alfred; **Smith** 1904 J. Mal. v. XI p. 36 t. 3 f. 2; — minor n. ibid., id. p. 36 t. 3 f. 3; — gedrosica n., Küste von Beludschistan; **Melvill** 1904 Pr. mal. Soc. VI p. 55 t. 5 f. 14; — venusta n. ibid, id. p. 56 t. 5 f. 15; — turrita Petterd abgeb. b. **Tate & May** 1901 f. 25 f. 38; — micra (Aclis) Petterd desgl. t. 25 f. 43, 44; — coena Hutt. abgeb. b. **Webster** 1904 Tr. N. Z. Inst. t. 10 f. 11.

Elusa (Ad.) livida n., Cebu; **Sowerby** 1901 Pr. mal. Soc. IV p. 210 t. 22 f. 8; — crassicostata n. ibid., id. p. 210 t. 22 f. 9; — halaibensis n., Rothes Meer; **Sturany** 1903 Denkschr. Ak. Wien vol. 74 p. 258 t. 6 f. 11.

Actaeopyramis (Fischer) laetitia n., Persischer Meerbusen; **Melvill & Standen** 1903 Ann. N. H. XII p. 305 t. 22 f. 3; — brevicula n. ibid., iid. p. 305 t. 22 f. 4; — bulinea var. tenuis n., Nordafrika; **Pallary** 1904 J. Conch. v. 52 p. 235.

Fenella (A. Ad.) xanthacme n., Persischer Meerbusen; **Melvill** 1904 Pr. mal. Soc. VI p. 56 t. 5 f. 16.

Mathilda (Semper) gracillima n., Golf von Oman; **Melvill & Standen** 1901 Pr. Z. S. p. 378 t. 22 f. 18; — zmitampis n. ibid., iid. p. 379 t. 22 f. 19; — rosae n., Südaustralien; **Hedley** 1901 Pr. Linn. Soc. N. S. Wales p. 722 t. 47 f. 13, 14; — decorata n , Neusüdwales; **Hedley** 1903 Mem. Austr. Mus. V p. 352 f. 75; — carystia n , Persischer Meerbusen; **Melvill & Standen** 1903 Ann. N. H. XII p. 321.

Myxa n. gen. exesa n., Neusüdwales; **Hedley** 1903 Mem. Austr. Mus. IV p. 363 f. 86 (genabelt, aus wenigen Windungen bestehend, ohne Spindelfalte, der Mundrand an der Basis vorgezogen; ähnlich Niso, aber mit heterostrophem Apex).

Mormula (A. Ad.) persarum n., Persischer Meerbusen; **Melvill & Standen** 1903 Ann. N. H. XII p. 304 t. 22 f. 2.

Mumiola (A. Ad.) carbasea n., Arabisches Meer; **Melvill** 1904 J. Mal XI p. 83 fig.

Odostomia vide Ptychostomon.

Oscilla (A. Ad.) faceta n., Golf von Oman; **Melvill** 1904 J. Mal. XI p. 82 fig.

Pseudorissoina (Tate & May) tasmanica T. & M. abgeb. b. **Tate & May** 1901 t. 25 f. 55, 56.

Ptychostomon (Locard) litiopina n,, Golf von Oman; **Melvill & Standen** 1901 Pr. Z. S. p. 395 t. 23 f. 1; — major n. ibid., iid. p. 395 t. 23 f. 2; — (Odost.) lavertinae n., Kap = Od. angasi Sow. nec Tryon; **Smith** 1901 J. Conch. Leeds X p. 108 t. 1 f. 15; — (Pyrgulina) robusta n., Kowies, Südafrika; **Sowerby** 1901 Pr. mal. Soc. IV p. 214 t. 22 f. 19; — (P.) intersculpta n., Cebu; id. p. 209 t. 22 f. 7; — (Pyrgulina) perspectiva n., Nord-Queensland; **Hedley** 1902 Pr. Linn. S. N. S. Wales XXVII p. 10, Textfig.; — senex n. ibid., id. p. 10, Textfig.; — zea n. ibid., id. p. 11, Textfig.; — umeralis n. ibid., id. p. 11, Textfig.; — (Vilia) pilsbryi n., Singapore; **Dall & Bartsch** 1904 Pr. Biol. Soc. Washingt. p. 15; — (Evalina) americana n., Sta. Catalina, Californien; iid. p. 16; — (Odostomia) nugatoria n., Neusüdwales; **Hedley** 1903 Mem. Austr. Mus. IV p. 363 f. 87; — (Pseudorissoina) exigua n. ibid., id. p. 361 f. 83; — dorica n., Persischer Meerbusen; **Melvill** 1904 J. Mal. XI p. 82 fig.; — (Odost.) deflexa Tate & May abgeb. bei **Tate & May** 1901 t. 25 f. 45; — (Od.) tasmanica T. Woods desgl. t. 23 f. 4; — (Pyrgulina) suprasculpta (Rissoina) T. Woods desgl. t. 26 f. 68; — impolita Hutton abgeb. bei **Murdoch** 1904 Tr. N. Zeal. Inst. t. 8 f. 18; — proxima n., Neuseeland; id. p. 226 t. 8 f. 19; — vestalis n. ibid., id. p. 227 t. 8 f. 20.

Ptychostomon (Locard). — Von der alten Gattung Odostomia (Flem.) trennen **Dall & Bartsch** 1901 l. c. wegen des abweichend geformten Embryonalendes die Untergattungen Lysacme n., Typus Chrysallida clausiliiformis Carp. — und Obtortio Hedley, Typus Rissoa pyrrhacme Melv. & Stand. ab. Die Hauptmasse mit gleichsculpirtem Apex zerfällt in folgende Untergattungen: Elodiamea Folin, Typus Elodia elegans de Folin; — Odostomiella Folin, Typus Rissoa doliolum Phil.; — Salassia Folin, Typus S. carinata Folin; — Vilia n., Typus Od. pilsbryi n.; — Folinella n., Typus Amaura anguliferens Phil.; — Trabecula Mtrs., Typus Od. zeffreysi Mtrs.; — Parthenina Bucquoy, Typus Turbo indistinctus Mtg.; — Besla n , Typus Chrysallida convexa Carp.; — Mumiola A. Ad., Typus Monoptygma spirata A. Ad.; — Chrysallida Carp., Typus Chemnitzia communis C. B. Ad.; — Pyrgulina A. Ad., Typus Chrysallida costa A. Ad.; — Egila n., Typus Chr. lacunata Carp.; — Spiralinella Chaster, Typus Turbo

spiralis Mtg.; — Haldra n., Typus Chr. photis Carp.; — Miralda A. Ad., Typus
Parthenia diadema A. Ad.; — Ividia n., Typus P. armata Carp.; — Evalina n.,
Typus Ev. elegans A. Ad.; — Oda Mtrs., Typus Od. dolioliformis Jeffr.; — Cyclo-
dostoma Sacco, Typus C. mutinensis Sacco; — Doliella Mtrs. Typus Od. nitens
Jeffr.; — Scalenostoma Desh., Typus Sc. carinata Desh.; — Jordaniella Chast.,
Typus T. nivosus Desh.; — Spiroclimax Moerch, Typus Sp. scalaris Moerch; —
Amaura Moeller, Typus A. candida Moeller; — Odostomia Flemming mit den
Sektionen Odostomia s. str., Typus Od. plicata Mtg; Stomega n., Typus Od. con-
spicua Alder; und Brachystomia Mtrs., Typus Od. rissoides Hanley: — Heida n.,
Typus Syrnola caloosaenis Dall; — Myxa Hedley, Typus M. exesa Hedley; —
Pseudorissoina Tate & May, Typus Stylifer tasmanicus T. Wood; — Liostomia
Sars, Typus Rissoa eburnea Sars; — Oceanida Folin, Typus O. gradata de Folin.

Pyramidella (Lam.). — **Dall & Bartsch** 1904 l. c. theilen die Gattung in drei
(unbenannte) Abtheilungen nach der Zahl der Spindelfalten. Drei Falten haben:
Pyramidella s. str., Typus P. dolabrata Lam.; — Milda n., Typus P. ventricosus
Quoy; — Longchaeus Moerch, Typus P. punctata Chemn.; — Voluspa n., Typus
P. auricoma Dall; — Pharcidella Dall, Typus P. folinii Dall; — Collolongchaeus
n., Typus Ph. jamaicensis Dall; — Otopleura Fischer, Typus P. auris cati Chemn.;
— Triptychus Moerch, Typus P. nivea Moerch. — Zwei Falten haben: Tiberia
Mtrs., Typus P. nitidula Ad.; — Ulfa n., Typus P. cossmanni n.; — Tropaeas
n., Typus P. subulata A. Ad.; — Vagna n., Typus P. paumotensis Tryon; —
Eulimella Fbs., Typus Eu. crassula Fbs. mit Sektion Cossmannia für P. clandestina
Desh. — Nur eine Falte haben: Orinella n. für Orina pinguicula A. Ad.; — Sul-
corinella n., Typus P. dodona n. — Actaeopyramis Fischer, Typus P. striata
Gray; — Styloptygma A. Ad., Typus Monoptygma stylina A. Ad.; — Syrnola
A. Ad., Typus S. gracillima A. Ad., mit Sektion Stylopsis A. Ad. für St. typica
A. Ad.; — Iphiana n. für Syrnola densestriata Garrett; — Syrnolina n. für
P. rubra Pease.

(Sulcorinella) dodona n. (fossil, Florida) **Dall & Bartsch** 1904 l. c. p. 15.
Syrnola (Adams) mekranica n, Mekranküste; **Melvill & Standen** 1901
Pr. Z. S. p. 390 t. 22 f. 21; — bacillum n., Japan; **Pilsbry** 1902 Pr. Phil. p. 394
t. 21 f. 25; — nisoides n., Ostafrika; **Martens** 1903 Tiefsee VII p. 119 t. 5 f. 10;
— macrocephala n., Neusüdwales; **Hedley** 1903 Mem. Austr. Mus. IV p. 362
f. 85; — trivittata n., Rothes Meer; **Sturany** 1903 Denkschr. Ak. Wien v. 74
p. 258 t. 7 f. 8; — mussandamica n., Golf von Oman; **Melvill & Standen** 1903
Ann. N. H. XII p. 304 t. 22 f. 1; — petterdi Tate & May zuerst abgeb. bei Tate
& May 1901 t. 25 f. 37; — harrisoni Tate & May desgl. t. 25 f. 54.

Turbonilla (Risso). — **Dall & Bartsch** 1904 l. c. spalten die Gattungen in
zwei Gruppen, solche ohne Basalkiel und solche mit Basalkiel. Zu der Gruppe
ohne Basalkiel gehören die Untergattungen: Ptycheulima Sacco, Typus T. pyramidata Desh.; — Chemnitzia d'Orb., Typus Melania campanellae Phil.; — Turbonilla s. str., Typus T. plicatula Risso = typica Dautz.; — Strioturbonilla Sacco,
Typus T. alpina Sacco; — Pyrgolampros Sacco, Typus P. mioperplicatus Sacco;
— Sulcoturbonilla Sacco, Typus Tornatella turricula Eichw.; — Pyrgisculus
Mtrs., Typus T. (Melania) scalaris Phil.; — Pyrgiscus Phil., Typus Melania
rufa Phil.; — Pyrgolidium Mtrs., Typus P. roseum Mtrs.; — Tragula Mtrs.,
Typus Od. fenestrata Phil.; — Dunkeria Carpenter, Typus D. paucilirata Carp.;
— Cingulina A. Ad., Typus C. circinata A. Ad.; — Saccoina n. Typus S. pica

monterosatoi Sacco; — Careliopsis Moerch, Typus C. styliformis Moerch; — Visma n., Typus Eulimella tenuis Sow.; — Mormula A. Ad., Typus M. rissoina A. Ad.; — Lancella n., Typus Lancea elongata Pease. — Einen Basalkiel haben: Asmunda n., Typus Chemnitzia turrita C. B. Ad.; — Peristichia Dall, Typus P. toreta Dall; — Baldra n., Typus T. archeri n.; — Discobasis Cossmann, Typus Aciculina demissa Desh.

(Baldra) archeri n. Singapore; **Dall & Bartsch** 1894 l. c. p. 15.

Turbonilla (Risso) charbarensis (Pyrgostelis) n. Charbar, Mekran Küste; **Melville & Standen** 1901 Pr. Z. S. p. 393 t. 22 f. 22; — linjaica n. Persischer Meerbusen; iid. p. 393 t. 22 f. 23; — stegastris n. ibid., iid. p. 393 t. 22 f. 24; — varicifera n. Japan; **Pilsbry** 1901 Pr. Phil. p. 198, 395 t. 21 f. 27; — portoricana n. Portorico; **Dall & Simpson** 1901 Bull. Fish Comm. I p. 414 t. 53 f. 15; — insularis n. ibid., iid. p. 415 t. 53 f. 21; — bathyrhaphe n. Kowies, Südafrika; **Sowerby** 1901 Pr. mal. Soc. IV p. 213 t. 22 f. 18; — hiradoënsis n. Japan; **Pilsbry** 1894 Pr. Philad. p. 29 t. 5 f. 45; — (Cingulina) terebra Dkr. abgeb. ibid, t. 30 t. 5 f. 46; — (C.) cingulata Dkr. desgl. p. 30 t. 5 f. 47; — (C.) triarata n. ibid., id. p. 31 t. 5 f. 48; — inaequalis n. Persischer Meerbusen; **Melvill** 1904 Pr. mal. Soc. VI p. 101 t. 10 f. 10; — microperone n. ibid., id. p. 102 t. 10 f. 11; — recticostata n. ibid., id. p. 163 t. 10 f. 12; — scalptidens Watson abgeb. bei **Hedley** 1903 Thetis II p. 363, Textf.; — gemmula n. Port Alfred; **Smith** 1904 J. Mal. XI p. 36 t. 3 f. 4; — decora n. ibid., id. p. 36 t. 3 f. 5.

Eulimidae.

Eulima (Risso) styliferoides n. Karachi; Indusmündung; **Melvill & Standen** 1901 Pr. Z. S. p. 388 t. 22 f. 10; — dunkeriana n. Japan; **Pilsbry** 1901 Pr. Phil. p. 395 t. 21 f. 30; — luchuana n. Liu Kiu; id. p. 396 t. 21 f. 29; — translucida n. Algoa Bay; **Smith** 1901 J. C. Leeds X p. 109 t. 1 f. 11; — algoënsis n. ibid., id. p. 109 t. 1 f. 10; — anceps n. England; **Marshall** 1901 J. C. Leeds X p. 124; — submarginata n. Cebu; **Sowerby** 1901 Pr. mal. Soc. IV p. 209 t. 22 f. 4; — collinsi n. Guernesey; **Sykes** 1903 Pr. mal. Soc. V p. 349 t. 14 f. 8; — zuerst abgeb. ibid. anceps Marsh. t. 14 f. 11; — compactilis Mtrs. t. 14 f. 13; — curva Mtrs. t. 14 f. 1, 6; — frielei Jordan t. 14 f. 5, 9; — incurva Ren. t. 14 f. 3, 4; — martyn-jordani Jordan t. 14 f. 7; — pernula Mtrs. t. 14 f. 2, 10, 12; — platyacme nom. nov. für solida Jeffr. nec Sow.; — munita n. Neusüdwales; **Hedley** 1903 Mem. Austr. Mus. IV p. 358 f. 81; — decagyra n. Golf von Oman; **Melvill & Standen** 1903 Ann. N. H. XII p. 302 t. 21 f. 11; — muelleriae n. Rothes Meer; **Sturany** 1903 Denkschr. Ak. Wien vol. 74 p. 258 t. 6 f. 10; — orthophyes n. ibid., id. p. 258 t. 6 f. 8; — apheles T. Woods zuerst abgebildet bei **Tate & May** 1901 p. 381 Textfig. 5; — mayi Tate desgl. t. 25 f. 58; — tenysoni Tryon = micans T. Woods nec Carp., desgl. t. 25 f. 60; — inflata Tate & May desgl. t. 25 f. 58; — mayi Tate desgl. t. 25 f. 50.

Leiostraca (H. & A. Ad.) lodderae n. Neusüdwales; **Hedley** 1903 Mem. Austr. Mus. IV p. 360 f. 82; — murdochi n. Neu Seeland; **Hedley** 1904 Rec. Austral. Museum V p. 97 Textfig.

Menon (Hedley) n. gen. Eulimidarum (= Chileutomia Tate & Cossmann), **Hedley** 1901 Pr. Linn. Soc. N. S. Wales vol. 25 p. 90, für M. anceps n. Australien; id. p. 90 t. 3 fig. 5—7, p. 505.

Mucronalia (A. Adams) birtsi n. Ceylon; **Preston** 1904 J. Mal. XI p. 77 t. 6 f. 5; — oxytenes n. Golf von Oman; **Melvill** 1904 Pr. mal. Soc. VI p. 163 t. 10 f. 13.

Niso (Risso) portoricensis n. Portorico; **Dall & Simpson** 1901, Bull. Fish Comm. I p. 414 t. 57 f. 4.

Subularia (Mtrs.) piperata n. Cebu; **Sowerby** 1901 Pr. mal. Soc. IV p. 209 t. 22 f. 5.

Pseudorissoina (Tate & May) exigua n. Australien; **Hedley** 1903, Thetis II p. 361 Textfig. 83.

Styliferidae.

Stylifer (Turton) thielei n. Rothes Meer; **Sturany** 1903 Denkschr. Ak. Wien vol. 74 p. 258, Textfig.; — lodderae Petterd zuerst abgeb. bei **Hedley** 1900 Studies I Textfig. 92; — kochianus n. Cebu; **Sowerby** 1901 Pr. mal. Soc. p. 209 t. 22 f. 6.

Enteroxenos n. gen. für eine schmarotzende Art E. ostergreni n. von der norwegischen Küste; **Bonnevie** 1904, Zool. Jahrb. Anat. XV p. 731, mit Figuren.

III. Neurobranchia s. Pneumonopoma.

Thiele 1901 Nachrbl. macht einige wichtige Mittheilungen über Radula-untersuchungen bei Pneumonopomen. Cyclosurus gehört neben Ditropis; — Lagochilus limbiferus Blfd. ist Mychopoma.

Kobelt 1902 giebt als Heft 16 des Tierreichs die Monographie der Cyclophoridae.

Truncatellidae.

Truncatella (Risso) kiusinensis n. Kiusiu: **Pilsbry** 1901 Pr. Phil. p. 615.

Cecina (A. Ad.) manchurica Ad. abgebildet bei **Sykes** 1901 J. Mal. VIII p. 60, Textfig.

Blanfordia (A. Ad.) japonica var. simplex n. Japan; **Pilsbry** 1902 Pr. Phil p. 26.

Coxiella (Smith) confusa Smith = badgerensis Johnston; **Hedley** 1904, Studies VIII p.

Cyclophoridae.

Cyclophorus (Montf) dohertyi Fulton 1899 = sericatus Ancey 1883; **Ancey** 1901 J. C. p. 145; — (Litostylus) fruhstorferi n. Mansongebirge, Tongking; **Moellendorff** 1901 Nachrbl. p. 80; — (Eucyclophorus) polystictus n. Thanmoi, ibid., id. p. 80; — (Litostylus) ignilabris n. Tongking; id. p. 117; — hirasei n. Oshima; **Pilsbry** 1901 Pr. Phil. p. 348; — turgidus var. angulatus n. Liu Kiu; id. p. 549; — kikoiensis n. Japan; **Pilsbry** 1902 Pr. Phil. p. 27; — cornutus nom. nov. für C. cornu venatorium auct.; **Kobelt** 1902 Thierreich p. 98; — hirasei Psbry. abgeb. bei **Pilsbry** 1903 Nautilus XVI p. 137, Textfig.

Lagochilus (Blfd.) insulare n. Isle des Merveilles, Tongking; **Moellendorff** 1901 Nachrbl. p. 116; — diplotoma n. Kebao, ibid., id. p. 117; — hypselospirum n. Tonking; id. p. 79; — rollei n. Kelantan; Malacca; **Moellendorff** 1902, Nachrbl. p. 141; — obianum n. Insel Obi; **Moellendorff** 1902 Nachrbl. 1902 p. 193; — kobelti n. Jalor, Malacca; **Sykes** 1903 Pr. Z. S. p. 194 fig.; — (Japonia) sadoënsis n. Japan; **Pilsbry & Hirase** 1903 Nautil. XVII p. 31. — (Jap.) toshumana n. ibid , iïd. 1904 p. 104; — obliquispirus n. Java; **Bullen** 1904 Pr. mal. Soc. VI p. 110 t. 6 f. 4, 5; — tokunoshimana n. Japan; **Pilsbry & Hirase** 1904, Pr. Philad. p. 616.

Murdochia n. gen. Ancey 1901 J. Conch. v. 49 p. 24 für die sogenannten Leptopoma von Neuseeland (= Cytora Kobelt & Mlldff. 1897; cfr. **Sykes** 1901 J. Mal. VIII p. 109 (**Moellendorff** Nachrbl 1901 p. 126).

Leptopoma (Pfr.) megalostoma n. Obi; **Moellendorff** 1902 Nachrbl. p. 192, mit f. bitaeniata; — scabrum n. Buru; id. p. 200; — fulgurans n. Obi; **Dautzenberg** 1902 Naturaliste p. 248 fig. 6 [= macrostoma Mlldff. prior]; — altius n. ibid., id. p. 248 fig. 7; — diplochilus n. Waigiu; **Sykes** 1903 in J. Malac. vol. 10 p. 66, 78 t. 6 f. 4; — placidum n. Flores; **Fulton** 1903 ibid. p. 101, t. 9 f. 7; — albicans n. Sumba; id. p. 101, t. 9 f. 5; — gebiense n. Gebi, Molukken; **Fulton** 1904 J. Malac. vol. XI p. 54 t. 4 f. 10, 11; — crenilabre Strubell (nec Kobelt) abgeb. ibid. t. 4 f. 12, 13.

Cyclotidae.

Cyclotus (Montf.) hirasei n. Liukiu; **Pilsbry** 1901 Nautil. XV. p. 22; — (Siphonocyclus) solutus var. subsolutus n. Kelantan; **Moellendorff** 1902 Nachrbl. p. 143; — (Pseudocyclophorus) guttatus codonostoma n. Obi; **Moellendorff** 1902 Nachrbl. p. 194; M (Ps.) pulchellus n. Tomia, Toukan Bessi; id. p. 206; — (Ps) liratus n. ibid., id. p. 206. — (Plat.) peramplus n. Ost-Borneo; **Martens** 1903 SBer. Ges. nat. Fr. Berlin p. 421; — (Plat.) bicolor n. ibid., id. p. 421; — (Plat.) vatheleti n. Tongking; **Dautzenberg & Bavay** 1903 J. C. p. 235 t. 11 f. 17. 18.

Nakadaëlla n. gen., Typus Cyclotus micron Pilsbry; **Ancey** 1904 J. C. p. 120; — **Pilsbry** 1904 Pr. Phil. stellt p. 619 C. micron zu Jerdonia.

Platyrhaphe (Mlldff.) leucacme n. Thamnoi, Tongking; **Moellendorff** 1901 p. 80; — chrysalis n. Kelantan, Malacca, **Sykes** 1902 J. Mal. IX. p. 23; — vatheleti n. Tongking; **Bavay & Dautzenberg** 1903 J. C. p. 235 t. 11 f. 17. 18; — leucacme Mlldff. & sordida Pfr. abgebildet ibid. t. 11 f. 13—16; — bicolor n. Ost-Borneo; **Martens** 1903 S. Ber. Ges. Berl. p. 421.

Ueber den Werth der Gattung vgl. **Dautzenberg** in J. de Conch. v. 51 p. 231. — Es giebt folgende neue Diagnose derselben: T. parva, unicolor, plerumque lutescens, spiraliter lineolata, sutura profunda, peculiariter appianata, plerumque rudius striata; apex mamillaris, anfractus ultimus saepe subsolutus. — Testa humo plus minusve copiose induta, canali aerifero tenui, complanato, in pariete forato, sub suturam condito, longe spiraliter ascendente et prope aperturam in porum apertum desinente munita. — Vgl. auch **Bavay** 1903 Bull. Soc. Zool. France vol. 28, wo der Manuskriptname Cryptaulus für die Gattung erwähnt wird.

Opisthoporus (Bensou) dautzenbergi n. Kelantan, Malacca; **Sykes** 1902 J. Mal. IX. p. 23. — rhiostoma n. Nordborneo; **Gredler** 1902 Nachrbl. p. 55; — bialatus n. Kelantan; **Moellendorff** 1902 Nachrbl. p. 142.

Cyathopoma (Blfd.) peilei n. Shervery Hills, Südindien; **Preston** 1903 Pr. mal. S. V. p. 340, Textfig; — (Jerdonia) serendibense n. Ceylon; id. p. 340, Textfig.; — ïota n. Liukius; **Pilsbry & Hirase** 1904 Pr. Phil. p. 619.

Neocyclotidae.

Neocyclotus (Cr. & F.) columbiensis n. Columbia; **da Costa** 1901 Pr. mal. Soc. IV. p. 249 t. 24 f. 7; — caucaënsis n. Thal des Cauca; id. p. 240 t. 24 f. 9; — panamensis n. Panama; **da Costa** Pr. Mal. Soc. 1904 VI. p. 6 t. 7 f. 6—8.

Aperostoma (Troschel) confusum n. = Cyclostoma giganteum Pfr. Mart Ch. nec Gray; Sykes 1901 J. Mal VIII. p. 106 t. 10 f. 2; — giganteum Gray abgeb. ibd. f. 1, fischeri Hid. f. 3; — sanctae marthae n. Columbia; **Pilsbry & Clapp** 1902 Naut. XV p. 134; Textfig.; — smithi n. ibid., id. p. 135, Textfig.

Pupinidae.

Cataulus (Blfd.) connectens n. Ceylon; **Fulton** 1903 J. Mal. X. p. 102 t. 9 f. 4; — greeni var. robusta n. ibid., id. p. 102 t. 9 f. 1; — rugosa n. Ceylon; **Fulton** 1904 Ann. N. H. p. 452; — sykesi n. ibid., id. p. 452.

Pupina (Vign.) solidula (Tylotoechus) n. Langson, Tongking; **Moellendorff** 1901 Nachrbl. p. 81. — (T.) excisa n. Kelantan, Malacca; **Moellendorff** 1902 Nachrbl. p. 145; — (T) siamensis n. Siam; id. p. 160; — crossei Braz. und nitida Braz. zuerst abgebildet bei **Hedley** 1902 Pr. N. S. Wales p. 20 Textfig; — brachysoma n. Ancey mss., Tongking; **Bavay & Dautzenberg** 1903 in: J. C. p. 230 t. 10 f. 15. 16. — miookoana Mlldff. 1897 = beddomei Ancey 1895; **Ancey** 1904 J. C. v. 52 p. 309.

Coptocheilus (Gould) perakensis n. Perak; **Fulton** 1903 S. Mal X p. 102 t. 9 f. 3.

Pupinella (Gray) funatoi n. Taneghashima; **Pilsbry** 1901 Pr. Phil p. 497; — rufa var. taneghashimae n. ibid., id. p. 497; — oshimae n. Oshima; id. p. 349, abgeb. 1903 Nautilus XVI p. 137 Textfig. — oshimae var. tokunoshimana n. Osumi, Liukius; **Pilsbry & Hirase** 1904 Pr. Phil. p. 618.

Porocallia (Mlldff.) moluccana n. Obi; **Moellendorff** 1902 Nachrbl. p. 149.

Spiropoma (Kob. & Moellendorff) nakadai n. Tanagashima; **Pilsbry** 1901 Pr. Phil. p. 496.

Alycaeidae.

Alycaeus (Gray) satsumana n. Satsuma, Kiusiu; **Pilsbry** 1901 Pr. Phil. p. 548. — tanegashimae n. Tanegashima; id. p. 562; — kelantenensis n. Kelantan, Malakka; **Sykes** 1902 J. Mal IX p. 62 t. 3 f. 13. 14; — perakensis var. altispira n. ibid.; **Moellendorff** 1902 Nachrbl. p. 144; — (Orthalycaeus) kelantanensis n. ibid., id. p. 145; — biexcisus n. Japan; **Pilsbry** 1902 Pr. Phil. p. 26; — pilsbryi nom. nov. für Al. reinhardti Psby. nec reinhardti Moerch; **Kobelt** 1902 Tierreich p. 301; — vinctus n. Japan; **Pilsbry** 1902 Naut. XVI p. 54; — harimensis var. sadoensis n. Japan; **Pilsbry** 1903 Naut. XVI p. 129; — awaënsis n. ibid., id. 1903 vol. XVII p. 117; — purus n. Osumi, Japan; **Pilsbry** 1904 Pr. Phil. p. 617; — tokunoshimanus n. ibid., id. p. 617; — laevicervix n. ibid., id. p. 618; — oshimanus n. ibid., **Pilsbry & Hirase** m.: Nautilus 1904 vol. XVIII p. 7.

Diplommatinidae.

Angigaster nov. sect. Diplommatinae, Typus D. vespa Psbry & Hirase (Constriction in the first part of the penultimate whorl on the front or left side; the columellar lamella therefore nearly two whorls long; a palatal plica but no parietal lamella developed); **Pilsbry & Hirase** 1904 Pr. Phil. p. 619.

Arinia (Adams) japonica n. Japan; **Pilsbry & Hiráse** 1903 Nautilus vol. XVI p. 136; — (Leucania) aesopus Bavay & Dautz. (Dipl.) zu Arinia zu stellen; Ancey 1904 J. C. p. 120.

Diancta (Marts.) multiplicata n. Obi; **Moellendorff** 1902 Nachrbl. p. 194. Diplommatina (Bens.) minutissima (Sinica) n. Omi, Japan; **Moellendorff** 1900 Nachrbl. p. 45; — (Sinica) fulva n. mit var. canalifera n. und var. progastor n. Tongking; **Moellendorff** 1901 Nachrbl. p. 118; — (S.) scolops n. Kebao, ibid., id. p. 118; — tanegashimae n. Tanegashima; **Pilsbry** 1901 Pr. Phil. p. 497; — turris n. Oshima; id. p. 35.; — saginata n. ibid., id. p. 351; — oshimae n. ibid., id. p. 351; — luchuana n. Okinawa; id. p. 352; — septentrionalis n. Hokkaido; id. p. 352; — onyx n. Nordborneo; **Fulton** 1901 Ann. N. H. VIII p. 244; — plecta n. ibid., id. p. 244; — sykesi n. ibid., id. p. 244; — tenuilabiata n. Banguay; id. p 245; — oviformis n. Indien; id. p. 245; — regularis n. ibid., id. p. 245; — insularum n. Liukiu; **Pilsbry** 1901 Nautilus XV. p. 22; — cassa n. Japan; id. p. 23; — yakushimae n. Liukiu; id. p. 64; — niahensis n. Nordborneo; **Gredler** 1902 Nachrbl. p. 59; — pseudopomatias n. Nias; id. p. 60; — (Sinica) sinulabris n. Kelantan, Malacca; **Moellendorff** 1902 Nachrbl. p. 143; — kiiensis . n. Japan; **Pilsbry** 1902 Pr. Phil. p 28; — kobelti var. ampla n. ibid., id. p. 28; — pudica n. ibid., id. p. 28; — dormitor n. Japan; **Pilsbry** 1902 Nautil. XV p. 142; — skeati n. Malakka; **Sykes** 1903 Pr. Z. S. p. 198 fig.; — laidlawi n. ibid., id. p. 198 fig.; — debilis n. Tongking; **Bavay & Dautzenberg** 1903 J. C. p. 223 t. 10 f. 13. 14; — (Sinica) messageri n. Ancey mss., ibid., id. p. 224 t. 11 f. 1. 2; — granum n. ibid, iid. p. 225 t. 11 f. 3. 4; — lemyrei n. ibid, iid. p. 226 t. 11 f. 5. 6; — aesopus n. ibid., iid. p. 226 t. 11 f. 7. 8; — balansai var. robusta n. p. 221 t. 10 f. 1—4; var. elata n. p. 222 t. 10 f. 7—8; var. intermedia n. p. 222 t. 10 f. 5—6; — belonis Mlldff. zuerst abgebildet t. 10 f. 9—12. — oreadis n. Queensland; **Hedley** 1901 Pr. Linn. Soc. N. S. Wales vol. 25 p. 512 t. 25 f. 22; — tosana n. Liukius; **Pilsbry & Hirase** 1904 p. 620; — tosanella n. ibid, id. p. 620; — gibbera n. ibid., id. p. 620; — goniobasis n. ibid. mit var. onoensis n. ibid., id. p. 621; — kynshuensis n. Satsuma; id. p. 621; — tokunoshimana n. Osumi; id. p. 622; — ventriosa n. ibid., id. p. 622; — kumejimana n. Liukius; id. p. 623; lateralis n. ibid., id. p. 623; immersidens n. ibid, id. p. 623; — vespa n. ibid., id. p. 624.

Opisthostoma (Blfd.) laidlawi n. Kelantan, Malakka; **Sykes** 1902 J. Mal. IV p. 22; — concinnum n. Nordborneo; **Fulton** 1901 Ann. N. H. VIII p. 242; — simplex n. ibid., id. p. 243; — omithi n. Banguey Ins., id. p. 243; — sarawacense n. Saravak; **Gredler** 1902 Nachrbl. p. 57; — hiesenhauseni ibid., id. p. 58; — annandalei n. Malakka; **Sykes** 1903 Pr. Z. S. p. 198 fig.; — beddomei n. Borneo; **Smith** 1904 Pr. mal Soc. VI p. 105, Textfig.

Pseudopomatias (Mlldff.) fulvus n. Mansongeb, Tongking; **Möllendorff** 1901 Nachrbl. p. 81.

Pomatiasidae.

Kobelt 1902 im Tierreich nimmt für Pomatias autor. nec Stud. statt Hartmannia den Namen Cochlostoma Jan an.

Pomatias (Studer) gracilis var. gracillima n. Welebit; **Wagner** 1901 Ann. Hofm Wien p. 63; — roseoli n. Herzegowina; id. p. 63; — (Cochlostoma) loebbeckei nom. nov. für laburdensis Fagot nec Folin & de Berillon; **Kobelt** 1902,

Tierreich p. 502. — arnautorum n. Albanien, Montenegro; **Wohlberedt** 1903 Nachrbl. p. 85.

Realiidae.

Adelomorpha (Tapp.) brunnea n. Obi; **Moellendorff** 1902 Nachrbl. p. 195.

Diadema (Pease) carolinarum Mlldff. = angulosa (Omphalotropis) Ancey prior; **Ancey** 1901 J. C. p. 147.

Heteropoma (Mlldff) tongkingense n. Kabao, Tongking; **Moellendorff** 1901 Nachrbl. p. 119.

Mascaria (Angas). — Megalomastoma bifasciatum Sow. stammt sicher nicht von Guayaquil, sondern aus dem maskarenischen Gebiet, und ist wahrscheinlich auf ein abgeriebenes Exemplar von M. litturata gegründet; **Ancey** 1904 J. C. v. 52 p. 309.

Omphalotropis (Pfr.) japonicus n. Shikoku; **Pilsbry** 1901 Pr. Phil. p. 405; — (Eurytiopsis) buruana n. Buru; **Moellendorff** 1902 Nachrbl. p. 201; — (Eu.) aurea n. ibid., id. p. 201; — conella n. Neue Hebriden; **Sykes** 1902 Pr. mal Soc. V p. 200 fig. 5; — waigiouensis n. Waigiu; **Sykes** 1903 J. Mal. vol. 10 p. 67, fig., — varians Mlldff. 1897 = poecila Ancey 1890; **Ancey** 1904 J. Conch v. 52 p. 308.

Realia (Gray) turriculata subsp. lepida n. Nordinsel, Neuseeland; **Suter** 1904 Pr. mal. Soc. p. 157.

Chondrocyclus (Mlldff.) exsertus n. Natal; **Melvill & Ponsonby** 1903 Ann. N. H. VIII p. 608 t. 32 f. 11.

Cyclostomidae.

Ericia (Moq. Tand.) elegans var. apennina Mtrs. abgeb. bei **Kobelt,** Icon. X no. 1918; — var. corsicana n. Korsika, id. p. 71 no. 1919; — mauretanica Pallary abg. ibid. no. 1920; — elegans var. tingitana n. Marocco; **Pallary,** 1904 J. C. p. 33 t. 3 f. 5.

Colobostylus (Cr. & F.) nuttii n. Jamaica; **Pilsbry,** 1903, Nautilus XVIII p. 65. — Chondropoma andrecosae Ancey, von der Insel Utilla, nicht vom Festland von Honduras, ist hierher zu rechnen; **Ancey,** J. C. v. 52, p. 308.

Ligatella (Martens) sikorae n. Madagaskar; **Fulton,** 1901 J. Mal. VIII p. 104 t. 9 f. 6; — moniliata (Cyclostoma) var. haemastoma n. Mayotte; **Ancey,** 1904 J. C. p. 310.

Tropidophora (Troschel) carnicolor n. Madagaskar; **Fulton,** 1902 Ann. N. H. IV p. 314 (auch **Ancey,** 1902 Nautil. XVI p. 81); — crenulatum n. ibid., id. p. 314; — alayerianum n. ibid , **Ancey,** l. c. p. 81; — comburens n. Südafrika; **Melvill & Ponsonby,** 1903 Ann. N. H. XII p. 608 t. 32 f. 2; — perfecta n. Madagaskar; **Fulton,** in: J. Mal. vol. X, p. 102 t. 9 f. 11; — plurilirata n. Kapland; id. p. 103, t. 9 f. 8.

Otopoma (Gray) — **Sykes,** 1903 Pr. mal. Soc. p. 339 macht Bemerkungen über O. clausum Sow. und yemenicum Bourg., für den er Georgia Bourg. als Untergattung anerkannt.

Licinidae.

Chondropoma (Pfr.) superbum n. Haiti; **Henderson & Simpson,** 1902 Naut. XVI p. 88, Textfig.; — martensianum abgeb. bei **Pilsbry,** Pr. Ac. Phil. 1903 p. 780.

Rhytidopoma nom. nov. für Ctenopoma Pfeiffer 1856, non Peters 1844 gen. Piscium; **Sykes,** 1901 J. Mal. VlII p 59.

Helicinidae.

Helicina (Lam.) yaeyamensis n. Yaeyama, Liukiu; **Pilsbry,** 1901 Pr. Phil. p. 497; — leptalea n. Südamerika; **Ancey,** 1901 Natural. p. 104; — pelewensis n. Palaos; Sykes, p. 200 Textfig.; — rufocallosa Ancey zuerst abgeb. ibid., Textfig.; — rollei n. Kangean bei Bali; Sykes, 1901 J. Mal. VIII p. 59, Textfig.; — (Pleuropoma) obiana n. Obi; **Moellendorff,** 1902 Nachrbl. p. 195; — (Pl.) sykesi n. Rolle mss., Tukan Bessi Gruppe; id. p. 207; — capsula n. Japan; **Pilsbry,** 1902 Pr. Phil. p. 25; — ogowarana n. ibid., id. p. 25; — hirasei n. ibid., id. p. 25; — yoshiwarana n. mit var. microtheca n., ibid. p. 26; var. arata n. p. 26; — varians n. Santa Cruz Archipel; **Sykes,** 1903 J. Mal. X p. 67, 78 t. 6 f. 6; — sadoënsis n. Japan; **Pilsbry & Hirase,** 1903 Nautilus XVI p. 128; — verecunda subsp. degener n. Osumi; iid. 1904 p. 625; — euglypta Crosse 1874 = plicatula Pfr. 1848; Ancey, 1904 J. C. v. 52 p. 309; — pterophora n. Guatemala; **Sykes,** 1901 Pr. mal. Soc. V p. 20 Textfig.; — baldwini n. Hawaii; **Ancey,** 1904 Pr. mal. Soc. VI p. 126 t. 7 f. 24; — dissotropis n. ibid., id. p. 127 t. 7 f. 22, 23; — sulculosa n. ibid., id. p. 127 t. 7 f. 25.

Proserpinidae.

Ceres (Gray) nelsoni Dall abgeb. bei **Dall,** 1902 Pr. U. St. Nat. Mus. XXIV t. 28 f. 1, 3, 5, 8.

Hydrocenidae.

Georissa (Blfd.) japonica n. Harima, Japan; **Moellendorff,** 1901 Nachbl. p. 45; — kobelti n. Baram; **Gredler,** 1902 Nachrbl. p. 61.

II. Opisthobranchiata.

α) Tectibranchiata.

Actaeonidae.

Actaeon (Montf.) aethiopicus (Leucotina) n. Pemba Kanal, Ostafrika; **Martens,** 1902 S.-B. Ges. Berlin p. 243; 1903 Tiefsee p. 129 t. 5 f. 14; — pilsbryi nom. nov. für A. affinis Adams nec Sow.; **Cossmann,** Revue paleont VI p. 100; — (Microglyphis n.) breviculus n. Kalifornien; **Dall,** 1902 Pr. U. S. Nat. Mus. XXIV p. 512, fig. — (Rictaxis) painei n. ibid.; **Dall,** 1903 Pr. Soc. Washington XVI p. 172. — pulchrior n. Persischer Meerbusen; **Melvill,** 1904 Pr. mal. Soc. VI t. 3 f. 2; — ovatus Jeffr. gehört zu azoricus Locard, nicht zu monterosatoi; id. p. 29.

Microglyphis n. subg. Actaeonis; **Dall,** 1902 Pr. U. S. Nat. Mus. XXIV p. 512, für Act. breviculus n.

Kleinella (A. Ad.) sympresta n. Persischer Meerbusen; **Melvill & Standen,** 1903 Ann. N. H. XII p. 320 t. 23 f. 16.

Tornatinidae.

Tornatina (A. Ad.) crithodes n. Persischer Meerbusen; **Melvill & Standen,** 1901 Pr. Z. S. p. 453 t. 24 f. 19; — zoë n. Karachi, iid. p. 453 t. 24 f. 20; — meridionalis n. Natal; **Smith,** 1901 J. C. Leeds X p. 249 t. 4 f. 2; — exserta n. Neusüdwales; **Hedley,** 1903 Mem. Austr. Mus. IV p. 393 fig. 108; — insignis n. Japan; **Pilsbry,** 1904 P. Philad. p. 36 t 5 f. 49; — decorata n. ibid., id. p. 37 t. 5 f. 51.

Utriculus (Brown) tomlinianus n. Schottland; **Marshall,** 1903 Addit. Brit. Conch. VIII p. 35.

Volvula (A. Ad.) flavotincta n. Golf von Aden; **Martens,** 1903 Tiefsee p. 130 t. 5 f. 21; — rostrata n. Neusüdwales; **Hedley,** 1903 Mem. Austr. Mus. IV p. 394; — tragula n. ibid., id. p. 395 f. 111.

Scaphandridae.

Scaphander (Montf.) cancellatus n. Pulo Nias; **Martens,** 1902 S.-B. Ges. Berlin p. 244; 1903 Tiefsee p. 131 t. 5 f. 19; — ceylanicus n., vor Ceylon; **Smith,** 1904 Ann. N. H. XIV p. 5.

Atys (Montf.) sharpi n. Westindien; **Vanatta,** 1901 Pr. Phil. p. 183 t. 5 f. 6, 7; —(Roxana) lithensis n. Rothes Meer; **Sturany,** 1903 Pola, p. 235 (27) t. 6 f. 2; — flavovirens n. Golf von Oman; **Melvill & Standen,** 1903 Ann. N. H. XII p. 321 t. 23 f. 20; — pransa n. Neusüdwales; **Hedley,** 1904 Pr. Linn. Soc. N. S. Wales v. 29 p. 191, Textfig.; — submalleata n. Andamanen; **Smith,** 1904 Ann. N. H. XIV p. 6.

Bullidae.

Haminea (Leach) zanzibarica n. Sansibar; **Vanatta,** 1901 Pr. Phil. p. 182 t. 5 f. 12; — succinea var. solidior n. Westindien; id. p. 182 t. 5 f. 8.

Cylindrobulla (Fischer) fischeri Ad. & Angas zuerst abgebildet bei **Hedley,** 1902 Studies VII p. 604 t 29 f. 8, 9.

Cylichnidae.

Cylichna (Lovèn) buschirensis n., Buschir, Persischer Meerbusen; **Melvill & Standen** 1901 Pr. Z. S. p. 444 t. 24 f. 21; — crenilabris n., Golf von Oman; iid. p. 445 t. 24 f. 22; — taoënsis n., Buschir; iid. p. 455 t. 24 f. 23; — thetidis n. Neusüdwales; **Hedley** 1903 Mem. Austr. Mus. IV p. 395, Textfig.; — protumida n. ibid., id. p. 396 fig. 112; — jecoralis n., Persischer Meerbusen; **Melvill & Standen** 1903 Ann. Nat. Hist. XII p. 320 t. 23 f. 18; — obscura n., Südost-Island; **Sykes** 1904 Pr. mal. Soc. VI p. 37 t. 3 f. 9; — verrilli Dall zuerst abgeb. bei **Dall** 1902 Pr. U. S. Nat. Mus. t. 29 f. 1; — pithiscus n., Persischer Meerbusen; **Melvill** 1904 Pr. mal. Soc. 1904 p. 168 t. 10 f. 28; — andamanica n., Andamanen; **Smith** 1904 Ann. N. H. XIV p. 6; — hoernesi Wkff. abgeb. bei **Sykes** 1904 Pr. mal. Soc. VI t. 3 f. 1; — (Bullina) elongata Jeffr. desgl. t. 3 f. 8; — striata Hutton zuerst abgeb. bei **Murdoch** 1904 Trans. N. Z. Inst. t. 7 f. 1, 2.

Retusa (Brown) omanensis n., Golf von Oman; **Melvill & Standen** 1903 Ann. N. H. XII p. 321 t. 23 f. 19; — marshalli n., Portugal; **Sykes** 1904 Pr. mal. Soc. VI p. 31 t. 3 f. 5, 6; — dilatata n., Golf von Gabes; **Pallary** 1904 J. Conch. v. 52 p. 315 t. 7 f. 8; — mayri Dall zuerst abgeb. bei **Dall** 1902 Pr. U.

St. N. Mus. XXIV t. 29 f. 2; — bysma n., Persischer Meerbusen; **Melvill** 1904
Pr. mal. Soc. VI p. 168 t. 10 f. 27.

Cylichnopsis n. subg. Cylichnae für C. acrotoma Cossm.; **Cossmann** 1904
Essais VI p. 118.

Philinidae.

Philine (Ascan.) intermedia n, Spitzbergen; **Knipowitsch** 1901 VI Ann.
Mus. Petersb. p. 488 t. 19 f. 34, 35; — antarctica n., Antarktischer Ozean: Smith
1902 Voy. Southern Cross VII p. 208 t. 24 f. 1; — apertissima n. ibid., id. p. 208
t. 24 t. 2, 3; — trapezia n., Neusüdwales; **Hedley** 1902 Pr. L. Soc. N. S. Wales
XXVI p. 704; — teres n. ibid., **Hedley** 1903 Mem. Aust. Mus. IV p. 398 t. 113;
— sykesii n., Persischer Meerbusen; **Melvill** 1904 Pr. Mal. Soc. IV p. 60
t. 5 f. 23.

Ringiculidae.

Ringicula (Desh.) aethiopica n., Ostafrika; **Martens** 1902 S. B. Ges. Berlin
p. 243; 1903 Tiefsee p. 129 t. 5 f. 15.

Oxynoidae.

Oxynoë (Raf.) natalensis n., Südafrika; **Smith** 1903 Pr. Mal. Soc. V p. 359
t. 15 f. 18 (pellucidus Sow. nec A. Adams).

Pteroceanidae.

Pteroceanidae n. famil., Tectibranchiarum für Pteroceanis diaphana n. gen.
& spec., Golf von Aden; **Meisenheimer** 1902 Zool. Anzeiger XXVa p. 92, Texfig.

Odostomiopsidae.

Odostomiopsis n. gen. & fam., Thiele mss.; **Martens** 1903 Tiefsee VII
p. 68; Schale wie bei Odostomia, aber eine eigenthümliche Radula vorhanden;
— typica n., Thiele mss.; Kerguelen; id. p. 68 t. 7 f. 27; — circumrosa n. ibid.,
id. p. 70 t. 7 f. 28. — Die Anatomie bei **Thiele** 1903 Tiefsee VII p. —.

Umbrellidae.

Umbraculum (Schum.) rushii (Hyalopatura) Dall zuerst abgeb. bei **Dall**
1902 Pr. U. S. Nat. Mus. XXIV t. 30 f. 5.

Tethidae.

Tethys (C.) cervina n., Porto Rico; **Dall & Simpson** 1901 Rep. Fish-
Comm. I p. 365 t. 56 f. 2; — morio n., Bermudas; **Verrill**, Trans. Connect. Acad.
XI p. 25; — tarda n. ibid., id. p. 26.

Doridiidae.

Chelidonura (A. Ad.) varians n., Sansibar; **Eliot** 1903 Pr. mal. Soc. V
p. 335; — hirundinina var. punctata n. ibid., id. p. 336 t. 13 f. 2; — philinopsis
n. ibid., id. p. 336.

Doridium (Meckel) gardineri n., Rotuma; **Eliot** 1903 Pr. mal. Soc. V p. 332;
— reticulatum n., Wasin Island, Ostafrika; id. p. 335 t. 13 fig. 1.

Pleurobranchidae.

Pleurobranchus (Meckel) lacteus n., Porto Rico; **Dall & Simpson** 1901 Bull. Fish Comm. I p. 367 t. 56 f. 6.

Cryptomphalus (   ) minikorensis n., Maldiven; **Smith** 1903 Lakhediven p. 600, fig. —.

Sedis incertae.

Toledonia n. gen. für T. perplexa n., Puntas Arenas, Magellansstrasse; **Dall** 1902 Pr. U. St. Nat. Mus. XXIV p. 512 (Shell small, smooth, thin, imperforate, succineaeform; pillar continuous, with the basal margin of the aperture straight, but with an elevated thin plait near the base of the pillar, which appears to be continued into the coil of the shell; nucleus smooth, dextral; soft parts unknown).

b) Nudibranchiata.

Alloiodoris n. gen., Typus A. marmorata n., Tasmanien; **Bergh** 1904 in Semper IX 6 p. 41, figg.

Antiopa (Ald. & Hanc.) präoccupirt bei Meigen, der Name deshalb in Antiopella geändert; **Hoyle** 1902 J. Conch. Leeds X p. 214.

Antiopella nom. nov. für Antiopa, Alder & Hancock, nec Meigen; **Hoyle** 1902 J. of Conch. Leeds X p. 214.

Archidoris (Bergh) stellifera n., Marseille; **Vayssière** 1904 J. Conch. v. 52 p. 130, figg.; — africana n., Ostafrika; **Eliot** 1903 Pr. Z. S II p. 361; — minor n. ibid., id. p. 362; — violacea n., Neuseeland; **Bergh** 1904 in Semper, IX 6 p. 31, figg.; — nanula n. ibid., id. p. 33, figg.

Baeolidia (Bergh) major n., Sansibar; **Eliot** 1903 Pr. Z. S. I p. 252.

Bornella (Gray) simplex n., Sansibar; **Eliot** 1904 Pr. Z. S. II p. 103.

Cerberilla (Bergh) africana n., Sansibar; **Eliot** 1903 Pr. Z. S. 1 p. 254.

Chromodoris (Alder & Hancock) universitatis n. Kalifor., **Cockerell** 1902 Naut. XVI p. 19; — porterae n. ibid., id. p. 20; — macfarlandi n. ibid., id. p. 20; — sykesi n., Sansibar; **Eliot** 1904 Pr. Z. S. I p. 387; — cavae n. ibid., id. p. 388; annulata n. ibid., id. p. 389; — splendens n ibid., id. p. 390; — vicina n. ibid., id. p. 392; — nigrostriata n. ibid., id. p. 394; — inconspicua n. ibid, id. p. 398; — flava n. ibid., p. 339.

Coryphella (Gray) sarsi n., Norwegen; **Friele** 1902 Bergens Aarb. III p. 12, mit fig,; — californica n., Californien; **Bergh** 1904 in Semper IX 6 p 6, fig.; — cooperi n., Californien; **Cockerell** 1901 J. Mal. VIII p. 83.

Crosslandia n. gen. für Cr. viridis n., Sansibar; **Eliot** 1902 Pr. Z. Soc. II. p. 64.

Cuthona (A. & H.) bicolor n., Japan; **Bergh** 1904 in Semper IX. 6 p. 3 fig.

Cuthonella (Bergh) ferruginea n., Island; **Friele** 1902 Bergens Aarb. III p. 10, fig.; — berghi n. ibid., id. p. 11.

Dictyodoris (Bergh) maculata n., Maldiven; **Eliot** 1903 Fauna Laccad. p. 556.

Discodoris (Bergh) edwardsi n., Marocco; **Vayssière** 1902 Travaill. p. 232, fig.; — dubia n., Tasmanien; **Bergh** 1904 in Semper IX. 6 p. 53, fig.; — egena n. ibid., id. p. 54, fig.

Doridomorpha n. gen. für D. gardineri n., Rotuma; **Eliot** 1903 Fauna Laccad. p. 544, mit fig.

Doriopsilla (Bergh) pallida n., Golf von Siam; **Bergh** 1902 Danske Selsk. Skr. XII p. 193.

Doris (L.) beaumonti n., Westküste von Irland; **Farran** 1903 Rep. Fish Ireland 1901, II p. 126, mit Abb.; giardi n., Wimereux; **Abric** 1904 C. R. Soc. Biolog. v. 57 p. 232.

Dunga n. gen. für D. nodulosa n., Sansibar; **Eliot** 1902 Pr. Z. Soc. II, p. 71, figg.

Ercolania (Trinchese) zanzibarica n. Sansibar; **Eliot** 1903 Pr. Z. S. I p. 256.

Elysia (Risso) subornata n. Bermudas; **Verrill** 1904 Tr. Connect. Ac. p. 29; — flava n. ibid., id. p. 30; — picta n. ibid., id. p. 30; — papillosa n. ibid., id. p. 31.

Facelina (Ald. & Hanc.) goshugi n. Bermudas; **Verrill** 1904 Tr. Connect. Acad. p. 34; — stearnsi n. Californien; **Cockerell** 1901 J. Mal. VIII p. 86.

Fracassa (Bergh) tuberculosa n. Sansibar; **Eliot** 1903 Pr. Z. S. II p. 371.

Halgerda (Bergh) willeyi n. Loyalitäts Inseln; **Eliot** 1903 Pr. zool. Soc. II p 372, fig; — wasinensis n. Ostafrika; id. p. 373, fig.

Hexabranchus (Ehrbg.) digitatus n. Malediven; **Eliot** 1903 Fauna Laccad. p. 546; — plicatus n. Rothes Meer; **Haegg** 1904 Res. Swed. Exped. Nile p. 5 t. 1 fig. 4, 5.

Homoiodoris (Bergh) novae zealandiae n. Neuseeland; **Bergh** 1904 in Semper IX. 6 p. 35, fig.

Idalia (Leuckart) plebeia n. Golf von Siam; **Bergh** 1902, Danske Selsk. Skr. XII p. 186, fig.

Lamellidoris (Bergh) aureopuncta n. Bermudas; **Verrill** 1904 Trans. Connect. Ac. XI p. 31, fig. ; — miniata n. ibid., id. p. 32.

Linguella (Blainv.) variolosa n. Chinesisches Meer; **Bergh** 1904 in Semper IX. 6 p. 21.

Marionia (Vayss.) chloanthes n. Golf von Siam; **Bergh** 1902 Danske Selsk. Skr. XII p. 196 fig.; — pellucida n. Ostafrika; **Eliot** 1903 Pr. zool. Soc. II p. 94; — levis n. ibid., id. p. 94, fig.; — ramosa n. Sansibar; id. p. 96; — albotuberculata n. ibid., id. p. 97; — viridescens n. ibid.; id. p. 98.

Madrella (Ald. & Hanc.) aurantiaca n. Marseille; **Vayssière** 1904 Ann. Mus. Marseille VIII p. 89, fig.

Melibe (Rang) bucephala n. Golf von Siam; **Bergh** 1902 Danske Selsk. Skr. XII p. 205, fig.; — pellucida n. Columbia; **Bergh** in Semper IX. 6 p. 11, fig.

Nembrotha (Bergh) coerulea n. Ost-Afrika; **Eliot** 1904 Pr. zool. Soc. II p. 91; — affinis n. ibid., id. p. 92, fig.

Nossis n. gen. für N. indica n. Golf von Siam; **Bergh** 1902 Danske Selsk. Skr. XII p. 210, fig.

Notarchus (Cuvier) brevipes n. Rothes Meer; **Haegg** 1904 Res. Swed. Exp. Nile p. 1 t. 1 f. 1—3.

Notodoris (Bergh) gardineri n. Malediven; **Eliot** 1903 Fauna Laccad. p. 548, fig.; — minor n. Sansibar; **Eliot** 1904 Pr. zool. Soc. II p. 84.

Peltodoris (Bergh) angulata n. Ostafrika; **Eliot** 1904 Pr. zool. Soc. II p. 365; — aurea n. ibid., id. p. 366.

Peronodoris n. gen., Typus P. cancellata n. Stiller Ozean; **Bergh** 1904 in Semper IX. 6 p. 45, fig.

Platydoris (Bergh) pulchra n. Ostafrika; **Eliot** 1903 Pr. zool. Soc. II p. 377; — incerta n. ibid., id. p. 378; — papillata n. ibid., id. p. 379.

Pleuroleura (Bergh) alba n. Sansibar; **Eliot** 1904 Pr. zool. Soc. II p. 104.

Pleurophyllidiella n. gen. für Pl. horatii n., Wasin; **Eliot** 1903 Pr. Z. S. I p. 251.

Pleurophyllidiopsis (Bergh) berghi n. Biscayischer Meerbusen; **Vayssière** 1902 Travailleur p. 237, fig.

Sclerodoris n. gen., Typus Doris osseosa Kelaart; **Eliot** 1903 Pr. zool. Soc. II p. 381; — tuberculata n. Ostafrika; id. p. 381; — minor n. ibid., id. p. 382; — rubra n. ibid., id. p. 382; — coriacea n. ibid., id. p. 383. — Die Gattung ist nach **Eliot** 1904 Pr. zool. Soc. I p. 380 wahrscheinlich Synonym von Peronodoris Bergh.

Staurodoris (Bergh) pecten n. Malediven; .**Eliot** 1903 Pr. zool. Soc. II p. 363; — calva n. ibid., id. p. 364.

Tergipes (Cuvier) antarcticus n. Antarctischer Ozean; **Pelseneer** 1903 Voy. Belgica Zool. p. 15, Fig.

Thecacera (Bergh) velox n. Californien; **Cockerell** 1901 J. Mal. VIII p. 87.

Thordisa (Bergh) stellata n. Sansibar; **Eliot** 1903 Pr. zool. Soc. II p. 368.

Trevelyana (Kelaart) coccinea n. Ostafrika; **Eliot** 1904 Pr. zool. Soc. II p. 85.

Trippa (Bergh) monsoni n. Sansibar; **Eliot** 1903 II p. 371.

Tritonia (Cuvier) incerta n. Stiller Ozean; **Bergh** 1904 in Semper IX. 6 p. 24, Fig.

Zatteria n. gen. für Z. browni n. Sansibar; **Eliot** 1902 Pr. Z. S. II p, 62, fig.

b) Scutibranchia.

α) Rhipidoglossa.

Trochidae.

Eine Monographie der europäischen Turbinidae vom Standpunkt der Nouvelle Ecole aus giebt **Locard** 1903; eine Anzahl Monterosato'scher Arten wird zum erstenmal genauer beschrieben.

Astralium (Link) andersoni (Bolma) n. Durban, Natal; **Smith** 1902 J. C. Leeds X p. 248 t. 4 f. 7; — bathyrhaphe Smith zuerst abgebildet bei **Alcock** 1902 p. 279, Textf.; — fimbriatum und tentoriforme gut verschieden; **Kesteveen** 1902 Pr. N. S. Wales XXVII p. 2, Textfig.; — gilchristi n. Kap; **Sowerby** 1903 Mar. Invest. II p. 221 t. 5 f. 6; — andersoni Smith abgeb. ibid. t. 5 f. 7; — pyramidale n. Neuseeland; **Webster** 1904 Tr. N. Z. Inst. p. 276 t. 9 f. 2.

Basilissa (Fitz.) patula n. Ostafrika; **Martens** 1901 S.-B. Ges. Berlin p. 25; 1903 Tiefsee VII p. 124 t. 4 f. 17; — aethiopica n. (Margarita, Turricula) zwischen Cap Guardafui und Aden; id. 1901 p. 24, 1903 p. 125 t. 4 f. 20; — ottoi var. chuni n. Pulo Nias; id. 1903 p. 127 t. 4 f. 19; — compsa n. Persischer Meerbusen; **Melvill** 1904 Pr. mal. Soc. VI p. 100 t. 10 f. 4.

(Margarita) aegleis Watson und (M.) regalis Verrill = ottoi Phil. und zu Basilissa gehörig; **Martens** 1903 Tiefsee VII p. 126.

Calliostoma (Swains.) aucklandicum n., Neuseeland: **Smith** 1902 Voy. Southern Cross VII p. 202 t. 24 f. 5; — dubium var. kochi zuerst abgeb. bei **Pallary**

1902 J. C. 50 t. 1 f. 23, 24; — hedleyi n, Victoria, **Pritchard & Gatliff** 1902 Pr. Victoria XIV p. 182 f. 3: — sublaeve var. chuni n., Somaliküste; **Martens** 1903 Tiefsee VII p. 121 t. 4 f. 3; — perfragile n., Kap; **Sowerby** 1903 Mar. Invest. II p. 222 t. 5 f. 3; — granoliratum n. ibid., id. p. 222 t. 5 f. 7; — iridescens n. ibid., id. p. 223 t. 5 f. 4; — variegatum Carpenter zuerst abgeb. bei **Dall** 1902 Pr. U. St. Nat. Mus. XXIV t. 39 f. 10; — turbinum Dall desgl. t. 39 f. 1; — irridium Dall desgl. t. 39 f. 3; — liratum Sow. = multiliratum Smith; **Smith** 1903 Pr. mal. Soc. V p. 389; — thrincoma n., Persischer Meerbusen; **Melvill & Standen** 1903 Ann. N. H. XII p. 296 t. 20 f. 13.

Calliotropis n. subg. Calliostomatis für Trochus Ottoi Phil.; **Seguenza** 1903 Boll. Soc. geol. ital. XXI p. 462.

Cantharidus *(Montf.)* birasei n., Japan; **Pilsbry** 1901 Pr. Phil. p. 199, 398 t. 21 f. 32; — bisbalteatus n. ibid., id. p. 199 t. 21 f. 33.

Clanculus (Montf.) gennesi n. (= Savigny t. 3 f. 3) Djibuti; **H. Fischer** 1901 J. C. p. 123 t. 4 f. 11, 12; — gemmulifer n., Japan; **Pilsbry** 1901 p. 200, 398 t. 21 f. 34; — hizenensis n. ibid, id. p. 200, 398 t. 21 f. 35; — microdon var. ater n. ibid., id. p. 200; — gemmulifer var. pallidus n., Japan; **Pilsbry** 1903 Nautil. XVII p. 71; — hizenensis var. fraterculus n. ibid.; **Pilsbry** 1904 Pr. Phil. p. 33 t. 6 f. 54; — mixtus n., Süd-Afrika; **Smith** 1903 Pr. mal. Soc. V p. 389 t. 15 f. 7; — (Clanculopsis) jussieui subsp. debilis n., Golf von Gabes; **Pallary** 1904 J. Conch. v. 52 p. 240.

Chlorostoma (Swains.) argyrostomum var. basiliratum n., Japan; **Pilsbry** 1901 Pr. Phil. p. 202; — snodgrassi n., Albemarle, Galapagos; **Pilsbry & Vanatta** 1902 Voy. Hopkins Stanf. p. 557 t. 35 f. 6, 7; — rugatum var. sublaeve n., Japan; **Pilsbry** 1904 Pr. Phil. p. 33 t. 5 f. 50.

Collonia (Gray) rosa n., Japan; **Pilsbry** 1904 Pr. Phil. p. 31 t. 6 f. 53; — rosea (Monilea) T. Woods zuerst abgeb. bei **Tate & May** 1901 p. 400, Textfig.

Cynisca (Adams) forticostata n., Port Alfred; **Smith** 1904 J. Mal. XI p. 38 t. 3 f. 12, 13.

Enida (A. Ad.) persica ·n., Golf von Oman; **Melvill & Standen** 1903 Ann. N. H. XII p. 294.

Euchelus (Phil) ruber var. brunneus n., Japan; **Pilsbry** 1901 Pr. Phil. p. 201; — erythraeensis n, Rothes Meer; **Sturany** 1903 Pola p. 266 (58) f. 6 = Clanculus gennesi fide Fischer 1904 J. Conch. v. 52 p. 59). — lischkei n., Japan; **Pilsbry** 1904 Pr. Phil. p. 34 t. 6 f. 55; — hachijoënsis n. ibid., id. p. 35 t. 6 f. 56; — (Hybochelus) cancellatus n. ibid., id. p. 35 t. 6 f. 57; — townsendianus n., Persischer Meerbusen; **Melvill & Standen** 1903 Ann. N. H. XII p. 295.

Ethalia (H. & A. Adams) jucunda n., Persischer Meerbusen; **Melvill** 1904 p. 159 t. 10 f. 3; — floccata n., Japan; **Sowerby** 1903 Ann. N. H. XII p. 500; — rhodomphala n., Malediven; **Smith** 1903 Lakhediven p. 618 fig.; — africana n., Port Alfred; **Smith** 1904 J. Mal. XI p. 38 t. 3 f. 10, 11.

Fossarina (Ad. & Angas) gehört zu den Trochiden; **Kesteveen** 1902 Rec. Austral. Mus. IV p. 317; Minos Hutton ist synonym.

Ganesa (Ad.) ?panamensis n., Panama; **Dall** 1902 Pr. U. St. Nat. Mus. XXIV p. 554.

Gibbula (Risso) legrandi (Fossarina) Petterd zuerst abgeb. bei **Tate & May** 1901 t. 24 f. 21, 22; — dolorosa T. Woods desgl. t. 24 f. 31.

Risellopsis n. gen. für Fossarina varia Hutton; **Kesteveen** 1901 Rec. Austr.
Mus. IV p. 319.

Gibbula (Risso) tingitana n., Tanger; **Pallary** 1901 J. C. p. 315, abgeb.
1902 t. 1 f. 25; — minuscula nom. nov. für pygmaea Phil. nec Risso; **Locard** 1903
Turbinidae p. 36. — incitabilis n., Mittelmeer; id. p. 40; — affinis var. cognata
n., Japan; **Pilsbry** 1903 Naut. XVII p. 69; — vittata n. ibid., id. p. 69; — incarnata
n. ibid., id. p. 70; — canfieldi Dall zuerst abgeb. bei **Dall** 1902 Pr. U. St. Nat.
Mus. XXIV t. 39 f. 2; — vimontiae Mtrs. zuerst genauer beschrieben bei
Locard 1903 Turbinidae p. 31; — sulliottii Mtrs. desgl. p. 32; — tantilla Mtrs.
desgl. p. 36.

Liotia (Gray) disjuncta n., Neusüdwales; **Hedley** 1903 Mem. Austr. Mus.
IV p. 337 f. 66; — squamicostata n., Malediven; **Smith** 1903 Lakhediven p. 617
fig.; — romalea n., Persischer Meerbusen; **Melvill & Standen** 1903 Ann.
N. H. XII p. 293 t. 20 f. 8; — echinacantha n. ibid., iid. p. 293 t. 30 f. 9; —
tasmanica var. scalaris n., Neusüdwales; **Hedley** 1903 Thetis II p. 336; —
corona n., Torresstrasse; **Hedley** 1901 Pr. Linn. Soc. N. S. Wales XXVII p. 14
t. 2 f. 21—23; — incidata n. ibid., id. p. 14 t. 2 f. 18—20; — polypleura n., Neuseeland; **Hedley** 1904 Rec. Austr. Mus. V p. 93, fig.; — densilineata Tate zuerst
abgeb. bei **Tate & May** 1901 t. 25 f. 59.

Leptothyra (Carp.) rubens n., Golf von Oman; **Melvill & Standen** 1903
Ann. N. H. XII p. 296 t. 20 f. 14; — arenacea n., Victoria; **Pritchard & Gatliff**
1902 Pr. Soc. Victoria p. 181 t. 9 f. 3; — buttoni T. Woods zuerst abgeb. bei
Murdoch 1904 Trans. N. Zealand t. 7 f. 10; — crassicosta Hutt. desgl. t. 7 f. 11.

Margarita (Leach) lamellosa n., Antarktischer Ocean; **Pelseneer** 1903
Voy. Belgica Zool. p. 18 fig.; — aloysii-sabandiae n., Nördliches Eismeer;
Pollonera 1902 Spediz. polar Abruzzi p. 623.

Mecolistia (Hedley) spinosa n., Nord-Queensland; **Hedley** 1902 Pr. Linn.
Soc. N. S. Wales XXVII p. 15 t. 2 f. 26.

Minolia (A. Adams) arata n, Neusüdwales; **Hedley** 1903 Mem. Austral.
Mus. IV p. 333 f. 65; — congener n., Kap; **Sowerby** 1903 Mar. Invest. II p. 223
t. 5 f. 2; — ornata n., Japan; **Sowerby** 1903 Ann. N. H. XII p. 498.

Monilea (Swains) nucleolus n., Japan; **Pilsbry** 1903 Naut. XVII p. 70.
Omphalius (Philippi) comptus n., Japan; **Sowerby** 1903 Ann. N. H. XII
p. 499; — collingei n., Persischer Meerbusen; **Melvill** 1904 J. Mal. XI p. 80.

Photinula (Adams) **Ihering** 1902 Nachrbl. p. 97 spaltet die Gattung in
zwei Untergattungen: Photinula s. str., Typus Pr. violacea King; und Kingo-
trochus n., Typus Ph. caerulescens King; — (K.) lahillei n. Sta.-Cruz, Patagonien; id. p. 101, Textfig.

Solariella (S. Wood) beckeri n., Kowie, Südafrika; **Sowerby** 1901 Pr. mal.
Soc. IV p. 214 t. 22 f. 22; — carlotta n., Queens Charlotta Island; **Dall** 1902
Pr. U. St. Mus. 24 p. 553; — periomphalia n., Neu Amsterdam; **Martens** 1901
S. B. Ges. Berlin p. 24, 1903 Tiefsee VII p. 70 t. 5 f. 1; — biradiatula n., Dar-
es-Salam; **Martens** 1902 S. B. Ges. Berlin p 242, 1903 Tiefsee VII p. 123 t. 5
f. 3; — infralaevis n., Somaliküste; id. p. 242, 1903 Tiefsee p. 123 t. 4 f. 21; —
persculpta n., Kap; **Sowerby** 1903 Mar. Invest. II p. 223 t. 5 f. 8; — zacalles n.,
Persischer Meerbusen; **Melvill & Standen** 1903 Ann. N. H. XII p. 295; —
illustris Stur. abgeb. bei **Sturany** 1903 Denkschr. Ac. Wien vol. 74 t. 1 f. 7.

Stylobates n. gen. Trochidarum für St. aeneus n., Tiefwasser vor. Hawaii; **Dall** 1903 Naut. XVII p. 61.

Thalotia (Gray) maldivensis n., Maldiven; **Smith** 1903 Lakhediven p. 617 fig.

Tharsis (Jeffr.) globosa n., Antarktischer Ozean; **Pelseneer** 1903 Voy. Belgica Zool. p. 18.

Trochocochlea (Klein) blainvillei n., Tanger; **Pallary** 1901 J. C. v. 50 p. 27 t. 1 f. 19, 20; zuerst abgebildet Tr. sagittifera Lam., id. t. 1 f. 18; — Tr. crassa var. denudata Mtrs., id. t. 1 f. 21, 22; — obstricta n. (= crassa Fbs. & Hanl. nec Pult.); **Locard** 1903 Turbinid. p. 52; — castriotae n., Neapel; **Bellini** 1902 Bull. Nap. XVI p. 14 f. 3.

Trochus (Lam.) hirasei n., Japan; **Pilsbry** 1904 Pr. Phil. p. 22 t. 5 f. 52.

Turbo (L.) radina (Lunella) n., Neuseeland; **Webster** 1904 Tr. N. Zeal Inst. p. 276 t. 9 f. 1.

Ziziphinus (Gray) gibbosulus n. (Monterosato mss.), Sicilien; **Locard** 1903 Turbinidae p. 17; — corallinus Mtrs. beschrieben ebenda p. 21; — scabriculus Mtrs. und (Jujubinus) aureus Mtrs. zuerst genauer beschrieben ibid. p. 11.

Delphinulidae.

Delphinula (Lam.) diplostera n., Rothes Meer; **Melvill** 1901 Ann. nat. Hist. VII p. 554 t. 9 f. 5.

Phasianellidae.

Phasianella (Lam.) tristis n., Japan; **Pilsbry** 1903 Nautil. XVII p. 69, abgeb. 1904 Pr. Philad. t. 6 f. 64.

Neritidae.

Nerita (L.) martensiana n, Liu Kiu; **Pilsbry** 1901 Pr. Phil. p. 397; — helicinoides var. tristis n. ibid., id. p. 397; — junghuhni n., Java; **Schepman** 1902 Notes Leyden Mus. XXIII p. 63 fig.; — proxima n., Japan; **Sowerby** 1903 Ann. N. H. XII p. 498.

Neritina (Lam) fluviatilis var. sarmatica n., Gouv. Kursk, Südrussland; **Lindholm** 1901 Nachrbl. p. 181.

Ninnia n., Brusina mss., nov. subg. Neritinae, Typus N. schulzii Grimm; **Westerlund** 1903 Rad Jugosl. Ak. vol. 151 p. 133.

Cyclostrematidae.

Cyclostrema (Marryat) ocrinium n., Persischer Meerbusen; **Melvill & Standen** 1901 Pr. Z. S. p. 346 t 22 f. 1; — quadricarinatum n. ibid., iid. p. 346 t. 22 f. 2; — eumares n., Persischer Meerbusen; **Melvill** 1904 Pr. mal. Soc. VI p. 158 t. 10 f. 1; — eupoietum n. ibid., id. p. 159 t. 10 f. 3; — inscriptum Tate abgeb. bei **Hedley** 1903 Thetis II p. 338, Textfig. 67; — decussatum n., Antarktischer Ozean; **Pelseneer** 1903 Voy. Belgica Zool. p. 19 fig.; — liratulum n. ibid., id. p. 19 fig; — humile n. ibid., id. p. 20 fig; — hengamense n., Persischer Meerbusen; **Melvill & Standen** 1903 Ann. N. H. XII p. 291 t. 20 f. 3; — supremum n. ibid., iid. p. 291 t. 20 f. 4; — annellarium n., Golf von Oman; iid. p. 292 t. 20 f. 5; — prominulum n. ibid., iid. p. 292 t. 20 f. 6; — euchilopterum n. ibid., id. p. 292 t. 20 f. 7; — gyalum n., Persischer Meerbusen; **Melvill** 1904 Pr. mal. Soc. VI p. 54 t. 5 f. 22; — eumares n. ibid., id. p. 158 t. 10 f. 1; — eupoietum

n. ibid., id. p. 159 t. 10 f. 2; — (Cirsonella) australe Angas zuerst abgeb. bei Tate & May 1901 p. 397 Textfig. 8; — ?brunniense Bedd. desgl. p. 397, Textfig. 9.

Vitrinella (C. B. Ad.) mooreana n., Florida; **Vanatta** 1903 Pr. Philad. p. 758 Textfig. 1.

Cocculinidae.

Cocculina (Dall)' portoricensis n., Portorico; **Dall & Simpson** 1901 Bull. Fish Comm. I p. 440 t. 53 f. 18, 19; — laevis n., Thiele mss., Pulo Nias; **Martens** 1903 Tiefsee VII p. 127 t. 5 f. 11, 12; — radiata n., Thiele mss., id. p. 128 t. 5 f. 13; — meridionalis n., Neusüdwales; **Hedley** 1903 Mem. Austral. Mus. IV p. 331 f. 64.

Haliotidae.

Haliotis (L.) granti n., Victoria; **Pritchard & Gatliff** 1902 Pr. Soc. Victoria XIV p. 183 t. 10 f. 1.

Fissurellidae.

Emarginula (Lam.) triangulata n., Cebu; **Sowerby** 1901 Pr. mal. Soc. IV p. 211 t. 22 f. 13; — harmilensis n., Rothes Meer; **Sturany** 1903 Denkschr. Ak. Wien vol. 74 p. 235 t. 5 f. 12; — undulata n., Golf von Oman; **Melvill & Standen** 1903 Ann. N. H. XII p. 290 t. 20 f. 1; — camilla n. ibid., iid. p. 290 t. 20 f. 2.

Fissurella (Brug.) crucis Bedd. zuerst abgeb. bei Tate & May 1901 p. 408 Textfig. 11.

Glyphis (Carpenter) spreta nom. nov. für fimbriata Sow. nec Reeve; **Smith** 1901 J. Conch. Leeds X p. 104 t. 1 f. 18; — elizabethae nom. nov. für sieboldii Sow. nec Reeve p. 104 t. 1 f. 12.

Subemarginula (Blainv.) yatesi Dall abgeb. bei **Dall** 1902 Pr. U. St. Nat. Mus. XXIV t. 38 f. 1—3.

Zeidora (Gray) flabellum Dall zuerst abgeb. bei **Dall** 1902 Pr. U. St. Nat. Mus. XXIV t. 38 f. 8; — tasmanica Bedd. desgl. bei Tate & May 1901 t. 24 f. 25, 26.

Puncturella (Lowe) analoga n., Kerguelen; **Martens** 1902 S. B. Ges. Berlin p. 243, 1903 Tiefsee VII p. 70 t. 5 f. 8; — (Cranopsis) aethiopica n., Sansibar; id. 1902 p. 242, 1903 p. 128 t. 5 f. 9; — henniana Brazier = harrisoni Beddome; Hedley 1903 Thetis II p. 330; — galerita n., Torrestrasse; Hedley 1901 Pr. Linn. Soc. N. S. Wales XXVI p. 103, Textfig.; — demissa n., Neuseeland; Hedley 1904 Rec. Austr. Mus. V p. 93, fig.

Scissurellidae.

Scissurella (d'Orb.) australis n. Neusüdwales; **Hedley** 1903 Mem. Austral. Mus. IV p. 329 f. 63; — jacksoni n. Persischer Meerbusen; **Melvill** 1904 Pr. mal. Soc. VI p. 100 t. 10 f. 5; — dalli n. Patagonien; **Bartsch** 1903 Nautilus XVII p. 90; — euglypta n. Antarktischer Ozean; **Pelseneer** 1903 Voy. Belgica Zool. p. 17 fig.; — aetheria n. Golf von Oman; **Melvill & Standen** 1903 Ann. N. H. XII p. 300 t. 21 f. 5; — atkinsonii Ten. Woods = Schismope carinata Watson; Hedley 1903 Thetis II p. 329; — rosea n. Neuseeland; Hedley 1904 Rec. Austr. Mus. V p. 90, fig.

Incisura n. gen. für Scissurella littletonensis Smith; **Hedley** 1904 Rec. Austr. Mus. V. p. 91.

Pleurotomariidae.

Pleurotomaria (Defr.) hirasei n. Japan; **Pilsbry** 1903 Pr. Philad. p. 496 t. 22 f. 1, 2 Nautilus XVII p. 30.

Stomatellidae.

Stomatella (Lam.) exquisita n., unbekannten Fundortes; **Sowerby** 1903 J. Conch. Leeds X p. 76 t. 5 f. 4.

β. Dokoglossa.

Patellidae.

Patella (L.) luchuana n. Liu Kiu; **Pilsbry** 1901 Pr. Phil. p. 202; — ? decemcostata n. Algoa Bay; **Smith** 1901 J. Conch. Leeds p. 106 t. 1 f. 22. — hepatica nom nov. für Acmaea striata Pilsbry nec Quoy & Gaimard; **Pritchard & Gatliff** 1903 Pr. Soc. Victoria XV p. 194.

Acmaeidae.

Acmaea (Eschsch.) minutissima n. Andamanen; **Smith** 1904 Ann. N. H. XIV p. 4. — heroldi var. signata n. Japan; **Pilsbry** 1901 Pr. Phil. p. 212, 398 t. 19 fig. 10, 11; — roseoradiata n. Capstadt; **Smith** 1901 J. Conch. Leeds X p. 106 t. 1 f. 19; — albonotata n. Natal; id. p. 107 t. 1 f. 14, 16.

Nacella (Schum.) crebristriata n. Süd-Australien; **Verco** 1904 Trans. R. Soc. S. Australia v. 28 p. 144 fig.; — tasmanica Tate & May zuerst abgebildet bei **Tate & May** 1901 t. 27 f. 89, 90.

Nucleobranchiata.

Cymbuliidae.

Cymbulia (Péron & Lesueur) sibogae n. Holländisch-Indien; **Tesch** 1904 Tijdskr. ned. Ver. VIII p. 113.

Cymbuliopsis (Pelseneer) intermedia n. Holländisch Indien; **Tesch** 1904 Tijdskr. Ned. Ver. VIII p. 113; — vitrea n. Monterey, Californien; **Heath & Spaulding** 1901 Pr. Philad. p. 509 Textfig.

Janthinidae.

Janthina (Lam.) auriculata n. Ostafrika; **Martens** 1903 Tiefsee p. 142 t. 4 f. 15.

IV. Pulmonata.

α. Stylommatophora.

Agnatha.

Moellendorff hat die Monographie dieser Familie, welche bei der Unmasse der in neuerer Zeit (nach Tryon's Monographie) beschriebenen Arten eine dringende Nothwendigkeit ist, für die neue Auflage des Martini—Chemnitz begonnen. Nach seinem frühen Tode hat **Kobelt** die Fortsetzung übernommen und in der Berichtsepoche die Rhytididen und Ennea zu Ende geführt.

Simroth 1901 Naturw. Wochenschrift vol. 17 bestreitet — und zwar allem Anschein nach mit Recht — die phylogenetische Zusammengehörigkeit der

Agnathen (Raublungenschnecken) und erklärt ihre anscheinenende Verwandt-
schaft für eine Konvergenzerscheinung. Er betrachtet die Glandinidae als
Achatinoid, Selenites als Zonitoid, Daudebardia als Hyalinoid, die kaukasischen
Raubnacktschnecken als Verwandte von Parmacella etc.

Rhytididae.

Rhytida (Pfr.) bernieri n. Neu Caledonien; **Dautzenberg** 1901 J. C. p. 299
t. 8 f. 1—3; — (Eurhytida) wynyardensis Petterd zuerst abgeb. bei **Moellendorff** 1903 M. Ch. t. 5 fig. 19—21; — duplicata n. Neuseeland **Suter** 1904 p. 155
Textfig. 1—3.

Afrorhytida n. subg. Rhytidae, Typus Rh. knysnäensis Pfr.; **Moellendorff**
apud Kobelt in: Mart. Chemn. 1904 p. 61.

Ptychorhytida n. subg. Rhytidae Typus Rh. beraudi Gassies; **Moellendorff**
apud Kobelt, in: Mart. Chemn. 1904 p. 65.

Paryphanta (Albers) striata n. Britisch Neu Guinea; **Fulton** 1902 Ann.
N. H. IX p. 182; — louisiadarum Mlldff. abgeb. bei **Moellendorff** 1903 M. Ch,
t. 3 f. 1—3; — striata n. Britisch-Neu Guinea; **Fulton** 1903 Ann. N. H. IX
p. 182; — elegans n. ibid., id. p. 182.

Streptaxidae.

Gude 1902 Pr. mal. Soc. V giebt einen sehr sorgfältig gearbeiteten Catalog
der Familie, in welcher er neben der Gattung Streptaxis Gray nur noch Happia
Bourg. und Scolodonta Doering als Gattungen anerkannt. Die Untergattungen
sind im wesentlichen die Pfeiffer'schen, neben denen noch Stremmatopsis Mabille,
Colpanostoma Bourg., Tayloria Bourg. und Micrartemon Mlldff. als Sektionen
anerkannt werden. Streptaxis zählt 130 Arten, Happia 13, Scolodonta 17.

Systrophia (Pfr.) moellendorffi n. Huancabamba, Peru; **Rolle** 1904 Nachrbl.
p. 35 t. 5 f. 2.

Streptaxis (Gray) costulatus (Eustreptaxis) **var.** subcostulata n. Tongking;
Moellendorff 1901 Nachrbl. p. 65; — (Odontartemon) cristatellus n. ibid., id.
p. 66; — sykesi n. Jalor, Malakka; **Sykes** 1902 J. Mal. IX p. 72 t. 4 f. 1, 2; —
striatula n. Ligeh, ibid., id. p. 73 t. 4 f. 3, 4; — translucidus n. Kongostaat;
Dupuis & Putzeys 1901 p. LI, Textfig.; — gaudioni n. ibid., iid. p. LII, Textfig.
— collingei u. Kalantan; **Sykes** 1902 J. Malac. IX p. 22, 60, t. 3 f. 8—10; —
sykesi n. Malayische Halbinsel; **Collinge** 1903 J. Mal. IX p. 72 t. 4 f. 1, 2; —
striatula n. ibid., id. p. 73 t. 4 f. 3, 4; — marconi nom. nov. für Marconia gibbosa;
Gude 1902 Pr. mal. Soc. VI p. 205; — siamensis var. subbulbulus n., var. sub-
globosus n., var. expansilabris n., Siam; **Moellendorff** 1902 Nachrbl. p. 154; —
(Odontartemon) mabillei n. Tongking; **Bavay & Dautzenberg** 1903 J. C. v. 51
p. 203 t. 7 f. 13--15; — (Eustreptaxis) costulatus var. edentula n. ibid., iid.
p, 202 t. 7 f. 7—9; var. major n. ibid., iid. p. 202 t. 7 f. 4—6; var. subcostulatus
Mlldff. abgebildet ibid t. 7 f. 1—3; — (Odontartemon) cristatellus Mlldff. abgebildet ibid. t. 7 f 10—12; — subbulbulus Mlldff. zur Art erhoben und abgebildet bei **Gude** 1902 Pr. mal. Soc. V t. 4 f. 16—18. Ferner abgebildet ebenda:
Str. leonensis Pfr. t. 4 f. 1—5; — eburneus Pfr. t. 4 f. 4—6; — gibbosus Pf.
t. 4 f. 7—9; — sinuosus Pf. t. 4 f. 10—12; — anceyi Mab. t. 4 f. 13—15; — diplodon
Mlldff. t. 4 f. 19—21. — Str. dacostae n. Caucathal, Neu Granada; **Gude** 1903

Pr. mal. Soc. V. p. 322 t. 12 f. 5—7; — prestoni n. Lampun, Siam; id. p. 323
t. 12 f. 17—19; — latior n. Nilgiris; id. p. 323 t. 12 f. 1—4; — pleurostomoides
n. Tinevelly, Südindien; id. p. 324 t. 12 f. 14—16; — thebawi G. Aust. zuerst
abgebildet ibid. t. 12 f. 11—13; — porrectus Pf. desgl. t. 12 f. 20—22; — obtusus
Stol. desgl. t. 12 f. 8—10.

Circinaria (Beck) ponsonbyi n. Columbia; **Pilsbry & Clapp** 1902 Nautilus
XV p. 134, Textfig.

Enneidae.

Kobelt 1904 Nachrbl. p. 27 wendet sich gegen die seitherige Scheidung
der Untergattungen nach der Anzahl der Mündungszähne und errichtet drei
neue Untergattungen auf geographischer Grundlage (Indoennëa, Sinoennea und
Pseudelma). Ebenso glaubt er die Ostafrikaner, Südafrikaner und Westafrikaner
als besondere Gruppen absondern zu können.

Edentulina (Pfr.) stumpffii n. Nossi-bé, Madagaskar; **Kobelt** 1904 Mart.
Ch. p. 294 t. 35 f. 6—7.

Diaphora (Albers) densecostulata n. Langson, Tongking; **Moellendorff** 1901
Nachrbl. p. 66; abgeb. bei **Bavay & Dautzenberg** 1903 J. C. v. 51 t. 8 f. 5
—7; — porrecta Martens zuerst abgeb. bei **Kobelt** Mart. Chemn. t. 18 f. 4; —
homalogyra Quadr. & Mlldff. desgl. t. 17 f. 12.

Ennea (Adams) plagiostoma (Microstrophia) n. Tongking; **Moellendorff**
1901 Nachrbl. p. 110; — unilirata n. Ost Uganda; **Smith** 1903 J. C Leeds X
p. 315 t. 4 f. 8; — commoda n. ibid., id. p. 315 t. 4 f. 10; — insolita n. ibid., id.
p. 315 t. 4 f. 10; — prodigiosa n. ibid., id p. 316 t. 4 f. 11; — columella n. ibid.,
id. p. 315 t. 4 f. 12; — premnodes n. Südafrika; **Sturany** 1901 Ann. Hofm. Wien
p. 60, Textfig. — ugandae n. Uganda; **Smith** 1901 J. Mal. p. 95 Textfig. —
berthae n. Südafrika; **Melvill & Ponsonby** 1901 Ann. N. H. VIII p. 315 t. 2
f. 1; — columella n. ibid., iid. p. 316 t. 2 f. 2; — foriclusa n. ibid., iid. p. 316
t. 2 f. 3; — hickeyana n. ibid., iid. p. 317 t. 2 f. 4; — zanguebarica Morel =
obesa Gibbons; **Ancey** 1901 J. C. p. 219; — longula Smith = Bul inconspicuus
Morelet; id. p. 220; — (Microstrophia) malaccana n. Malacca; **Moellendorff** 1902
Nachrbl. p. 136. — (Elma) tonkiniana n. Tongking; **Bavay & Dautzenberg** 1903
J. C. v. 51 p. 204 t 8 f. 1, 2; — (Elma) messageri n. ibid., id. p. 205 t. 8 f. 3, 4;
— oleacea n. Deutsch Ost-Afrika; **Fulton** 1902 J. Mal. vol. 10 p. 99 t. 9 f. 9; —
iwakawa subsp. miyakojimana n. Japan; **Pilsbry & Hirase** 1904 Pr Phil. p. 631.
— calopasa n. Südafrika; **Melvill & Ponsonby** 1903 Ann. N. H. XII p. 596
Textf.; — claustraria n. ibid., iid. p. 597 t. 31 f. 6; — craterodon n. ibid., iid.
p. 597 t. 31 f. 9; — daedalea n. ibid, iid. p. 598 t. 31 f. 12; — genialis n. ibid.,
iid. p. 598 t. 31 f. 14; — himerothales ibid., iid. p. 599 t. 31 f. 13; — montana
n. ibid., iid p. 599 t. 31 f. 13; — sylvia n. ibid., iid. p. 599 t. 31 f. 4; — triglochis
n. ibid., iid. p. 600 t. 31 f. 11; — virgo n. ibid, iid. p. 600 t. 31 f. 10; — warreni
n. ibid., iid. p. 601 t. 31 f. 7. — (Sinoennea) fuchsi Gredler zuerst abgebildet bei
Kobelt Mart. Chemn. t. 20 f. 5. — (S.) micropleuris Mlldff. desgl. t. 20 f. 6; —
(S.) plagiostoma Mlldff. desgl. t. 20 f. 7; — (S.) densecostulata Mlldff desgl. t. 20
f. 8, 9; — (Gulella) malaccana Mlldff. desgl. t. 33a f. 15, 16; — boettgeri (Nevill
mss.) n. Japan; ibid. p. 288 t. 33a f. 17, 18.

Indoennea n. subg. Enneae mit schwacher, auf die oberen Windungen be-
schränkter Skulptur, ausgebreitetem Mundsaum, starker Lamelle und höchstens

zwei Zähnchen; Heimat Südindien; **Kobelt** 1904 Nachrbl. p. 28. Typus E.
vara Bens.

Pseudelma n. subg. für zwei Arten von den Komoren mit ausgebuchtetem
Aussenrand; Typus Ps. incisa Morel.; **Kobelt** 1904 Nachrbl. p. 29 (labro externo
prope insertionem sinu profundo suturae parallelo, in typo tubulum parvum in
pariete aperturali relinquente diviso vel sinuato, insignis; apertura edentula vel
obsoletissime uniplicata).

Sinoennea n. subg. Enneae; **Kobelt** 1904 Nachrbl. p. 28 (T. parva, pupae-
formis, plerumque costellata; apertura parva quadridentata; plicis columellari,
parietali et palatali et denticulo basali; peristoma continuum, in anfractum
penultimum peculiariter ascendens). — Typus E. strophiodes Gredler.

Glandinidae.

Glandina (Schum.) pittieri n. Costaricá; **Martens** 1901 Biol. C. A. p. 611
t. 44 f. 5; — (Varicella) taylori n. Jamaica; **Vendryes** 1901, Naut. XIV p. 133,
Textfig ; — (V.) deflorescens n. ibid., id. p. 134 Textfig.; — callista n. Columbien; **Pilsbry & Clapp** 1902 Nautilus XV p. 133 Textfig.; — bogotensis n.
Bogota; **da Costa** 1904 Pr. mal. Soc. VI p. 6 f. 5; — lamyi n. Mexiko; **Fischer
& Chatelet** 1903 J. C. v. 51 p. 331 t. 13 f. 10; — huingensis n. Mexiko;
Pilsbry 1903 Pr. Phil. p. 770 t. 47 f. 2; — victoriana n. ibid., id. p. 771 t. 48
f. 1, mit subsp. alticola f. 2; — oblonga var. tamaulipensis n. ibid., id. p. 772
t. 47 f. 6; — bogotensis n. Bogota; **Dacosta**, Pr. mal. Soc. VI p. 6 t. 1 f. 5.

Salasiella (Stiebel) minima n. Mexiko; **Pilsbry** 1903 Pr. Phil. p. 773,
Textf. 6; — subcylindrica n. ibid., id. p. 774 Textf. 1; — elegans Mrts. abgeb.
bei **Martens** 1901 Biol. centr.-amer. t 44 f. 1.

Streptostyla (Shuttl.) bicolor (Pittieria) n. Costarica; **Martens,** Biol. C. A.
p. 617 t. 44 f. 6; — chiriquiana nom. nov. für Str. flavescens da Costa nec Shuttl.,
id. p. 615; — pallidus nom. nov. für dieselbe Art; **Dacosta** Pr. M. Soc. IV p.185;
— costaricensis n. Costarica; **Dacosta** 1904 Pr. M. Soc. VI p. 6 t. 1 f. 3; —
sumichrasti n. Centralamerika; **Ancey** 1903 Nautil. XVII p. 56; — clavulata n.
ibid., id. p. 56.

Trigonochlamydae.

Hyrcanolestes n. gen. für Parmacella velitaris Marts.; **Simroth** 1902
Nacktschn. Russl. p. 226 (Trigonochlamyde gracilior. Abdomen supra soleam non
impressum; texturae maculae polygonales, magnae. Latitudo soleae proportiona-
liter haud exigua); — valentini n. Karabagh; id. p. 229 t 22 f. 8, t. 26 f. 1—6.

Phrixolestes n. gen.; **Simroth** 1902 Nacktschn. Russl. p. 222 (Trigono-
chlamydi similis sed gracilior, extrema parte corporis non impressa. Texturae
maculae minimae. Penis calcareo corpore excitario pyramidali institutus); —
adsharicus n. Adsharien; id. p. 224 t. 22 f. 4; — ponticus n. Sephanos bei Tra-
pezunt; id. p. 225 t. 22 f. 5.

Trigonochlamys (Bttg.) boettgeri Ret. abgeb. bei **Simroth** 1902 Nacktschn.
Russl. t. 22 f. 3, t. 23 f. 7, 8; — minor n. Adsharien; id. p. 221 t. 22 f. 2,
t. 23 f. 1—6.

Pseudomilax (Bttg.) retowskii Bttg. abgeb. bei **Simroth** 1902 Nacktschn.
Russl. p. 231 t. 22 f. 7; — ananowi n. Wladikawkas; id. p. 232 t. 22 f. 6.

Apera (Heyn.) purcelli n. Südafrika; **Collinge** 1901 Ann. S. Afrika II
p. 230 t. 14 f.   .

Philomycidae.

Philomycus (Rafinesque) fruhstorferi n. Tongking; **Collinge** 1901 J. Mal-
VIII p. 119 mit var. punctatus n.; — dendriticus n. ibid., p. 119.

Limacidae.

Simroth 1903 Ann. Mus. Petersb. VII p. 283 glaubt Paralimax mit Sicherheit von Macrochlamys ableiten zu können, Monochroma allerdings mit weniger
Sicherheit von Camaena.

Gigantomilax (Bttg.); — **Simroth** 1902 Nacktschn. Russl. trennt die Gattung in die Sektionen Gigantomilax s. str. mit breitem kurzem Penis, und Turcomilax mit cylindrischem Penis; — (T.) nanus Srth. abgeb. t. 19 f. 15—20; —
(G.) kollyi Ret. desgl. t. 19 f. 1—9; — (G.) robustus n. Asterabad; id. p. 182
t. 19 f. 10--14.

Limax (L.) daghestanus (Heynemannia) n., Daghestan; **Simroth** 1902
Nacktschn. Russl. p. 72 t. 3 f. 5, 6; — (H.) ananowi var. imereticus n. Imeretien; id. p. 73 t. 3 f. 7; — (H.) caucasicus Srth. abgeb. ibid. t. 3 f. 13—17; —
amalioides Srth. desgl. t. 3 f. 18—23; — ordubadensis n. = colchicus Srth.
olim, Ordubad; id. p. 77 t. 4 f. 1—7; — simplex Srth. abgeb. id. t. 4 f. 8; —
valentini Srth. desgl. t. 4 f. 10—12; — keyserlingi Mrts. desgl. t. 4 f. 13—15; —
haeri Srth. desgl. t. 4 f. 16—19; — (Lehmannia) retowskii Srth. desgl. t 5
f. 17—20; — sidamoensis n. Sidamo; **Rochebrune & Germain** 1904 Bull. Mus.
Paris X p. 143; — subfossilis n. Pollonera mss. Riviera; **Caziot** 1904 Feuille
jeunes Naturalistes v. 34 p. 223, Textfig.; — duplex n. Seealpen; id. p. 223,
Textfig.

Lytopelte (Bttg.) caucasica (Liolytopelte) n. Alasangebiet; **Simroth** 1902
Nacktschn. Russl. p. 171 t. 17 f. 5—14; — grusina n. Tiflis; id. p. 173 t. 17 f. 15.

Simroth 1902 Nacktschn. Russland p. 174 zerlegt die kleine Gattung in
zwei Sektionen, Liolytopelte für die ciskaspischen einfarbigen Arten mit nur am
Ende gekieltem Rücken, und Tropidolytopelte für die transkaspischen gefleckten
Arten mit bis zum Mantel gekieltem Rücken.

Mesolimax (Pollon.) escherichi Srth. abgeb. bei **Simroth** 1902 Nacktschn.
Russland t. 13 f. 1—7; — (Toxolimax) hoplites Srth. desgl. t. 12 f. 8—15.

Metalimax (Srth.) elegans n. Russland; **Simroth** 1902 Nacktschu. Russl.
p. 94.

Monochroma (Srth.) brunneum Srth. abgeb. bei **Simroth** 1902 Nacktschn.
Russland p. 96 t. 6 f. 7—18.

Paralimax (Bttg.) (einschliesslich Eumilax Bttg.), monographisch behandelt
von **Simroth** 1902 Nacktschn. Russl. p. 104; — brandti var. coriaceus n. p. 116
t. 10 f. 3; var nubilus n. p. 117 t. 9 f. 1; var. notatus n. p. 117 t. 9 f. 3—6, 8—9
t. 10 f. 1, 2; — var. lilacinus n. t. 10 f. 4; — marmoratus n. Imeretien; id. p. 117
t. 9 f. 7; — niger n. Suchumkale; id. t. 11 f. 1; — nigerrimus n. Kislovodsk an
der Kuma; id. p. 119; — albomaculatus n. Kaukasus; id. p. 120 t. 12 f. 1; —
salamandroides n. Wladikawkas; id. p. 120 t. 11 f. 2—6; — gyratus n. Loba,
Nordwestkaukasus; id. p. 122 t. 11 f. 7; — gracilis n. Imeretien; id. p. 124 t. 10
f. 5, 6; — ochraceus n. Gagry, Pontusküste; id. p. 126 t. 12 f. 11; — raddei n.

Wladikawkas; id. p. 126 t. 12 f. 6—10; var. striata n. ibid., id. p. 127 t. 12 f. 5, 9; var. pictus p. 128 t. 12 f. 6; — var. elegans n. p. 128 t. 12 f. 10; var. variegatus n. p. 128 t. 12 f. 7; var. obscurus n. p. 128 t. 12 f. 8; — minutus n. Wladikawkas, p. 129 t. 12 f. 12.

Phrixolesthes n. gen. Limacidarum; **Simroth** 1902 Nacktschn. Russland p. 212; — adsharicus n. Adscharien; id. p. 224; — ponticus n. Kaukasus; id. p. 225.

Pseudomilax (Bttg.) reibischi n. Russland; **Simroth** 1902 Nacktschn. Russl. p. 232: — annonowi n. ibid., id. p. 232.

Trigonochlamys (Bttg.) minor n. Russland; **Simroth** 1902 Nacktschn. Russl. p. 221.

Turcomilax n. subg. Gigantomilacis; Typus G. nanus Srth; **Simroth** 1902 Nacktschn. Russl. p. 176.

Vitrinidae.

Vitrina (Drp.) bozasi n. Lebaugi, Centralafrika; **Rochebrune & Germain** 1904 Bull. Mus. Paris X p. 43; — ultima Mouss. & kermandecensis Smith = keppeli Pfr; **Ancey** 1903 J. De Conch. v. 52 p. 288.

Girasiidae.

Apoparmarion n. gen. für A. partridgii n. Perak; **Collinge** 1902 J. Mal. IX p. 73 t. 4 f. 5—12, t. 5 f. 31—33.

Paraparmarion n. gen. für P. elongatus n. Perak; **Collinge** 1902 J. Mal. IX p. 75 t. 5 f. 34—36.

Cryptosemelus n. gen. für Cr. gracilis n. Bukit. Besar, Malacca; **Collinge** 1902 J. Mal. IX p. 76 t. 5 f. 37—39.

Microparmarion (G. Aust.) moellendorffi n. Andamanen; **Collinge** 1901 J. Mal. VIII p. 17 t. 1 f. 1—6; — andamanica n. ibid., id. p. 17 t. 4 f. 7—10; — brunneopallescens n. Annam; **Collinge** ibid. p. 120; — annamica nom. nov. für andamanica Coll., Annam, nicht Andamanen; id. p. 120.

Parmarion (Mrts.) shelfordi n. Borneo; **Collinge** 1903 J. Mal. vol. 10 p. 81 t. 1; — malayana n. Malacca; **Collinge** 1903 Fasc. malay. II p. 206, fig.

Naninidae.

Ariophanta (Desm.) canarica n. South Canara; **Blanford** 1901 Pr. mal. Soc. IV p. 248 t. 25 f. 1; — hetaeraea n ibid., id. p. 248 t 25 f. 2.

Bensonia (Pfr.), — **Blanford** 1901 Pr. mal. Soc. IV p. 178 giebt eine Revision der Gattung; — mimela n. Simla; id p. 179 Textfig.; — mainwaringi Nevill zuerst abgeb. id Textfig; — (Oxytes) laotica n. Laosgebiet; **Moellendorff** 1902 Nachrbl. p. 178; — nepalensis n. Nevill mss., Nepal; **Blanford** Pr. Z. S. II p. 441 t. 25 f 1. — Trichobensonia n. subg. vide unten; — laotica n. Gebiet der Laos; **Moellendorff** 1902 Nachrbl. p. 178.

Coneuplecta (Mlldff.) confinis n. Thanmoi, Tongking; **Moellendorff** 1901 Nachrbl. p. 68; — subangulata n. ibid., id. p. 69; — ochthogyra n. Insel Bahmun; id. p. 111; — globulosa n. Kebao; id. p. 112; — sculptilis n. ibid., id. p. 112; — moellendorffi nom. nov. für C. globulosa Mlldff. 1901 nec. 1900; **Gude** 1904 J. Mal. v. 11 p. 95. — taeniolata n. Obi Inseln; **Moellendorff** 1902 Nachrbl. p. 186; — buruana n. Buru; ibid. p. 197.

Cryptosemele n. gen. für Cr. gracilis n., Malacca ; **Collinge** 1902 J. Mal. XI p. 76 t. 5 f. 37—39.

Cryptosoma (G. Aust.) fragile n. Tongking; **Moellendorff** 1901 Nachrbl. p. 67; — imperator var. brunneus n. Insel Bahmun; id 1901 Nachrbl. p. 111.

Ctenoglypta n. gen., Typus Helix newtoni Nevill; **Ancey** 1904 J. Conch. v. 52 p. 306.

Dendrotrochus (Psbry) stramineus n. Neue Hebriden; **Sykes** 1902 Pr. mal. Soc. V p. 197 Texfig.

Durgella (Blfd.) siamensis n. Siam; **Moellendorff** 1902 Nachrbl. p. 155.

Dyakia (G. Aust.) smithiana n. Sumatra; **Gude** 1903 J. Mal. v. 10 p. 47 Textfig.

Euplecta (Semper) transfretata n. Vorderindien; **Blanford** 1901 P. Mal. Soc. IV p. 249 t. 25 f. 9; — agastyae n. ibid., id. p. 250 t. 25 f. 10; — binoyaensis n. ibid., id. p. 250 t. 25 f. 7; — laevis n. ibid., id. p. 251 t. 25 f. 8; — fluctuosa n. ibid., id. p. 251, Textfig.; — granulifera n. ibid., id. p. 252, Textfig.; — oribates n. ibid., id. p. 253, Textfig.; — oxyacme n. Madagaskar; **Ancey** 1902 Nautilus XVI p. 64; — pulchella n. Anamullys Südindien; **Blanford** 1904 Pr. Z. S. II p. 447 t. 25 f. 18; — pratti n. Britisch Neu Guinea; **Gude** 1903 Pr. mal. Soc. VI p. 114, Textfig.; — (Coneuplecta) moellendorffi nom. nov. für Eu. globulos Mlldff. 1901 nec 1900; **Gude** 1904 J. Malac. v. 11 p. 95.

Helicarion (Fer.) tongkingensis n. Tongking; **Moellendorff** 1901 Nachrbl. p. 66; — ? dautzenbergianus n. Madagaskar; **Ancey** 1902 Naut. XVI p. 64; — rollei n. Buru; **Moellendorff** 1902 Nachrbl. p. 196; — willeyana n. Neu Britannien; **Godwin-Austen** 1903 Pr. mal. Soc. V p. 216 t. 9 fig. 1; — woodwardi n. Loyalitäts Archipel, Neu Caledonien; id. p. 298 t. 9 f. 2.

Indrella n. subg. Ariophantae, Typus Ar. ampulla Bens.; **Godwin-Austen** 1901 Pr. mal. Soc. Vol. 4 p. 190.

Hemiglypta (Mlldff.) moussoni var. oxytropis zuerst abgebildet bei **Moellendorff** 1902 Philipp. t. 12 f. 4, 5, t. 19 f. 14; var. nana t. 16 f. 10, t. 18 f. 6; var. arayatensis t. 16 f. 9, t. 18 f. 2; var. transitans t. 12 f. 6, 7; — semperi var. eurytaenia t. 14 f. 2, t. 15 f. 2, t. 17 f. 2; — var. tumidula t. 14 f. 3, t. 15 f. 3, t. 17 f. 2; — connectens Mlldff. t. 14 f. 4, t. 15 f. 4, t. 17 f. 4; var. grandis t. 14 f. 5, t. 15 f. 5, t. 17 f. 5; — franciscanorum Quadr. & Mlldff. t. 14 f. 6, t. 15 f. 6, t. 17 f. 6; — globosa var. depressa t. 14 f. 12, t. 15 f. 8; — infrastriata Mlldff. t. 14 f. 13, t. 16 f. 1, t. 19 f. 1.

Hemiplecta (Albers) subsulcata n. Kalidupa; **Moellendorff** 1902 Nachrbl. p. 204; — oleata n. Madagaskar; **Ancey** 1902 Nautilus v. 16 p. 65; — profuga n. ibid. p. 65; — densa var. annectens n. Ost-Borneo; **Martens** 1903 S.-B. Ges. Berlin p. 422; — salangana var. martensi. n., **Collinge** 1903 Fasc. mal. p. 209; — densa var. annectens n., Borneo; **Martens** 1903 S.-B. Ges. Berl. p. 422.

Kaliella (Blfd.) regularis n., Langson, Tongking; **Moellendorff** 1901 Nachrbl. p. 69; — dolichoconus n., Mansongebirge, ibid., id. p. 69; — tongkingensis n. ibid., id. p. 70; — gradata n. ibid., id. p. 70; — subcrenulata n., Shikoku, Japan; **Pilsbry** 1901 Pr Phil. p. 404; — lioderma n., Harima, ibid., id. p. 404; — harimensis n. ibid., id. p. 404; — borealis n., Hokkaido; id. p. 346; — praealta n. Omi, id. p. 547; — kyotoensis n., Kyoto; id. p. 548; — modesta n., Oshima, prov. Higo; id. p. 548; — nahaënsis n., Okinava; id, p. 548; — symmetrica = Pagoduloides; **Pilsbry** 1901 Ann. N. H. VII p. 7; — nuda n., Japan; **Pilsbry**

1901 Naut. XV p. 21; — austeniana, n., Liukiu; id. p. 20; — yaeyamensis n.
ibid., id. p. 21; — kagaënsis n., Japan; — **Pilsbry & Hirase** 1902 Naut. XVI
p. 79; — gudei n. ibid., iid. p 79; — ogasawarana n. ibid,. **Pilsbry** 1902 Pr.
Phil. p. 31; — hachijoensis n. ibid., **Pilsbry** 1902 Naut. XVI p. 55; — pallida
n. ibid., id. p. 55; — okiana n. ibid., id. Naut. XVII p. 6; — hizenensis n. ibid.,
id. p. 7; — ordinaria n., Ancey mss., Tongking; **Bavay & Dautzenberg** 1903
J. C. p. 210 t. 8 f. 18—19; — nesiotica n., Japan; **Pilsbry & Hirase** 1903 Naut.
XVII p. 54; — sororcula n. ibid., iid. p. 107; — humiliconus n., Japan; **Pilsbry
& Hirase** 1904 Pr. Phil p 633; — okinoshimana n. ibid., iid. p 632; — bimaris
n. ibid., iid. p. 632; — gudei var. persubtilis n. ibid., iid. p 634; — xenica n.,
Japan; **Pilsbry & Hirase** 1903 Naut. XVII p. 32; — incensa n. ibid., iid.
p. 46; — harimensis var. sadoënsis n. ibid, iid. p. 46; — peralta var. izuschichi-
toensis n. ibid., iid. p. 54; — thaanumi n.,· Hawaii; **Ancey** 1904 Pr. mal. Soc.
VI p. 110 t. 7 f. 6; — lubricella n. ibid., id. p. 110 t. 7 f. 7; — tongkingensis
Mlldff. abgeb. bei **Bavay & Dautzenberg** 1903 J. Conch. v. 51 t. 8 f. 14—17, mit
var. albina n., p. 209.

Macrochlamys (Benson) stenogyra n., Mansongebirge, Tongking; **Moellendorff**
1901 Nachrbl. p. 67; — declivis n., Thaumoi; ibid., id. p. 67; — glyptorhaphe n.,
ibid., id. p. 68; — euspira n, Insel Bahmun; id. p. 111; — tanegashimae n,
Tanegashima, Liu kiu; **Pilsbry** 1901 Pr. Philad. p. 498; — perfragilis n., Okinawa, id. p. 345; — gudei n. ibid., id. p. 345; — dulcis n., Prov. Kii, id. p. 562;
— coeligena n., Tien-Shan; **Gude** 1902 J. Mal. IX p. 97 Textfig. 1—3; — cera-
sina n., Japan; **Pilsbry** 1902 Naut. XV p. 117; — semisericata n. ibid., id.
Naut. XVI p. 54; — kagaënsis n., Japan; **Pilsbry & Hirase** 1902 Naut. XVI
p. 78; — papuensis n., Britisch Neu-Guinea; **Preston** 1902 Pr. mal. Soc. V p. 17,
Textfig.; — granosculpta n., Madagascar; **Ancey** 1902 Naut. XVI p. 65; —·
humbloti n. ibid., id. p. 66; — obiana n., Rolle mss., Obi-Inseln; **Moellendorff**
1902 Nachrbl. p. 186; — buruana n, Buru, id. p. 196; — heptagyra n., Siam,
id. p. 155; — ochthogyra n. ibid., id. p. 155; — brunnea n. ibid., id. p. 155; —
clessini nom. nov. für M. schmidti Clessin nec Brancsik; **Westerlund** 1902
Nachrbl. p. 19; — hartwickei var. kelantanensis n., Kelautan; **Moellendorff**
1902 Nachrbl. p. 137; — subconvallata n., Andamanen; **Fulton** 1903 J. Mal. X
p. 99, Textfig.; — kuluensis n., Kulu, Himalaya; **Blanford** 1904 Pr. Z. S. II
p. 442 t. 25 f. 5; — superflua n., Sikkim; id. p. 442 t. 25 f. 7; — atoma n, Fair-
bank mss., Godavary-Thal, Indien; id. p 443 t. 25 f. 6; — prava n., Südindien;
id. p. 443 t. 25 f. 9; — rutila n, Anamullys; id. p. 443 t. 25 f. 11; — chaos n.,
Burma; id. p. 444 t. 25 f. 8; — notha n. ibid, id. p. 444 t. 25 f. 19; — noxia n.
ibid., id. p. 445 t. 25 f. 14; — curvilabris n ibid., id. p. 445 t. 25 f. 13; — spreta
n. ibid., id. p. 445 t. 25 f. 12; — patens n. ibid., id. p. 445 t. 25 f. 15; — pseudo-
choinix n, Great Cocos Isl, id. p. 446 t. 25 f. 16; — dulcis var. koschikyimana
n., Japan; **Pilsbry & Hirase** 1904 Pr. Phil. p. 635; — subelimatus n ibid., iid
p. 635; — gudei var. inclytus n. ibid., id. p. 636; — izuschichitojimana u. ibid,
iid. 1903 Naut. XVII p. 106; — decens n. ibid., iid. p. 106; — diadema Dall
zuerst abgeb. bei **Dall** 1902 Pr. U. St. Nat. Mus XXIV t 27 f 1—3.

Martensia (Semper) percivali n, Kilima-Ndscharo; **Smith** 1903 J. C. Leeds
X p 317 t 4 f 16; — permanens n., Uganda; id. 1901 J. Mal. VIII p. 94
Textfig 2, 3.

Microcystina (Moerch) tongkingensis n , Mansongebirge. Tongking; **Moellendorff** 1901 Nachrbl. p. 70; — leucocystis n. ibid., id. p. 71, mit subsp. angigyra n., — mansonensis n. ibid., id. p. 71; — ? opaca n., Insel Kebao, ibid., id. p. 113; — hiraseana n., Tanegashima, Liu-kiu; **Pilsbry** 1901 Pr. Phil. p. 498; — lutescens n.; Philippinen; **Moellendorff** 1901 in Semper v. 8 p. 140 fig.; — bucoplax n. ibid., id. p. 145 fig. ; — marginata n , Buru; **Moellendorff** 1902 Nachrbl. p. 197; — irregularis n. ibid., id. p. 197; — circumdata n., Japan; **Pilsbry** 1902 Naut. XV p. 55; — bahajimana n. ibid , id. p 118; — yakuensis n. ibid., id. Naut. XVI p. 6; — nuda n. ibid, **Pilsbry & Hirase** 1902 Naut. XVI p. 79; — messageri n., Ancey mss., Tongking; **Bavay & Dautzenberg** 1903 J. C p. 207 t. 8 f. 8—10; — higashiyamana n., Japan; **Pilsbry** 1903 Naut. XVI p. 129; — stuarti n., G. Aust. mss., Andamanen; **Blanford** 1904 Pr. Z. S. II p. 446 t. 25 f. 16; — shevaroyana n., Shevaroy Hills, Südindien; — id. p. 446 t. 25 f. 17; — velata Gude (Crystallus) zuerst abgeb. bei **Gude** 1901 Pr. mal. Soc. IV t. 29 f. 7—9; — ceratodes Gude desgl. t. 19 f. 1—3; — labilis Gude desgl. t. 19 f. 4— 6; — vaga n., Japan; **Pilsbry & Hirase** 1904 Pr. Phil. p. 634; — lampra n. ibid., id. p 634; — rufobrunnea (Mycrocystis) n., Hawaii; **Ancey** 1904 Pr. mal. Soc. VI p 119.

Otesia (Ad.) bijuga var. convexospira n., Kelantan; **Moellendorff** 1902 Nachrbl. p. 157.

Philonesia (Sykes) ist von Microcystis nicht zu trennen; Ancey 1901 J.C. p. 136.

Pliotropis n. subg. Otesiae, Typus O. biangulata Pfr.; Moellendorff Ms. apud **Kobelt,** 1904 Mart. Chemn. p. 1093.

Ravana u. subg. Ariophantae für Hel. politissima Pfr.; **Godwin-Austen** 1901 Pr. mal. Soc. IV p. 261 pl. XXVI.

Sesara (Albers) mouleyitensis n., Birma; **Gude** 1901 J. Mal. VIII p. 15 Textfig. 4—6; — megalodon n., Siam; **Blanford** 1902 Pr mal. Soc. V p. 35

Sitala (H. Ad.) striolata n. Langson, Tonking; **Moellendorff** 1901 Nachrbl. p. 68; — latissima n. Japan; **Pilsbry** 1902 Naut. XVI p. 56; — carinifera n. Kelantan; **Moellendorff** 1902 Nachrbl. p. 138; — subscalaris n. ibid., id. p. 138; — sublineolata n. ibid., id. p. 139; — acutecarinata n. Tongking; **Bavay & Dautzenberg** 1902 J. C. p. 208 t. 8 f. 11—13; — niijimana n. Japan; **Pilsbry & Hirase** 1903 Naut. XVII p. 55; — insignis n. Tosa, Japan; **Pilsbry & Hirase** 1904 Pr. Phil. p. 632; — latissima var. conica n. Osumi, ibid., iid. p. 632.

Taphrospira n. gen , von Macrochlamys durch eine Rinne neben der Naht unterschieden; Typus T. convallata Bens.; **Blanford** 1904 Pr. Z. S. II p. 441; — excavata n. Nord Cachar (= compluvialis Hanley & Theobald, nec Blfd.); id. p. 442 t. 25 f. 3.

Trichobensonia n. subg. Bensoniae, Typus B. luzonica Mlldff.; **Moellendorff** 1902 in Semper Landmoll. VIII p. 223.

Trachycystis (Pilsbry) centrifuga n. Kapland; **Melvill & Ponsonby** 1903 Ann. N. H. p. 602 t. 32 f. 9; — glebaria n. Natal; iid. p. 602 t. 32 f. 15; — laticostata n. Kapland; iid. p. 602 t. 32 f. 5; — oreina n. Grahamstovn, iid. p. 602 t. 32 f. 8; — patera n., Bedford, Kapland; iid. p. 603 t. 32 f. 6; — permeata n. ibid., iid. p. 603 t. 32 f. 2, Pinetown, Natal; — scolopendra n. Natal; iid. p. 603 t. 32 f. 3; — simplex n. Pondoland; iid. p. 603 t. 32 f. 17.

Trochozonites (Pfeffer) trifilaris (Moaria) n. Kongostaat; **Dupuis & Putzeys** 1901 p. LI Textfig.; — percostulatus n. ibid., iid. p LIII Textfig.

Trochonanina (Mouss.) bonbouri n. Albany-See; **Rochebrune & Germain** 1904 Bull. Mus. Paris v. 10 p. 143; — zeltneri v Ualamo; iid. p. 143.

Vitrinoconus (Semper) moellendorffi n. Panay Philippinen; **Pilsbry** 1901 Pr. Phil. p. 194.

Wiegmannia n. gen., **Collinge** 1901 Tr. Edinb. vol. 40 p. 299; Typus W. gigas; id. 1902 Amer. Nat. XXXVI p. 592.

Xesta (Albers) piperata n. Madagaskar; **Fulton** 1902 J. Mal. VIII p. 103 t. 9 f. 7; — obiana n. Obi; **Moellendorff** 1902 p. 186; — kaledupana n. Rolle mss., Kaledupa; id. p. 204; — perfragilis n. ibid., id. p. 204; — tomiana n. Rolle mss., Insel Tomia; id. p. 205; — sulcatula n. Obi; **Sykes** 1903 J. Mal. X p. 64, 78 t. 6 f. 5; — dwipana n. Java; **Gude** 1903 Pr. mal. Soc. V p. 264 t. 7 f. 15—17.

Xestina (Pfeffer) denserugata n. Annam; **Moellendorff** 1901 Nachrbl. p. 45; — tenera n. ibid., id. p. 46; — pharangensis n. ibid., id. p. 46; — gassi n. Südindien; **Blanford** 1901 Pr. mal. Bl. IV p. 249 t. 25 f. 3; — granulosa n. Siam; **Moellendorff** 1902 Nachrbl. p. 156; — cardiostoma n. ? Kambodscha; id. p. 178; — tongkingensis n. Tongking; id. p. 179; — rugosissima n. Insel Roma; **Moellendorff** 1903 Nachrbl. p. 156.

Zonitidae.

Fametesta n. subg. Hiraseae, Typus Hel. operculina Gld; **Pilsbry** 1902 Pr. Phil. p. 29.

Gastrodontella n. gen. Zonitidarum; **Moellendorff** 1901 Nachrbl. p. 38 (t. minuta, trochiformis, corneo-hyalina, multispira; anfractus intus lamellis transversis muniti). — japonica n. Japan; id. p. 38. — **Pilsbry** 1901 Ann. N. H. VIII p. 8 erklärt die Art für Synonym mit Kaliella multivolvis Psbry.; Zahnbildungen kommen auch bei anderen Kaliella vor.

Gastrodonta (Albers) gularis subsp. n., Nordcarolina; **Walker & Pilsbry** 1902 Pr. Phil. p. 434.

Guppya (Moerch) goyazensis n. Goyaz, Brasilien; **Ancey** 1901 Natural p. 82; — sericea n. ibid., id. p. 83; — miamiensis n. Florida; **Pilsbry** 1903 Nautil XVII p. 77; — hopkinsi Dall = Microcystis pacifica Pfr.; **Ancey** 1903 J. Conch. v. 51 p. 99; — angasi abgeb. bei **Martens** 1901 Biol. Centr.-amer. t. 44 f. 2; — micans desgl. t. 44 f. 4.

Hirasea n. gen. Zonitidarum, **Pilsbry** in: 1902 Nautilus XV p. 118 u Pr. Philad. 1902 p. 29; Typus H. sinuosa n. Japan; id. p. 118; — nesiotica n. ibid., id. p. 118; — (Fametesta n.) mirabilis n. ibid., id. Pr. Phil. p. 31; — acuta n. Japan; **Pilsbry** 1902 Naut. XVI p. 5; — major n. ibid., id. p. 47; — diplomphala var. latispira n. ibid., id. p. 47; — profundispira n. ibid., id. p. 47; — insignis n. Ogasawara, Japan; **Pilsbry & Hirase** 1904 Pr. Phil. p. 636.

Hirasiella n. gen. Zonitidarum, **Pilsbry** 1902 Naut. XV p. 142; Typus H. clava n. Japan.

Hyalinia (Agass.) adjaciensis n. Ajaccio; **Caziot**·1904 (5) p. 34 Textfig. E.

Omphalina (   ) martensiana n. Mexiko; **Pilsbry** 1903 Pr. Phil. p. 766 t. 48 f. 7 (mit Textfig. der Radula); — montereyensis abgeb. ibid. t. 48 f. 9; —

rugeli var. oxycoccus n. Nord Karolina; **Vanatta** Nautil. XVI p. 106; — pilsbryi n. Alabama; **Clapp** 1904 Nautilus XVIII p. 30.

Pristiloma (Pilsbry) idahoënse n. Idaho; **Pilsbry** 1902 Pr. Phil. p. 593; — japonica n. Japan; **Pilsbry & Hirase** 1903 Naut. XVII p. 78.

Retinella (Shuttl.) libanica Naeg. & Westerl. zuerst abgebild. bei **Kobelt,** Iconogr. IX no. 1582.

Vitrea (Fitz.) cyprina n. Atrankan, Cypern; **Westerlund** 1902 Nachrbl. p. 22; — lepta n. Sevilla; id. p. 22; — placenta n. Capri; id. p. 23; — harimensis Psbry. = Macrochlamys doenitzi juv.; **Pilsbry** 1901 Ann. N. H. VIII p. 5; — vanattai n. Nordkarolina; **Walker & Pilsbry** 1902 Pr. Phil. p. 432 t. 23 f 4—6; — approximata n. ibid, iid p. 431 t. 23 f. 8, 9; — raderi Dall zuerst abgeb. bei **Dall** 1902 Pr. U. St. Mus t. 27 f. 4—6; — rogersi n. England; **Woodward** 1903 J. Conch. Leeds X p. 310, Textf.; — alliaria Mill. & helvetica Blum abgeb. ibid. Textf.; — capsella var. lacteodens n., West Arkansas; **Pilsbry** 1903 Pr. Phil. p. 211 t. 11 f. 5; — hawaiensis n. Hawaii; **Ancey** 1904 Pr. mal. Soc. VI p. 120 t. 7 f. 8.

Zonites (Montfort) albanicus var. narentanus Bttg. zuerst abgeb. bei **Kobelt** Icon. no. 1566; — gemonensis var. ruralis Westerl. desgl. n. 1568; — acies var. kleciachi desgl. no. 1578; — cytherae **Martens** 1891 S.-B. Ges. nat. Berl. p. 148, abg. Ic. no. 1620 & M. Ch. t. 236 a. f. 9—11; — anthesi n. Pergamos; **Kobelt** 1903 Nachrbl. p. 88; Ic. 1916, 1921; — insignis n. Cilicien; **Naegele** 1903 Nachrbl. p. 169; — naxius n. Naxos; **Martens** 1903 Arch f. Nat. v. 69 p. 372, Textfig.

Zonitoides (Lehmann) subarboreus n. Japan; **Pilsbry** 1902 Naut. XVI p. 54; — pugetensis Dall abgeb. bei **Dall** 1902 Pr. U. St. N. Mus. XXIV p. 500 t. 27 f. 10-12; — cupido n. Südafrika; **Melvill & Ponsonby** 1903 Ann. N. H. XII p. 601 t. 32 f. 1; — apertus n. Osumi, Japan; **Pilsbry & Hirase** 1904 Pr. Phil. p. 636; — chichimanus n. Japan; **Pilsbry & Hirase** 1904 Naut. v. 18 p. 5.

Patulidae.

Patula (Held) sanctimonialis n. China; **Gredler** 1901 Nachrbl. p. 150; — (Gonyodiscus) ugandana u. Ost-Uganda; **Smith** 1903 J. C. Leeds X p. 317 t. 4 f. 13; — (G.) imitata n. ibid., id. p. 317 t. 4 f. 14; — (G.) lamellifera n. ibid., id. p. 317 t 4 f. 15; — (Pyramidula) conica n. Japan; **Pilsbry & Hirase** 1902 Naut. XVI p. 77. — (P.) pauper var. hachyoënsis n. Japan; **Pilsbry** 1902 Naut. XVI P. 56; — (P.) victoriana n. Mexiko; **Pilsbry** 1903 Pr. Phil. p. 769 t. 49 f. 1.

Punctum (Morse) atomus n. Izen, Japan; **Pilsbry & Hirase** 1904 Pr. Phil. p. 636; — rota n. ibid., iid. p. 637; — morseanum u. Japan; **Pilsbry & Hirase** 1902 Naut. XVI p 5; — infans n. iid. Naut. XVII p 107; — randolphii Dall zuerst abgeb. bei **Dall** 1902 Pr. U. St. Nat. Mus. XXIV t. 27 f. 7—9; — horneri n. Oahu; **Ancey** 1904 J. Mal. v. 11 p. 66, Textfig.; — elachistum n. Japan; **Pilsbry & Hirase** 1904 Naut. v. 18 p. 5; — apertum n. ibid., iid. p. 5.

Endodontidae.

Endodonta (Albers) melbournensis Cox besser abgebildet bei **Hedley** 1902 Studies VII t. 31 f. 16, 17; — subdepressa Brazier zuerst abgebildet, id. t. 31 f. 13—15; — otwayensis Petterd desgl. t. 31 f. 10—12; — tamarensis Petterd desgl. t. 31 f. 18—20; — ochra n. Neuseeland; **Webster** 1904 Pr. mal. Soc. VI p. 107 Textfig. 2; — chrysauchen n. ibid., id. p. 107 Textfig. 3; — alloia n. ibid., id. p. 108 Textfig. 4; — (Charopa) transenna n. Neu Seeland; **Suter** 1904 Pr. mal. Soc. vol. 6 p. 156 Textfig.

Laoma (Gray) francesci u. Neuseeland; **Webster** 1904 Pr. mal. Soc. VI p. 106 Textfig. 1; — elaiodes n. ibid., id. p. 106 Textfig. 5.

Ranfurlya n. gen. Endodontidarum für R. constanceae n, Auckland; **Suter** 1903 J. Mal. X p. 62, Textfig.

Hutton 1904 Pr. Linn. Soc. N. S. Wales führt als neue Namen ein: Delos für Rhenea Hutton nec Saalmüller p. 461; — Thermia für Pyrrha Hutton nec Cabanis p. 461; — Serpho für Carthaea Hutton nec Walker p. 461.

Trochomorphidae.

Trochomorpha (Albers) montana (Sivela) n. Mansongebirge, Tongking; **Moellendorff** 1901 Nachrbl. p. 71; — gouldiana n. Oshuna, Liukiu; **Pilsbry** 1901 Pr. Phil. p. 345; — subternatana n. Insel Obi; **Dautzenberg** 1902 Natural. p. 247, Textfig.; — (Sivella) discus n. Buru; **Moellendorff** 1902 Nachrbl. p. 198; — (S.) grubaueri n. Kelantan, Perak; id. p. 138; — (S.) kelantanensis n. ibid., id. p. 139; — insolata n. (Nigritella), Marshall Ins.; **Boettger** 1904 Zool. Jahrb. Syst. vol. 20 p. 410; — cultrata n. Japan; **Pilsbry** & **Hirase** 1904 p. 632; — gulielmi n. Engano Insel; **Sykes** 1904 J. Mal. v. 11 p. 87 t. 9 f. 11, 12; — dautzenbergi n. ibid., id. p. 87 t. 9 f. 13, 14.

Arionidae.

Arion (L.) subfuscus var. fennicus n. Finland; **Simroth** 1902 Nacktschn. Russl. p. 50; — sibiricus n. Sibirien; id. p. 53 t. 2 f. 1—6.

Ariunculus (Pollonera) pallaryi n. Algerien; **Collinge** 1904 J. Malac. v. 11 p. 47.

Zacoleus n. gen. für Z. idahoensis n., Idaho; **Pilsbry** 1903 Pr. Philad. p. 626.

Helicidae.

Ampelita (Beck) subnigra n. Madagaskar; **Fulton** 1902 Ann. N. H. IX p. 13.

Ambigua n. subg. für Camp. tetrazona Jan; **Westerlund** 1903 Rad jugosl. Ak. p. 96.

Alabastrina n. subg. Iberi; Typus I. alabastrites Mich.; **Kobelt** Icon. v. 11. p. 132, 194.

Amphidromus (Albers) gehört mit Beddomea zu den Heliciden in die nächste Nähe von Camaena und Chloritis; **Pilsbry** 1901 Pr. mal. Soc. IV p. 138.

Amphidromus (Albers) rhodostylus n. Annam; **Moellendorff** 1901 Nachrbl. p. 47; — metabletus var. pachychilus n. ibid. p. 49; var. insularis n. ibid., id. p. 49; — perakensis n. Perak; **Fulton** 1902 J. Mal. XI p. 104 t. 9 f. 8—10; —

waterstraati n. Palawan; **Rolle** 1903 Nachrbl. v. 35 p. 156; — laevus var. romaënsis n. Roma bei Timor; id. p. 157; var. kissuensis n. Kissu; id. p. 157; — inconstans var. gracilis n. Roma; id. p. 157; — kobelti n. Siam; **Moellendorff** 1902 Nachrbl. v. 34 p. 157; — kuehni n. Rolle mss., Kaledupa; id. p. 205; — glaucolarynx subsp. albicans n. Siam; id. p. 157; — martensi var. capistratus n. Ost-Borneo; **Martens** 1903 S.-B. Ges. Berlin p. 424, Textfig.; — adamsi var. obliquatus n. ibid, id. p. 424, Textfig.; — gossi n. Kina Balu, Borneo; **Bartsch** 1904 Smiths. Miscell Coll no. 1485 p. 292 pl. 46 f. 1—9; — palaceus var. sub-carinata n. Java; **Bullen** 1904 Pr. mal. Soc. VI p. 109 t. 6 f. 6; — weyersi n. Borneo; **Dautzenberg** 1904 Ann. Soc. mal. Belgique v. 38 p. 4, Textfig.

Armandiella nom. nov. für Armandia Ancey (präoccupirt bei den Lepidop-teren); **Ancey** 1901 J. C. p. 144.

Ashmunella (Pilsbry & Cockerell). — Eine Aufzählung der Arten und Varietäten gibt **Ancey** 1901 J. Mal. VIII p. 73 (mit anatomischen Notizen von **Murdoch**). — Notizen über die Gattung geben **Cockerell & Cooper** 1902 Nautil. XV p. 109; — ashmuni Dall zuerst abgeb. bei **Dall** 1902 Pr. U. S. Nat. Mus. XXIV t. 38 f. 4, 6; — rhyssa Dall desgl. t. 27 f. 11, 14; — pseudodonta Dall desgl. t. 27 f. 135, t. 28 f. 4; — walkeri n. Neu Mexiko; **Ferriss** 1904 v. 18 p. 53; — townsendi n. ibid.; **Bartsch** 1904 Smiths. Coll. v. 47 p. 13.

Beddomea (Nevill). — **Pilsbry** 1901 Pr. mal. Soc. IV p. 158 pl. 16 gibt die Anatomie der Gattung; sie gehört mit Amphidromus zu den Helicidae epi-phallogona neben Camaena und Chloritis.

Campylaea (Beck) kiralikoeica Kim. zuerst abgeb. bei **Kobelt** Icon. IX no. 1618, 1619; — crombezi Loc. desgl. no. 1621; — apfelbecki n. Herzegowina; **Sturany** 1901 Ann. Wien Hofm. p. 65 (Icon. no. 1752); — peutheri n. ibid., id. p. 66 Ic. 1753; — insolita var. lagostana n. Lagosta, Dalmatien; id. p. 68 Text-fig. 1; — (Dinarica) montenegrina var. wohlberedti n. Montenegro; **Kobelt** Icon. IX no. 1698—1700; — var. albanica n. Grec, Albanien; id. p. 69 no. 1717; — wiedermayeri n. Kartitschthal bei Lienz; id. X p. 4 no. 1751; — cingulina var. hians n. Seealpen bei Mentone; **Westerlund** 1902 Nachrbl. p. 23; — argentellei var. conviva n. Berg Chelmos, Arkadien; id. p. 23; — conemenosi var. acar-nanica f. elaphia n. Akarnanien; id. p. 24.

Botteria n. subg. Campylaeae für C. setosa Zgl.; — Cattania n. subg. für C. trizona; — Drobacia n. subg. für C. banatica; — Kosicia n. subg. für C. intermedia; — Sabljaria n. subg. für C. stenomphala Mke.; — Vidovicia n. subg. für C. lacticina Zgl.; **Brusina** 1904 Nachrbl. p. 162.

Cristigibba (Tapp. Can.) wahnesi u. Neu Mecklenburg; **Fulton** 1902 Ann. N. H. IX p. 315; — albopicta n. Halmahera; Sykes 1903 J. Mal. X p. 64 t. 6 — gebiensis n. Gebi Insel; **Sykes** 1904 J. Mal. XI p. 88 t. 9 f. 7, 8; — fruh-storferi n. Obi; id. p. 89 t. 9 f. 9, 11.

Draparnaudia (Montr.) crossei n. Neu Caledonien; **Pilsbry** 1901 Manual vol. 14 p. 17 t. 3 f. 10, 11; — lifuana n. Lifu; id. p. 17 t. 3 f. 7—9, 12—15; — walkeri n. Neue Hebriden; **Sykes** 1902 Pr. mal. Soc. V p. 197 Textfig.; — gassiesi nom. nov. für Bulimus turgidulus Gassies nec Desh.; **Pilsbry** 1902 Manual, Index p. LXXI.

Epiphragmophora (Doering) stella var. centralis n. Südamerika; **Ancey** 1901 Naturaliste p. 83; — dormeri n. Paraguay; **Gude** 1901 Pr. Mal. VIII p. 15

Textfig. 1—3. — orophila n. Bolivia; **Ancey** 1903 Naut. XVII p. 80; — exarata var. rubicunda n. Kalifornien; **Rowell** 1902 Naut. XVI p. 52.

Fruticicola (Held) dacica n. Ungarn; **Lajos** 1904 Ann. Mus. Hung. II p. 294.

Glyptostoma (Carpent.) newberryanum var. depressum n. Vereinigte Staaten; **Bryant** 1902 Naut. XVI p. 70.

Helicophanta (Beck) alayeriana n. Madagaskar; **Ancey** 1902 Nautilus XVI p. 66.

Helix (s. str.) fathallae (Pomatia) n. Akbes, Syrien; **Naegele** 1901 Nachrbl. p 20 (cfr. **Kobelt,** Icon. no. 1640); — (Levantina) praecellens n. Nordsyrien; id. p. 21 (cfr. **Kobelt,** Icon. no. 1636); — (Macularia) grossularia Mrts., zuerst abgeb. Icon. no. 1671; — (Pom.) oestreichi Icon. no. 1674; — (Levantina) naegelei Kob. Icon. no. 1675, 1676; — (Pom.) salomonica Naeg. no. 1614; — (Eremia) zitteli Bttg. abgeb. bei **Kobelt** Ic. IX no. 1624 u. M. Ch. t. 145 f. 1—3; — (Levantina) mardinensis Kob. desgl. Ic. 1629, 1630; — (Pomatia) ligata amandolae n. Abruzzen; id. X p. 6 no. 1754; — (Tachea) triangula Naegele abgeb. no. 1757; — (Iberus) gauri n. Mte. Santangelo; id. p. 9 no. 1758; — (Codringtonia) acarnanica n. Akarnanien; id. p. 10 no. 1759; M. Ch. t. 310 f. 1, 2; — (C.) arcadica n. Arkadien; id. p. 10 no. 1760; M. Ch. t. 309 f. 7, 8, t. 311 f. 1, 2; — (C.) cyllenica n. Rolle mss., Cyllene; id. p. 11 no. 1761; M. Ch. t. 310 f. 5, 6; — (Iberus) potentiae n. Basilicata; id. p. 13 no. 1764; — (I.) basilicatae n. ibid., id. p. 14 no. 1765; — (I.) wullei n. Mte. Postiglione; id. p. 14 no. 1766— 1768; — (Pomatia) dorylaeensis n. Naegele mss., Eski Schehir; id. p. 15 no. 1769; — (Macularia) riffensis Pallary abgeb. no. 1822, 23; — (M.) jourdaniana var. subseguyana n., var. lellae n. u. var. tafnensis n. Westalgerien; Ic. p. 42 no. 1829—1833; — (Iberus) surrentinus vallicola n. Selethal, Prov. Salerno; id. p. 43 no. 1837—1840; — var. picentinus n. Campagna; id. p. 44 no. 1841; — var. corvinus n. Mte. Corvino; id. p. 45 no. 1842; — var. irpinus n. Giffone; id. p. 45 no. 1843; — var. planicola n. Piano di Sorrento; id. p. 46 no. 1844, 1845 — var. alticola n. Höhe über Sorrent; id. p. 46 no. 1846—48 (diese Formen auch in Ann. mus. zool. Napoli N. Ser. 1903 vol. 1 no. 5, mit Holzschnitten); — var. meridionalis n. Scilla, Calabrien; id. p. 47 no. 1849, 1850; — (Tachea) heckeri n. Albufera di Valencia, subfossil; id. p. 60 no. 1890; — (T.) sylvatica var. pedemontana n. ligurische Alpen; id. p. 61 no. 1891—1893; — (Iberus) circeja n. Mte. Circejo; id. p. 62 no. 1894, 1895; — (I.) melii n. ibid., id. p. 63 uo. 1896; — (Macularia) punctata var. maurula n. Prov. Oran; id. p. 63 no. 1897; — (M.) dupotetiana var. scissilabrum n. ibid., Icon. no. 1899—1900; var. microstoma n. ibid., Ic. no. 1901, 1902; — (M.) alabastrites var. subvanvinquiae Pall. mss., ibid., id. p. 66 no. 1910, 1911; — hieroglyphicula var. compacta n. ibid, id. p. 66 no. 1912; — (P.) radiosa var. angustefasciata n. Constantinopel; id. p. 68 no. 1914; — (Pom.) salisi Mab. abg. no. 1915; — (P) pomacella attalus Brussa; id. p. 70 no. 1917; — (Iberus) companyoi var. praeconica n. Nordspanien; **Westerlund** 1902 Nachrbl. p. 38; — (Pomatia) patruelis n. Epirus; id. p. 39; — (Tacheocampylaea) raspailii var. pollonerae n. Corsika (= Rossm. Iconogr. fig. 305); **Caziot** 1903 (1) p, 119; var. solida n. ibid., id. p. 120; — (T.) brocardi var. fasciata n. ibid., id. p. 124; — (T.) marchii n. ibid., id. p. 128 t. 2 f. 1; — (T.) cyrniaca var. tachigyra Westerl. = montigena Hagenmull.; id. p. 136; — (T.) venacensis n. Pollonera mss., ibid., id. p. 142 t. 1 fig. 2; — (Macularia) bonifaciensis nom. nov. für jaspidea Moq. Tandon nec Pfr., ibid., id. p. 231; var. pseudohospitans n. ibid., id. p. 224; var. hospes n. ibid., id. p. 225; — (M.) halmyris var. sardica n. Fra Piero mss., ibid., id. p. 230; var. conoidea n. ibid., id. p. 231; — (M.) pseudohalmyris n. ibid., id. p. 231 t. 1 f. 6; — (Macularia) vermiculata var. vilossarum n. Catalonien; Caziot 1904 (6) p. 3; — (M.) niciensis var. perforata n., var. minor n., var. subdepressa grandis n. und var. subdepressa major n., Umgebung von Nizza; id. in Feuille jeunes Natur. 1904 (?) p. 35

Labyrinthus (Beck) baeri n. Huallaga, Peru; Dautzenberg 1901 J. C. p. 306 t. 9 f. 1—3; — haeri var. diminuta n. Perime, Peru; Gude 1902 Pr. mal. Soc. V p. 262 t. 7 f. 1—4; — columbiensis n. Sierra Sta. Marta; da Costa 1901 Ann. N. H. VII p. 8 Textfig.

Leucochroa (Beck) insularis Bttg. abgebildet bei Kobelt Icon. X no. 1922, 1923; — liedtkei n. Ain Sefra, Oase Tiut; id. p. 72 no. 1924; — rugosa n. Pallary mss. Traras, Oran; id. p. 73 no. 1925.

Papuina (Marts.) groulti n. Insel Obi; Dautzenberg 1902 Naturaliste p. 247, Textfig.; — lanceolata var. unicolor n. Insel Obi; Moellendorff 1902 Nachrbl. p. 191; — rhynchostoma var. obiana n. ibid., id. p 191; — pseudosatsuma n. ibid., id. p 192; — trochiformis n. Insel Mafor, Holl. Neu Guinea; Preston 1902 Pr. mal. Soc. V p. 18, Textfig. II; — phaeostoma var. raremaculata n., var. fulgurata n. und var. densepicta n., Neu Mecklenburg; Rolle 1902 Nachrbl. p. 212; — densestriata n. Neu Mecklenburg; Fulton 1902 Ann. N. H. IX p. 316; — humilis n. ibid., id. p. 317; — jucunda n. Deutsch Neu Guinea; id. p. 317; — snadica n. Neu Mecklenburg; id. p. 318; — gemina n. Britisch Neu Guinea; Fulton 1902 Ann. N. H. IX p 183; — cynthia n. ibid., id. p 183; — callosa n. Halmabera; Sykes 1903 J. Mal. X p. 65 t. 6 f. ; — wallaceana n. Waigiu; id. p. 65 t. 6 f. ; — pyrgus n. ibid., id. p. 78 t. 6 f. ; — pseudosatsuma Mlldff. = piliscus Mrts.; Dautzenberg 1903 J. C p. 14; — pseudolanceolata n. (= lanceolata unicolor Mlldff, Obi; id. p. 11; — obiensis Dautz. = piliscus Mrts., id. p. 14; — fallax n, Gebi, Molukken; Fulton 1904 J. Mal. XI p. 53 t. 4 f. 6, 7; — ecolorata n. Batjan; Sykes 1904 J. Mal. XI p. 90 t. 9 f. 2; — semibrunnea n. Gebi; id. p. 90 t. 9 f. 1; — lanceolata var. pulchrizona n. Obi; id. p. 91.

Ohhina (Semper) subgranulata n. Batjan; Sykes 1904 J. Mal. XI p. 89 t. 9 f. 5, 6.

Planispira (Beck) spiriplana n. Insel Obi; Moellendorff 1902 Nachrbl. p. 187; — pruinosa n. ibid., id. p. 188; — liedtkei n. Rolle mss., ibid. id. p. 188; — kendigiana n. Rolle mss., ibid., id. p. 189; — rollei n. ibid., id. p. 189; — semiquadrivolvis n. Ostborneo; Martens 1903 S.-Ber. Ges. Berlin p. 423: buelowi n. Batchian; Rolle 1903 Nachrbl. p. 23; — (Cristigibba) albopicta n. Halmahera, Obi; Sykes 1903 J. Mal. X p. 64, 78 t. 6 f. ; — quadrifasciata var. halmaherica n. Halmahera; Gude 1903 J. Mal. X p. 48 t. 3 f. 2. — (Vulvus n.) endoptycha var. depressa n. Waigiu; Sykes 1904 J. Mal. XI p. 88.

Pleurodonte (Fischer) vacillans n. Jamaica; Vendryes 1902 Naut. XV p. 101 Textf.; — gudeana nom. nov. für Helix neogranadensis Kobelt nec Pfr.; Ancèy 1904 J. Conch. v. 52 p. 297.

Polygyra (Say) alabamensis n. Alabama; Pilsbry 1902 Naut. XVI p. 30; — texasensis n. Texas; id. p. 31; — blandiana n. Missouri; Pilsbry 1903 Pr.

Phil. p. 203 t. 9 f. 11—13; — albolabris var. fuscolabris n. West Arkansas; id. p. 200; — (Stenotrema) barbata n. Alabama; **Clapp** 1904 Nautilus XVIII p. 85.

Rhagada (Albers) woodwardi n. Nordwest Australien; **Fulton** 1902 Pr. mal. Soc. V p. 33, Textf.

Sonorella (Pilsbry) granulatissima n. Arizona; **Pilsbry** 1902 Naut. XVI p. 31; — aschmuni n. Arizona; **Bartsch** 1904 Smiths. Misc. Coll. v. 47 p. 190 t. 31 f. 5; — wolcottiana Bartsch (Pr. biol. Soc. Wash. 1903 XVI p. 103, (ex errore walcottiana) abgeb. ibid. t. 31 f. 4; — indioensis Yates desgl. t. 33 f. 1; — hachitana Dall desgl. t. 31 f. 2; — nelsoni n. Chihuahua, Mexiko; id. p. 191 t. 31 f. 3; — goldmanni n. ibid., id. p. 192 t. 32 f. 6; — merrilli n. St. Quentin, Niederkalifornien; id. p. 192 t. 32 f. 5; — granulatissima Pilsbry abgeb. ibid. t. 32 f. 4; — dalli n. Arizona; id. p. 193 t. 31 f. 1; — mearnsi n. Sonora; id. p. 194 t. 32 f. 2; — bailieyi n. Inyo Cty., Kalifornien; id. p. 195 t. 33 f. 4, mit var. orcutti p. 196 t. 33 f. 5; — fisheri n. ibid., id. p. 197 t. 33 f. 3; mit var. lioderma Psbry. p. 198; — lioderma n. Unter Kalifornien; **Pilsbry** 1904 Nautilus 1904 XVIII p. 59.

Bartsch 1904 l. c. unterscheidet nach dem Embryonalende vier Gruppen, die sich um S. wolcottiana, hachitana, magdalensis und fisheri gruppiren. Die Embryonalendungen von 1, 2, 4 sind in riesiger Vergrösserung abgebildet.

Thersites (Pfr.) beddomei Braz. = bellendenkerensis Braz. var.; **Fulton** 1904 J. Mal. XI p. 1; — challisi Cox, appendiculata Pfr., thatcheri Cox, hanni Braz., hilli Braz., johnstonei Braz., bayensis Braz., praetermissa Cox, yepponensis Bedd. sämmtlich Varietäten von incei Pfr.; **Fulton** ibid. p. 2; — seminigra Morelet, parsoni Cox, aureedensis Braz. Varietäten von lessoni Pfr.; id. p. 3 & 4; var. rufa n. Queensland; abgeb. t. 1 f. 4; — bala Braz. = curtisiana Pfr., id. p. 4; rainbirdi Cox = yulei Fbs., id. p. 4; — moresbyi Angas = rockhamptonensis Cox; id. p. 6; — mourilyana Braz. = whartoni Cox; id. p. 6; — tomsoni Braz. = cookensis Braz., id. p. 7; — mulgravensis Braz. mit var. palmensis Braz., abgeb. ibid. t. 1 f. 1, t. 1 f. 5, 6; var. meridionalis n. f. 7, 8; — concors n. Gayudah, Queensland (parsoni Pilsbry nec Cox); id. p. 8 t. 1 f. 3; — etheridgei Braz. abgeb. ibid. t. 1 f. 2.

Trochula (Schlüter) conica var. chiai n. Gerona; **Caziot** 1904 (6) p. 5; var. depressa n. Barcelona, id. p. 6; var. tuberculata n. ibid., id. p. 6.

- Vulnus n. sect. Planispirae, Typus Pl. endoptycha Marts.; **Sykes** 1904 J. Mal. XI p. 88.

Westerlundia n. subg. Fruticicolae (= Latona Westerl.); **Kobelt** 1904 Icon. XI p. 131, 181.

Xanthomelon (Albers) bednalli n. Central-Australien; **Ponsonby** 1904 Pr. mal. Soc. VI p. 182, Textfig.

Xerophila (Held) daurae n. Marocco; **Pallary** 1901 J. C. p. 226; — vaucheri n. Südmarocco; id. p. 227; — vigiliana n. Mte. Vigilio, Abbruzzen; **Kobelt** 1901 Nachrbl. p. 186; — (Jacosta) subsuta Mrts. abgeb. bei **Kobelt** Icon. IX no. 1673; — luteata var. galestoma n. Albarracin Spanien; **Westerlund** 1902 Nachrbl. p. 24; — deplanata n. Avignon; id. p. 24; — opalina n. Polle de Rodana, Spanien; id. p. 25; — karagolica n. Smyrna; id. p. 25; — dautei var. resoluta n. Auvergne; id. p. 26; — omala n. Patras, Griechenland; id. p. 26; — strenua n., Sevilla; id. p. 35; — variegata var. infans n. Griechenland, Smyrna; id. p. 36; — janinensis n. Janina, Epirus; id. p. 36; — petasia n. Nordspanien; id. p. 37; — (Jacosta) ledereri var.

colona n. Messina; id. p. 38; — (Turricula) vernicata n. Smyrna; id. p. 38; — syrensis var. exserta Marts. = eminens Westerl.; id. p. 20; — (Theba) ischnia n. Mabille mss., Corsica; **Caziot** 1903 (1) p. 93; — (Th.) abebaia n. Mab. mss., ibid., id p. 99; — (Th.) ousterea n. Mab. mss., ibid., id. p. 103; — (Th) monerebia n. Mab. mss., ibid. id. p. 103; — (Th.) godeffroyi n. Mab. mss., id. p. 104; — (Th.) euclastolena n. Mab. mss, ibid., id. p. 103; — (Th.) thomasinae n. ibid., id. p. 103 t. 1 fig. 3; — (Th.) bastitensis n. ibid., id. p. 105 t. 1 f. 2; — (Th.) guitoni n. ibid., id. p. 106 t. 1 fig. 1; — (Xer.) venacensis n. Pollonera mss., ibid., id. p. 142; — calceola nom. nov. für calculina Locard nec Pfr., id. p. 162; — submendranoi n. ibid., id. p. 167, — pila nom. nov. für pilula Locard non Pfeiffer neque Mousson; id. p. 172; — albovariegata n. mit var. menzaensis n. ibid., id. p. 174; — scita n. ibid.. id. p. 178 t. 2 f. 3; — tartaginiana n. ibid., id. p. 182 t. 1 f. 7; — erratica var. cenestina n., var. tandoni n., var. roberti n., var. quittoni n. ibid., id. p. 199; — duminyi n. ibid., id. p. 200; — restonicana n. ibid., id. p. 202, var. gracilis n. p. 203; — fertoni n. ibid., id. p. 204 t. 1 f. 8 var. unicolor n. p. 204; — falcuccii n. ibid. p. 207 t. 2 fig. 4; — zuluetai n. Vilossar de Mar, Barcelona; **Caziot** 1904 p. 6 Textfig. 1; — paoliana n. Corsika; **Caziot** 1904 (5) p. 35 Textfig. A; — mauryi n. ibid., id. p. 36, Textfig. B; — mantinica var. moitaënsis n. ibid , id. p. 37; — albovariegata und var. manzaensis abgeb. ibid. Textfig. C, D; — adelpha n. Ungarisches Litorale; **Lajos** 1904 Ann. Mus. Hung. II p. 293.

Eulotidae.

Aegista (Alb.) aperta var. cavata n. Tomisato, Japan; **Pilsbry** 1901 Pr. Phil. p. 564; var. trachyderma n. Pilsbry & Gude mss., Prov. Kii; id. p. 614; — mimuloides n. Omi, Japan; **Gude** 1901 Pr. Phil. p. 617; — friedeliana var. tumida n. Gozo, Yamato; id. 1901 Pr. mal Soc. IV p. 195; — ? intonsa n. Japan; **Pilsbry & Hirase** 1902 Naut. XVI p. 77; — minima n. ibid, iid. p. 45; — omma n. Liukius; **Pilsbry & Hirase** 1904 Pr. Phil. p. 625; — friedeliana var. humerosa n. (= goniosoma olim) iid. p. 625; — kobensis n. Japan; **Pilsbry & Hirase** 1903 Naut. XVII p. 105; — discus n. ibid.; iid. p. 105; — friedeliana var. peraperta n. ibid., iid. p. 45.

Acusta (Albers) despecta var. ikiensis n. Iki, Japan; **Pilsbry & Hirase** 1904 Pr. Phil. p. 627; var. praetenuis n. ibid., iid. p. 627.

Albersia (H. Ad.) subsphaerica n, Gebi, Molukken; **Fulton** 1904 J. Mal. XI p. 54 t. 4 f. 8, 9; — waigiuensis n. Waigiu; **Sykes** 1904 J. Mal. XI p. 88 t. 9 f. 6; — obiana n. Rolle mss., Obc.; **Moellendorff** 1902 Nachrbl. p. 191.

Camaena (Albers) xanthoderma var. ingens n. Mansongebirge, Tongking; **Moellendorff** 1901 Nachrbl. p. 74.

Cathaica (Mlldff.) retteri var. serotina n. Turkestan; **Westerlund** Nachrbl. 1902 p. 20; — (Euc.) sturanyi n. Rolle mss., Osh, Fergana; **Gude** 1904 J. Mal. XI p. 93; — (Campylocath.) hermanni n. Mlldff. mss.; id. p. 93.

Chloritis (Beck) athrix n. Mansongebirge, Tongking; **Moellendorff** 1901 Nachrbl. p. 73; — insularis n. Isle de Merveilles, ibid., id. p. 113; — eucharistus n. Oshima; **Pilsbry** 1901 Pr. Phil. p. 347; — hirasei n. Prov. Kii, id. p. 565; — (Trichochloritis) pumila n. Suruga; **Gude** 1901 Pr. Phil. p. 617; — (Sulcobasis) prestoni n. Neu-Guinea; **Gude** 1902 J. Mal. XI p. 59 Textfig. 1—4; — siamensis n. Kanburi, Siam; **Moellendorff** 1902 Nachrbl. v. 34 p. 156; — kuchnii

n. Rolle mss. Buru; **Moellendorff** 1902 Nachrbl. v. 34 p. 198; — (Ptychochloritis n.) buruana n. Rolle mss, Buru; id. p. 199; — (Pt.) mirabilis n. Rolle mss., Buru; id. p. 199; — (Albersia) obiana n. Rolle mss., Obi, id. p. 191; — (Sulcobasis) globosa n. Nordküste von Britisch Neu-Guinea; **Preston** 1902 Pr. mal. Soc. V p. 17 Textfig 2; — (S) stirophora var. collingwoodi n. Collingwood Bay, ibid.; id. p. 17 Textfig. 5; — (Austrochloritis) maforinsulae n. Mafor, Holländisch Neu-Guinea; id. p. 18 Textfig. 3; — multisetosa n. Neu-Mecklenburg; **Fulton** 1902 Ann. N. H. IX p. 315; — tenebrica n. ibid, id. p. 316; — perpunctatus n. Japan; **Pilsbry** 1902 Naut. XV p. 116; — bracteatus n. ibid., id. Naut. XVI p. 21; — albolabris n. Japan; **Pilsbry & Hirase** 1902 Naut. XVI p. 76; — romaënsis n Insel Roma; **Moellendorff** 1903 Nachrbl. v. 35 p. 156; — echizenensis n. Japan; **Pilsbry & Hirase** 1903 Naut. XVI p. 116; — tosanus n. ibid.; iid. p. 134 & XVII p. 31; — (Trichochloritis) tabularis n. Sumatra; **Gude** 1903 in: J. Mal. X p. 48 t. 3 f. 5; — unguiculina Marts. und albodentata Smith abgeb. ibid. t. 3; — toramis n. Japan; **Pilsbry & Hirase** 1903 Naut. XVII p. 31; — obscurus n. Osumi; **Pilsbry & Hirase** 1904 Pr. Philad. p. 638 Textf.; — tosanus var. osumiensis n., ibid., iid. p. 629; — brachystoma n. Ost-Borneo; **Martens** 1903 SB. Ges. Berlin p. 422.

Dolicheulota n. subg. Eulotae, **Pilsbry** 1901 Man. p. 18 (Shell umbilicate, solid, Bulimus shaped, having the sculpture and colour-pattern; aperture ovate, longer than wide, the peristome reflexed) Typus Bul. formosensis Pfr.

Eulotella (Pilsbry) commoda var. izuënsis n. Japan; **Pilsbry & Hirase** 1903 Naut. XVII p. 105.

Eulota (Hartm.) jourdyi (Eulotella) subsp. monticola n., Mansongebirge, Tongking; **Moellendorff** 1901 Nachrbl. p. 74; —fruticum var. asiatica n. Ostsibirien, **Dybowski** 1901 Nachrbl. p 131; — gerstfeldi n. Amurland; id. p. 137 Textfig.; — succincta var. amblytropis n. Liukiu; **Pilsbry** 1901 Pr. Phil. p. 193; — sargentiana n. Japan; id. p 193; — (Coelurus) caviconus n. Japan; **Pilsbry** 1902 Naut. XV p. 117; — (C.) cavitectum n. ibid.; **Pilsbry & Hirase** 1904 Naut. XVI p. 134; — callizona var. montivaga n. Tosa; **Pilsbry & Hirase** 1904 Pr. Phil. p. 626; — nioyaka n. ibid., iid. p. 627; — luhuana var. yakoshimana n. Japan; **Pilsbry & Hirase** 1903 Naut. XVII p. 78; — globosa n. Japan; **Jones & Preston** 1904 Pr. mal. Soc. VI p. 140.

Euhadra (Pilsbry) pseudopapuina n. Mansongebirge, Tongking; **Moellendorff** 1901 Nachrbl. p 74; — oshimae n Oshima; **Pilsbry** 1901 Pr. Phil. p. 346; — mercatoria var. daemonorum n. Osumi, Japan; id. p. 545; — luhuana var. pachya n. und var. nesiotica n. Osumi; id. p 614; — anceyi nom. nov. für Eu. pseudocampylaea Ancey nec Mlldff.; **Gude** 1902 J. Mal. IX p. 8; — gereti n. Japan; **Gude** Ann. N. H. X p. 332; — grata var. zonata n., Prov. Uzen, Japan; **Gude** 1901 Pr. mal. Soc. IV p. 196; — sadoensis n. Japan; **Pilsbry & Hirase** 1903 Naut. XVI p. 115; — euterpe n. ibid., iid. XVII p. 45; — okinerabuensis n. Osumi, Japan; **Pilsbry & Hirase** 1904 p. 626; — euterpe n. Japan; iid. 1903 Naut. XVII p. 44; — quaesita var. decorata n. ibid., iid. p. 52; — connivens var. diversa n. ibid., iid. p. 53; — submandarina var. migakejimana n. ibid., iid. p 53; var. niijimana n. ibid., iid. p. 53.

Helicostyla fasciata nom. nov. für Bulimus effusus Pfr. nec Brug.; **Pilsbry** 1902 Manual Index p. LXXI.

Moellendorffia (Ancey) spurca subsp. deflexa n. Mansongebirge, Tongking; **Moellendorff** 1901 Nachrbl. p. 74.

Satsuma (Adams) pulchella n. Mansongebirge, Tongking; **Moellendorff** 1901 Nachrbl. p. 72; — eximia n. ibid., id. p. 72; — concavospira n. ibid., id. p. 73; — straminea n. ibid., id. p. 73; — oxytropis n. Kebao. ibid.; id. p. 114; — platyconus n. ibid.; id. p 114; — fausta (Ganesella) n. Suruga, Japan; **Pilsbry** 1901 Pr. Phil. p. 546; — adelinae n. Oshima; id. p. 546; — tanegashima var. dulcis n. ibid., id. p. 565; — selasia n. Prov. Kii; id. p. 566; — cristata n. ibid., id. p. 566; — japonica var. granulosa n. und var. carinata n. Prov. Omi; id. p. 567; — (Ganesella) procera n. Tonking; **Gude** 1902 Ann. N. H. X. p. 3?3; abgeb. Pr. mal. Soc. V t 7 f. 21—24; — (Coliolus) weiskei n. Britisch Neu-Guinea; **Fulton** 1902 Ann. N. H. IX p. 184; — (G.) sororcula n. Japan; **Pilsbry** 1902 Naut XV p 116; — optima n. ibid., id. p. 116; — notoënsis n. Japan; **Pilsbry & Hirase** 1903 Naut. XVI p. 116; — moellendorffiana n. ibid., iid XVII p. 78; — (Gan.) tokunoshimana n. Osumi, Japan; **Pilsbry & Hirase** 1904 Pr. Phil. p. 629; — myomphala var. okinosbumana n. ibid., iid. p. 630; — selasia var. textilis n. Tosa; iid. p. 630; var. zonata n. ibid., iid. p. 630.

Trisboplita (Jacobi) dacostae var. awajensis n. Awaji, Japan; **Pilsbry** 1901 p. 403; — goodwini var. strigata n., Hizen, Kiusiu; id. p. 403; — hilgendorfi var. tenuis n. Omi; id. p. 547; — collinsoni var. okinoshimae n. Okinoshima, Tosa; id. p. 547; — hilgendorffi var. ohikubushimae n, Biwasee; id. p. 564; — tosana var. anozona n. Mino; id. p. 565; — cretacea var. decussata n. Liukiu Inseln; **Gude** 1901 p. 194 t. 21 f. 7—9; var. bipartita Psbry. ibid., id. p. 194; — tosana Gude zuerst abgebildet ibid. t. 21 f. 1—3; — dacostae Gude desgl. t. 21 f. 4—6; — goodwini var. carinata n. ibid., id. p. 194; — nitens n. Osumi, Japan; **Pilsbry & Hirase** 1904 Pr. Phil. p. 628; — minima n. Japan; **Pilsbry & Hirase** 1903 Naut. XVII p. 106.

Plectotropis (Marts) shikokuënsis n. Yoshida, Japan; **Pilsbry** 1901 Pr. Phil. p. 545; — omiensis n. Omi; id. p. 545; — pannosa n. Uzen, ibid.; id. p. 563: — deflexa n. Prov. Uyo; id. p. 563; — conica Gude zuerst abgebildet bei **Gude** 1901 Pr. mal Soc. IV t 21 f. 13—15; — kiusinensis Pilsbry desgl. t. 21 f. 10—12; — hachyoënsis n. Japan; **Pilsbry** 1902 Naut. XVI p. 45; — diplogramme n. Siam; **Moellendorff** 1902 Nachrbl. v. 34 p. 158; — marginata n. Japan; **Pilsbry & Hirase** 1903 Naut. XVII p. 44; — conomphala n. ibid., iid. p. 45; — omiensis var ecbizensis n. ibid., iid. p. 76; — kobensis var. gotoensis iid., ibid. p. 76.

Plectopylidae.

Plectopylis (Benson) dautzenbergi n. Tonking; **Gude** 1901 J. de C. p. 198 t. 6 f. 1, Textfig. 1; — bavayi n. ibid., id. p. 200 t. 6 f. 2, Textfig. 2; — tenuis n. ibid, id. p. 202 t. 6 f. 3. Textfig. 3; — fischeri n. ibid., id. p. 204 t. 6 f. 4, Textfig. 4; — emigrans **Moellendorff** 1901 Nachrbl. p. 75 abgeb. t. 6 f. 5, Textfig. 5; — anceyi n. ibid., id. p. 208 t. 6 f. 6, Textfig. 6; — persimilis n. ibid., id. p. 209 t. 6 f. 7; — (Endoplon) choanomphala n. Tbamnoi, Tongking; **Moellendorff** 1901 Nachrbl. p. 75; — (Sinicola) emigrans n. ibid., id. p. 75; — (Sinicola) fruhstorferi n. Tongking; id. p. 114; — (Endoplon) hirsuta n. Insel Bahmun, ibid., id. p. 115; — lepida Gude zuerst abgeb. bei **Gude** 1901 J. Mal. VIII p. 49 Textfig. 4; — plectostoma var. exserta n. Khasi Hills; id. p. 49 Textfig. 5; —

pilsbryana nom nov. für villedaryi Psbry & Gude nec Ancey; **Gude** 1901 J. Mal. VIII p. 110; — hirsuta Mlldff. abgeb. ibid. p. 111 Textfig.; — fruhstorferi Mlldff. p. 113 Textfig. 2; — (Endoplon) moellendorffi n. Tongking; id, p. 115 Textfig. 4; — choanomphala Mlldff. = villedaryi Ancey; id. p. 116. — (Sinicola) hirasei n. Liu-kiu-Inseln; **Pilsbry** 1904 Nautilus XVIII p. 58.

Bulimidae.

Bulimus (Scopoli)? illustris n. Huancabamba, Peru; **Rolle** 1904 Nachrbl. p. 36 t. 5 f. 3.

Placostylus (Beck) porphyrochila (Leucocharis) n. Noumea; **Dautzenberg & Bernier** 1901 J. C. p. 215 t. 7 f. 5, 6; — porphyrostomus abnorm abg. bei **Dautzenberg** 1901 J. C. p. 217 t. 7 f. 7; — fibratus var. insignis monstr. desgl. t. 7 f. 8; — porphyrochila var. rubicunda n. Houailu; **Dautzenberg** 1901 J. C. p. 301 t. 8 f. 6; — houailouënsis n. ibid.. id. p. 301 t. 8 f. 4, 5.

Porphyrobaphe (Shuttl.) grandis n. unsicheren Fundortes; **Rolle** 1902 Nachrbl. p. 211; — sarcostoma n., Columbia?; **Ancey** 1903 Nautilus XVII p. 83 (= yatesi Pfr., id. ibid. p. 104).

Achatinidae.

Achatina (Lam.) marteli n. Kongostaat; **Dautzenberg** 1901 Ann. Soc. Belg. v. 36 p. 3 t. 1 f. 1, 2; — macbachensis n. Basutoland; **Smith** 1902 Pr. mal. Soc. V p. 169 Textf. — parthenia n. Südafrika; **Melvill & Ponsonby** 1903 Ann. N. H. XII t. 32 f. 10; — lhotellerii Bourg. var., Oukoueré, abgeb. bei **Ancey** 1902 J. C. v. 50 p. 274 Textfig. 1; — mariei Ancey desgl. p. 275, Textfig. 2; — fulminatrix Marts. p. 276 Textf. 3; — craveni Smith p. 277 Textfig. 5; — fragilis Smith p. 278 Textf. 6; — albopicta Smith p. 279, Textf.; — bisculpta Smith p. 280, Textfig.

Pilsbry 1904 beginnt im vol. 17 der zweiten Serie von Tryons Manual die Bearbeitung der Achatinidae. Wir berichten darüber im Zusammenhang im Jahresbericht für 1905.

Limicolaria (Schum.) keniana n. Berg Kenia; **Smith** 1903 J. C. Leeds X p. 318 t. 4 f. 17; — dohertyi n. Uganda; id. 1901 J. Mal. VIII p. 95 Textfig. 4; — joubini n. Kongo; **Rochebrune & Germain** 1904 in Bull. Mus. Paris v. 10 p. 142.

Pseudachatina (Albers) perelongata n. Kamerun; **Rolle** 1902 Nachrbl. p. 211; — daillyana n. Kamerun; **Pilsbry** 1904 in Tryon, Manual v. 16 p. 214.

Bulimulidae.

Bulimulus (Leach) jousseaumi (Drymaeus) n. Huallaga, Peru; **Dautzenberg** 1901 J. C. p. 308 t. 9 f. 3, 4; — scoliodes n. ibid., id. p. 309 t. 9 f. 6, 7; — (Ataxus) huayaboënsis n. Huayabo, Peru; id. p. 311 t. 9 f. 8, mit var. attenuata n. f. 11, und var. rudis n. f. 10; — (Dryptus) filocinctus n. Peru; **Rolle** 1901 Nachrbl. p. 93; — icterostomus n. Urubambathal Peru; **Martens** 1901 Nachrbl. p. 149; — luteolus n. Südamerika; **Ancey** 1901 Natural. p. 83; — turritella var. pliculosa n. ibid., id. p. 93; — (Rhinus) argenteus n. ibid., id. p. 92; — (Drymaeus) gereti n. ibid., id. p. 93; — (Scutalus) steeri Psbry. abgeb. ibid. t. 18 f. 50—52; — dentaxis n. Peru; id. p. 143 t. 25 f. 16, 17; — stilbe n. Saõ Paulo;

id. p. 145 t. 25 f. 18; — haematospira Psbry. abgeb. t. 25 f. 19—21; — hoodensis n. Galapagos; **Dall** 1900 Pr. Phil. p. t. 8 f. 1; — laxostylus n. Huancabamba; **Rolle** 1904 Nachrbl. p. 37 t. 5 f. 4; — pergracilis n. ibid., id. p. 37 t. 5 f. 5; — compactus n. Bolivia; **Fulton** 1902 Ann. nat. Hist. IX p. 69; — bonneti n. Bolivia; **Ancey** 1902 J. Conch. v. 50 p. 40 Textfig.; — ephippium n. Brasilien; **Ancey** 1904 Nautilus vol. 17 p. 21; — goniotropis n. ibid., id. p. 22.

Corona (Albers) pfeifferi var. gracilis n. Südost-Columbien; **Smith** 1902 Pr. mal. Soc. V p. 170, Textfig.

Drymaeus (Albers) cognatus n. Bogota, Columbia; **Pilsbry** 1901 Manual p. 155 t. 23 f. 3—7; — succinea n. Amazonasthal, id. p. 160 t. 26 f. 38; — sanctae-marthae n. Sierra Santa Martha; id. p. 161 t 48 f. 49, 50; — roseatus var. montanus n. ibid, id. p. 161 t. 48 f. 51; — expansus var. perenensis n. Tarapoto, Peru; **da Costa** 1901 Pr. Mal. Soc. IV p. 239 t. 24 f. 5; — subventricosus n. Bogota, id. p 239 t. 24 f. 4; — exoticus n. Oberer Magdalenas; id. p. 239 t. 24 f. 10; — elsteri n. Chachapoyas, Amazonas; id. p. 238 t. 24 f. 6; — obliquistriatus n. San Pablo, Peru; id. p. 157 t. 48 f. 45; — cylindricus n. ibid., id. p. 157 t. 48 f. 46; — chiriquiensis n. Chiriqui, Panama; id. p. 162 t. 48 f. 47; — abruptus n. Huancabamba, Peru; **Rolle** 1904 Nachrbl. p. 35 t. 5 f. 1; — multispira n. Chuco Chaca, Bolivia; **da Costa** 1904 Pr. Mal. Soc. V p. 5 t. 1 f. 4; — nubilus Preston = recluzianus var. martensianus; **Ancey** 1904 Nautilus XVIII p. 22.

Macrodontes (Swains.) paulistus Pilsbry & von Jhering, zuerst abgebildet bei **Pilsbry** 1901 Man. XV t. 13 f. 93, 94; — dautzenbergianus Psbry. desgl. t. 13 f. 95—97; — degeneratus Psbry. desgl. t. 13 f. 98, 99.

Odontostomus (Beck) piriformis n. Argentinien (= doeringii Kobelt 1882 nec 1878); **Pilsbry** 1901 Manual p. 72 t. 12 f. 71, 72; — squarrosus n. Brasilien; **Ancey** 1904 Nautilus XVII p. 103; — glabratus n. Argentinien; id. p. 103; — deraini n. ibid., id. p. 103; — (Moricandia) toleratus n. Brasilien; **Fulton** 1903 J. Mal. v. 10 p. 100.

Peronaeus (Albers) haeri n. Jocos, Peru; **Dautzenberg** 1901 J. C. p. 131, 214 t. 8 f. 3, 4; — jocosensis n. ibid., id. p. 131, 213 t. 8 f. 1, 2.

Oxychonus (Moerch) bifasciatus var. minarum n. Minas Geraes, Brasilien; **Ancey** 1901 Natural. p. 93.

Strophocheilus (Spix) pilsbry Jher. zuerst abgebildet bei **Pilsbry** Manual p. 118 t. 17 f. 46, 47; — milleri var. kronei n. Jhering mss., Saõ Paulo; ibid. p. 118 t. 19 f. 58, 59; var. iguapensis n. ibid., id. p. 119 t. 18 f. 48, 49; — calus n. Brasilien; id. p. 119 t. 18 f. 46, 47; — (Borus) yporanganus n. Jhering & Psbry. mss., Saõ Paulo; id. p. 120 t. 19 f. 56, 57; — (B.) fragilior n. Jhering mss., ibid, id. p. 121 t. 20 f. 60, 61; — (B.) sanctaepauli Jher. & Psbry. abg. t. 20 f 63; — (Thaumastus) granocinctus nom. nov. für filocinctus Rolle nec Reeve; id. p. 126; — (Dryptus) indentatus n. Ecuador; **da Costa** 1901 Pr. mal Soc. p. 239 t. 24 f. 8; — martensianus nom. nov. für Bulimus grandis Marts. nec Deshayes; **Pilsbry** 1902 Manual Index p. LXXI. — (Borus) separabilis n. Peru?; **Fulton** 1903 J. Mal. X p. 100, fig.; — (Eurytus) auriformis n. Columbien; **da Costa** 1904 Pr. mal. Soc. VI p. 5 t. 1 f. 1; — miersi n. Minas Geraës, Brasilien; id. p. 5 t. 1 f. 2; — mabillei Crosse = pulicarius Reeve; **Ancey** 1904 J. Conch. v. 52 p. 300.

Buliminidae.

Buliminus hirasei Pilsbry = reticulatus Rve., der Fundort Guinea für letzteren irrthümlich; Ancey 1901 J. C. p. 138; — (Petraeus) acbensis n. Akbes, Nordsyrien; **Naegele** 1901 Nachrbl. p. 23 (cf. Iconogr. no. 1631); — (P.) eliae n. Cheikle, ibid.; id. p. 23 (cfr. Iconogr. no. 1598); — exquisitus n. Nordsyrien; id. p. 25 (cfr. Iconogr. no. 1627, 1628); — (Sulzebrinus) purus var. sinistrorsa n. Urmia, Persien; id. p. 27 (cfr. Iconogr. no. 1703). — (S.) nipponicus n. Prov. Osumi, Japan; **Moellendorff** 1901 Nachrbl. p. 40; — (Coccoderma) messageri var mansonensis n. Mansongebirge, Annam; id. 1901 Nachrbl. p 76; — (Chondrula) tridens var. tenuilabiata n. Südrussland; **Lindholm** 1901 Nachrbl. p. 172; — (Mirus) cantori var. corneus n. Sytschuan, Westchina; **Moellendorff** 1901 Mus. Petersb p. 316; — (M.) gracilispirus n. ibid., id. p. 317 t. 12 f. 1, 2; — (M.) transiens Ancey abgeb. t 12 f. 5, 6; — (M.) schuensis nom. nov. für B. setschuanensis Heude nec Hilber; p. 323; — (M.) brizoides n. ibid., id p 323 t. 12 f. 7, 8; — (M.) acuminatus n. Gansu; id. p. 323 t. 12 f. 9, 10; — (M.) alboreflexus subsp. nodulatus n. Shensi; id. p. 325 t. 12 f. 11, 12; subsp. striolatus n. Gansu; id. p. 325; subsp. perforatus n. Sytshuan; id. p. 325 t. 12 f. 13, 14; — (M.) pyrinus n. Gansu; id. p. 327 t. 12 f. 17, 18; — (Subzebrinus) postumus subsp. ventricosulus n. Hunan, Hubei; id. p. 329; — (S.) saccatus n. Sytshuan; id. p. 330 t. 12 f. 19, 20; — (S.) davidi subsp. novemgyratus n. ibid, id. p. 334 t 12 f. 21, 22; — (S.) fultoni n. Schm. & Bttg. mss., ibid., id. p. 334 t. 12 f. 23 –25; — (S.) umbilicaris n. ibid., id. p. 335 t. 12 f. 26, 27; — (S.) beresowskii n. ibid., Gansu; id. p. 336 t. 13 f. 1, 2; — (S.) macrostoma n. Gansu; id. p. 336 t. 13 f 3—5; — (S.) substrigatus n. Sytshuan; id. p. 337 t. 13 f. 6, 7; — (S.) ottonis subsp. convexospirus n. ibid., id. p. 338 t. 13 f. 10—12; — (S.) dolichostoma n. Gansu; id. p. 338 t. 13 f. 13, 14; — (S.) bretschneideri n. Sy-tschuan; id. p. 339 t. 13 f. 15—17; — (S.) melinostoma n. Gansu; id. p. 341 t. 13 f. 20 —22; mit subsp. subcylindricus n.; — *(Pupinidius* n.) obrutschewi subsp. eurystoma n. Gansu; id. p. 342 t. 13 f. 23, 24; subsp. contractus n. Gansu; id. p. 343 t. 13 f. 25—27; — (P.) streptaxis n. ibid., id. p. 343 t. 13 f. 28, 29; — (P.) pupinella n. Gansu; id. p 344 t. 14 f. 1—3; subsp. altispirus n. ibid., id. p. 344 t. 14 f. 4, 5; — (P.) pupinidius n ibid.; id p 345 t. 14 f. 6—8; — (P.) gregorii n. Sytshuan; id. p. 345 t. 14 f. 9, 10; — (P.) anocamptus n. Gansu, id. p. 346 t. 14 f. 11, 12; — (P.) nanpingensis n. ibid., id. p. 346 t. 14 f. 13—17; subsp. ambigua n. ibid., id. p. 347 t. 14 f. 18, 19; — (P.) porrectus n. Sytshuan; id. p. 347 t. 14 f. 20—22; — *(Petraeomastus* n.) semifartus n. ibid., id. p. 350 t. 15 f. 1—5; — (P.) mucronatus n. Gansu; id. p. 351 t. 15 f. 9—11; — (P.) breviculus n. ibid., id. p. 351 t. 15 f. 12, 13; subsp. anoconus n. ibid., id. p. 352 t. 15 f. 14, 15; — (P.) xerampelinus subsp. laetus n. (= moellendorffi Gredler nec Hilber), ibid. id. p. 354 t. 15 f. 17; — (P.) platychilus n. ibid., id. p. 354 t. 15 f. 18—20; mit subsp. malleatus n. ibid., id. p. 355; — (P.) oxyconus n. ibid., id. p. 355 t. 15 f. 21, 22; — (Serina) microconus n. ibid., id. p. 357 t. 16 f. 1, 2; — (S.) diplochilus n. ibid, id. p. 358 t. 16 f. 3, 4; — (S.) solutus n. Sytshuan; id. p. 361 t. 16 f. 15 - 18; mit subsp. stenochilus n. ibid. p. 362; — *(Holcauchen* n.) rhabdites subsp. aculus n. Gansu; id. p. 363 t. 16 f. 21, 22; — rhusius n. Sy-tshuan; id. p. 364 t. 16 f. 26, 27; — (H.) clausiliiformis n. ibid., id. p. 364 t. 16 f. 28, 29; — (H.) rhaphis n ibid., id. p. 365 t. 16 f. 30, 31; — (H.) micropeas n. ibid., id. p. 366 t 16 f. 32, 33; — (H.) sulcatus n. Gansu; id. p. 366 t. 16 f. 34—36; — (H.) eutocraspedius n. Sytshuan;

id. p 367 t. 16 f. 37; — (H.) strangulatus n. Gansu; id. p. 367 t. 16 f. 38—40;
— (*Clausiliopsis* n.) phaeoraphe n. Gansu; id. p. 371 t. 17 f. 3—5; — (Cl.) cla-
thratus n. ibid., id. p. 371 t. 17 f. 6—8; — (Cl.) elamellatus n. ibid., id. p. 372
t. 17 f. 9—11; — (Cl.) buechneri n. ibid., id. p. 372 t. 17 f. 11, 13; — (Cl.) kobelti
n. Sytshuan; id. p. 373 t. 17 f. 14, 15; — (Pupopsis) torquilla n. Gansu; id. p. 376
t. 17 f. 19, 20; — (P.) soleniscus n. ibid., id. p. 376 t. 17 f. 21, 22; — (Lophauchen
n.) cristatellus n. Gansu; id. p. 377 t. 17 f. 23—25; — (Coccoderma n.) granifer
n. Sytschuan; id. p. 379; — (Mirus) reinianus var. hokkaidonis n. Hokkaido,
Japan; **Pilsbry** 1901 Pr. Phil. p. 402; — roseni n. Turkestan; **Kobelt** 1901
Mart. Chemn. p. 704 t. 105 f. 7, 8; — schuschaënsis n., Karabagh, Transkaukasien,
id. p. 727 t. 107 f. 9, 10; — (Napaeus) silvestris n. Zentralasien; **Rosen** 1904
Nachrbl. p. 109; — (N.) karagoianus n. ibid., id. p. 109.

Kobelt hat in den Berichtsjahren 1901 u. 1902 die Monographie der Buliminidae zu Ende geführt und im Verein mit **Moellendorff** einen Katalog derselben (Nachrbl. 1903) herausgegeben. — In der Monographie sind zum
erstenmal abgebildet: (Petraeus) exquisitus Naegele t. 104 f. 1—4 (auch Icon. IX.
1627, 1628); — (Ena) andersonianus Mlldff. t. 104 f. 5, 6; — rarus Naegele
(= eliae Naegele nec Kobelt) t. 104 f. 7—9; Ic. 1638; — (Mastus) hispalensis
West. t. 104 f. 10, 11; Ic. 1654; — (Petraeus) naegelei Bttg. t. 104 f. 12—15;
Ic. 1625, 1626; — acbensis Naegele t. 104 f. 16, 17; Ic. 1631; — (Subzebr.)
kasnakowi Westerl. t. 105 f. 3, 4; — (S.) otostomus Westerl. t. 105, f. 5, 6; —
(Chondrulopsis) drymaeus Westerl. t. 105 f. 9—11; — (Mastoides) errans Westerl.
t. 105 f. 12, 13; — (Pseudop.) diplus Westerl. t. 105 f. 17, 18; Ic. 1646; — (Subz.)
warentzowi Rosen t. 105 f. 22, 23; — (Chondrula) pindica Westerl. t. 105 f. 24,
25; Ic. 1632; — (Ch.) munitus Westerl. t. 105 f. 26, 27; Ic. 1633; — (Mastus)
giuricus Westerl. t. 105 f. 28, 29; Ic. 1635; — (Ena) callistoderma Psbry t. 106
f. 4, 5; — (Napaeus) djurdjdurensis Ancey t. 106 f. 10, 11; — (N.) hilberi Gredler
= anceyi Gredl. nec Hilber = postumus Gredl. t. 106 f. 17, 18; — (Mirus)
cantori var. taivanicus Mlldff. t. 107 f. 7, 8; — (Chondrula) libanica Naegele
t. 107 f. 11, 12; — (Ch) limbodentatus var. ajax Westerl. t. 107 f. 15—17; —
var. consobrinus Westerl. t. 107 f. 18, 19; — (Amphiscopus) continens Rosen
t. 107 f. 20, 21; Ic. 1662; — (Ch.) sodalis Westerl. t. 107 f. 22, 23; — (Ch.)
oribatha West. t. 107 f. 24, 25; Ic. 1658; — (Ch.) sexdentatus Naegele t. 107
f. 26, 27; — miser var. misellus Westerl. t. 107 f. 28, 29; Ic. 1660; — (Bre-
phulus) narcissei Galland t. 118 f. 3—5; Ic. 1665; — (Amphiscopus) eudoxinus
Naegele t. 118 f 6, 7; Ic. 1663; — (Medea) raddei var. minor n. p. 807 t. 118
f. 8, 9; — (Petraeus) egregius Naegele mss., p. 808 t. 118 f. 12—14; Icon. 1725;
— (Zebrinus) purus sinistrorsus Naeg. t. 118 f. 15, 16; — (Subzebrinus) nipponensis Mlldff. t. 108 f. 20—22; — (Coccoderma) glandula var. camarota Mlldff.
Java; p. 886 t. 126 f. 19, 20; — (C.) thraustes Mlldff. t. 126 f. 21, 22; — (Ena)
tenggericus Mlldff. t. 126 f. 25, 26; — (Mastus) robustus Naegele t. 12S f. 14, 15;
— (Coccoderma) prillwitzi Mlldff. t. 128 f. 16, 17; — (Pseudonapaeus) scalaris
Naegele t. 128 f. 18, 19; — (Ena) hanleyanus n. Nilgiris; id. p. 931 t. 131, f. 3—5;
— (Serinus) prostomus Ancey t. 131 f. 8—10; — (Subzebrinus) mainwaringianus
n. Nevill mss., id. p. 937 t. 132 f. 1, 2; — (Subg.) kuluensis West-Himalaya; id.
p. 938 t. 132 f. 3, 4; — (S.) taudjanensis n. ibid., id. p. 939 t. 132 f. 5, 6; — (S.)
beddomeanus n. Nev. mss., ibid., id. p. 939 t. 132 f. 15, 16; — (Zebrina) funkei

Bttg. p. 952 t 133 f. 10, 11; — (Ena) krueperi Boettger t. 133 f. 14, 15; — (Ch.) foveicollis Bttg. t. 133 f. 16, 17.

(Mastus) giuricus n. Giura, Sporaden; **Westerlund** 1902 Nachrbl. p. 40; — (Chondr.) limbodentatus var. ajax n. und var. consobrinus n. Cypern; id. p. 41; — sodalis n. ibid. id. p. 42.

Bothriembryon (Pilsbry) martensi n. Neuholland; **Kobelt** 1901 Mart. Ch. p. 764 t. 112 f. 3, 4; — durus n. ?; id. p. 930 t. 131 f. 1, 2.

Cerastus (Albers) erlangeri n. Gara Mulata Abessynien; **Kobelt** 1901 Nachrbl. p. 86; M. Ch. t. 109 f. 1—3; — malleatus n. Harrar; id. p. 87; M. Ch. t. 109 f. 9, 10; — neumanni n. ibid., id. p. 88; M. Ch. t. 110 f. 3, 4; — rüppelianus n. Gara Mulata; id. p. 89 M. Ch. t. 110 f. 5, 6; — erlangeri n. Gara Mulata, Abessynien; id. M. Ch. p. 735 t. 109 f. 1—3; — bambuseti Märts. t. 127 f. 1—3; var. ukingensis n. ibid. t 127 f. 4, 5; — arctistrius n. Martens mss. Massaigebiet, D. O. Afrika; id. p. 891 t. 127 f. 10, 12; — schweinfurthi n. Martens mss., Menaha, Südarabien; id. p. 893 t. 127 f. 19—21; var. menahensis n. p. 894 t. 127 f. 22, 23; — tenuis n. ?; id. p. 932 t. 131 f. 6, 7; — amshawi n. Senna bei Aden; **Sykes** 1902 Pr. mal. Soc. V p. 338, Textfig.; — logariensis n. Britisch Ostafrika; **Smith** 1904 Pr. mal. Soc. VI p. 68, Textfig.

Rhachis (Albers) fülleborni n. südliches Deutsch-Ost-Afrika; **Martens** Nachrbl. p. 148; abgeb. bei **Kobelt** M. Ch. t. 110 f. 23, 24; — succinctus Marts. desgl. t. 111 f. 9—11; — zonulatus var. lombocensis, abgeb. t. 110 f. 14, 15; — sanguineus Barcl. desgl. t. 110 f. 20—22; — dimerus n. Südafrika; **Melvill & Ponsonby** 1901 Ann. N. H. VII t. 2 f. 13.

Pupinidius subgen. nov. Bulimini; **Moellendorff** 1901 Ann. Petersb. p. 341 (t. aut concolor aut distanter strigata, interdum taeniata; anfractus superiores conum latiusculum apice mucronato efficientes, ultimi 2 plus minusve deviantes, habitum generis Pupinae imitantes; peristoma late expansum, plerumque reflexiusculum). Typus Br. pupinidius n.

Petraeomastus nov. subgen. Bulimini; **Moellendorff** 1901 Ann. Petersb. p. 348 (t superne conico-acuminata, subtus plus minusve subcylindrica, plus minusve nitens; peristoma late expansum, marginibus conniventibus callo junctis; nodulus distinctus). Typus B. heudeanus Ancey.

Coccoderma nov. subg. Bulimini; **Moellendorff** 1901 Ann. Petersb. p. 378 (t. tenuis, granulosa; peristoma tenue; nodulus nullus). Typus B. granulosus Mlldff.

Holcauchen nov. subg. Bulimini; **Moellendorff** 1901 Ann. Petersb. p. 362 (t. graciliter turrita, anfractus ultimus dorso sulco spirali plus minusve impresso munitus, cui interdum lamella parietalis correspondet). Typus B. sulcatus Mlldff.

Clausiliopsis nov. subg. Bulimini; **Moellendorff** 1901 Ann. Petersb. p. 368 (t. elongata, fusiformis aut subfusiformis, columella intus lamellata, paries dente a margine remoto, interdum obsoleto munitus, lamella palatales in meram taeniolam obsoleta). Typus B. szechenyi Bttg.

Pachnodus (Albers) burnupi n. Zululand, Südafrika; **Melvill & Ponsonby** 1903 Ann. N. H. XIII p 605 t. 31 f. 5.

Stenogyridae.

Clavator (Montf.) heimburgi n. Madagaskar; **Kobelt** 1901 Nachrbl. p. 96; M. Ch. t. 107 f. 13, 14.

Curvella (Smith) calloglypta n. Südafrika; **Melvill & Ponsonby** 1901 Ann.
N. H. VIII p. 320 t. 2 f. 12.

Hypolysia n. gen. Stenogyridarum für H. florentiae n. Südafrika; **Melvill
& Ponsonby** 1901 Ann. N. H. p. 318 t. 2 f. 8 (T. gracilis, fusiformis, attenuata,
sicut in Subulina, sed apud suturas undique incrassata; anfractu ultimo anguste
sed distincte evoluto).

Leptinaria (Shuttl.) tamaulipensis n. Tamaulipas; **Pilsbry** 1903 Pr. Philad.
p. 776 t. 50 f. 8.

Neobeliscus Pilsbry anatomisch zunächst mit Atopocochlis exaratns verwandt; **Pilsbry** 1901 Pr. Philad. p. 142.

Obeliscus (Beck) lymnaeformis n. Südafrika; **Melvill & Ponsonby** 1901
Ann. nat. Hist. VIII p. 317 t. 2 f. 5.

Opeas (Alb.) amdoanum n. Gansu; **Moellendorff** 1901 Ann. Petersb.
p. 390; — lenta n. Ost-Uganda; **Smith** 1903 J. C. Leeds X p. 319 t. 4 f. 20; —
venusta n. ibid., id. p. 319 t. 4 f. 21; — crenulata n. Uganda; **Smith** 1901 J. Mal.
VIII p. 96; Textfig. 6; — brevispira n. Harima, Japan; **Pilsbry** 1904 Pr. Phil.
p. 637; — kyotoëusis n. Kyoto, ibid., id. p. 637; — obesispira n. Liukius; id.
p. 638; — henshawi n., Hawaii; **Sykes** 1904 Pr. mal. Soc. VI p. 112 Textfig. 2;
— prestoni var. hawaiensis n. ibid., id. p. 113 Textfig. 3; — macbeani n. Trans-
vaal; **Melvill & Ponsonby** 1903 Ann. N. H. XII p. 604 t. 31 f. 8; — rhoodsae,
odiosum, patzcuarense abgeb. bei **Pilsbry** 1903 Pr. Phil. p. 775, Textfig.

Perrieria (Tapp-Can.) canefriana n. Obi; **Sykes** J. Mal. v. 11 p. 91 fig.

Plicaxis nom. nov. für Rhodina de Morgan nec Guénée; **Sykes** 1903 J. Mal.
X p. 1. ·

Prosopeas (Moerch) macilentum n. Ancey mss., Tongking; **Bavay & Dautzenberg** 1903 J. Conch. v. 51 p. 220 t. 9 f. 23, 24.

Rhodina (Morgan) ? mirabilis n. Kelantan, Malakka; **Sykes** 1902 J. Mal.
IX p. 22. — (Der Name, bei Guénée präoccupiert, wird von demselben 1903
J. Mal. X p. 1 in Plicaxis umgeändert).

Rhodea (Ad.). **Sykes** 1901 J. Mal. VIII p. 20 giebt ein Verzeichniss der
bekannten (8) Spezies.

Spiraxis (C. B. Ad.) pilsbryi n. Ancey mss., Tongking; **Bavay & Dautzenberg** 1903 J. Conch. v. 51 p. 218 t. 9 f. 15, 16; — permira n. Ancey mss. ibid.,
iid. p. 219 t. 9 f. 17—20, mit var. multiplicata t. 9 f. 21—22; — borealis n.
Mexiko; **Pilsbry** 1903 Pr. Phil. p. 775 t. 50 f. 6; — uruapamensis Psbry. abgeb.
ibid. p. 775, Textfig.

Subulina (Schum.) uncta n. Lagari, Britisch-Ost-Afrika; **Smith** 1903 J. C.
Leeds X p. 318 t. 4 f. 18; — dohertyi n., Uganda; id. p. 319 t. 4 f. 19; — purcelli n. Südafrika; **Melvill & Ponsonby** 1901 Ann. N. H. VIII p. 317 t. 2 f. 6;
— strigilis n. ibid., iid. p. 318 t. 2 f. 7; — lagariensis n., Britisch-Ostafrika;
Smith 1904 Pr. mal. Soc. VI p. 69 t. f. ; — kassaiana n. Kassaigebiet, Centralafrika; **Rochebrune & Germain** Bull. Mus. Paris v. 10 p. 142.

Stenogyra (Swains) retteri n. Rosen mss.; **Kobelt** 1904 Nachrbl. p. 87.

Tornatellina (Beck) kitaiwojimana n. Japan; **Pilsbry & Hirase** 1903
Nautil. XVII p. 53; — macromphala n. Maui, Oahu, **Ancey** 1903 J. Conch. v. 51
p. 296 t. 12 f. 3, 4; — baldwini Ancey abgeb. ibid. t. 12 f. 1, 2; — cincta n.
Sandwichsinseln; id. p. 297 t. 12 f. 5, 6; — abbreviata n. Maui; id. p. 298 t. 12
f. 7, 8; — henshawi n. Hawaii; id. p. 299 t. 12 f. 9, 10; — procerula n. Maui; id.

p. 302 t. 12 f. 13, 14; — subangulata n. ibid., id. p. 303 t. 12 f. 15, 16; — terebra n. ibid., id. p. 303 t. 12 f. 17, 18; — pyramidata n., Hawaii; id. p. 304 t. 12 f. 19, 20; — macroptychia n. ibid., id. p. 305 t. 12 f. 21, 22; — fusca u. ibid., id. p. 306 t. 12 f. 23, 24.

Pupidae.

Anisoloma n. subg. Pupae für P. ponsonbyana und Verwandte von Südafrika; **Ancey** 1901 J. C. p. 140.

Bifidaria (Sterki) armigerella var. luchuana n. Okinawa, Liukiu; **Pilsbry** 1901 Pr Phil. p. 484 t. 28 f. 54; — macleayi Braz. zuerst abgeb. bei **Hedley** Pr. L. S. N. S. Wales v. 27, Textfig.

Boysidia (Bens.) kelantanense n. Kelantan; **Sykes** 1902 J. Mal. IX p. 61 t. 3 f. 61; — messageri n. Tongking; **Bavay & Dautzenberg** 1903 J. C. v. 51 p. 211 t. 9 f. 1—4; — gereti n. ibid., iid. p. 212 t. 9 f. 5—8.

Coryna (Hartm.) biarmata var., Höhle bei Zavala; **Sturany** 1904 Nachrbl. v. 36 p. 106, Textfig.

Fauxulus (Ad.) Macbeanianus n. Südafrika; **Mellvill & Ponsonby** 1901 Ann. N. H. VIII p. 319 t. 2 f. 1; — crawfordianus n. Südafrika; **Melvill & Ponsonby** 1903 Ann. N. H. XII p. 605 t. 31 f. 6.

Hypselostoma (Benson) crossei subsp. endodonta n. und brevituba n., Langson, Tongking; **Moellendorff** 1901 Nachrbl. p. 76; — hupeanum n. Hupe, China; **Gredler** 1901 Nachrbl. p. 151; — laidlawi n. Jalor, Malacca; **Collinge** 1902 J. Mal. IX p. 83 t. 5 f. 29, 30.

Lyropupa (Bttg.) clathratula n. Hawaii; **Ancey** 1904 Pr. mal. Soc. VI p. 125 t. 7 f. 19; — carbonaria n. ibid., id. p. 125 t. 7 f. 21; — mirabilis n. ibid., id. p. 126 t. 7 f. 18; — microthauma n. ibid., id. p. 126 t. 7 f. 20; — perlonga Pease zuerst abgeb. ibid. t. 7 f. 15.

Nesopupa (Pilsbry) dedecora n, Japan; **Pilsbry** 1902 Pr. Philad. p. 31; — tamegonari n. ibid., id. 1903 Nautilus XVII p. 118; — baldwini n. Hawaii **Ancey** 1904 Pr. mal. Soc. VI p. 122 t. 7 f. 13; —plicifera n. ibid., id. p. 122 t. 7 f. 14; — thaanumi n. ibid, id. p. 123; — wesleyana n. ibid., id. p. 123 t. 7 f. 16; — kauaiensis n. Kauai; id. p. 124 t. 7 f. 7.

?Pholeoteras n. gen. für eine seltsame neue Höhlenschnecke aus der Herzogowina (euthrix); **Sturany** 1904 Nachrbl. vol. 36 p. 106, Textfig. — Die Stellung bei den Pupiden wegen der Gitterskulptur unsicher.

Pupa (Drp.) vergniesiana var. provida n. Pyrenäen; **Westerlund** 1902 Nachrbl. p. 39; — cadica n. Fagot mss., id p 39; — tuxensis n. Fagot mss., Tuxon, Catalonien; id. p. 40; — insulivaga n. Osume, Liukius; **Pilsbry & Hirase** 1904 Pr. Phil. p. 631; — endoplax n. Südafrika; **Melvill & Ponsonby** 1901 Ann. N. H. VIII p. 319 t. 2 f. 10; — ridibunda n. ibid., iid. p. 320 t. 2 f. 11

Pupilla (Leach) muscorum subsp. asiatica n. Hochasien; **Moellendorff** 1901 Ann. Petersb. p. 381; — heudeana subsp. grandis n. Gansu; id. p. 381.

Vertigo (Müll.) hirasei n. Kiusiu; **Pilsbry** 1901 Nautil. XIV p. 128; Pr. Phil. t. 28 f. 53; — japonica n. Japan; **Pilsbry & Hirase** 1903 Nautilus XVII p. 118; — hirasei var. glans und var. okinerabuënsis n. ibid., iid. 1904 Pr. Phil. p. 631.

Clausiliidae.

Clausilia (Drp.) leonisorum n. Creta; **Boettger** 1901 Nachrbl. p. 127; — staudingeri Bttg. zuerst abgeb. bei **Kobelt** Icon. IX no. 1617; — (Euxinastra) dilatata n. Samsun; **Westerlund** 1901 Syn. p. 25; — (Euxina) mordella n. Chios; id. p. 31; — (Micropontica) roseni n. Kaukasus; id. p. 52; — (Medora) matulici n. Herzegowina; **Sturany** Ann. Hofmus. 1902 p. 67; — (Euxina) cilicica n., Cilicien; **Naegele** Nachrbl. 1902 p. 7; — wiedermayeri n. Tirol; **Gredler** 1902 Nachrbl. p. 17; — (Albinaria) heterochroa, arcadica, menelaos, abgebild. bei **Sturany,** Verh. Wien 51, Textfig.; — porroi var. expansa n. Corsica; **Caziot** 1903 Corse p. 288; — (Serrulina) collari n. Korfu; **Sturany** 1904 Nachrbl. p. 104, Textfig.; — (Albinaria) holtzi n. Candia; id. p. 110, Textfig.; — (Oligoptychia) bicarinata var. tessellata n. Sindik, Cilicien; **Naegele** 1903 Nachrbl. p. 176; — filialis n. Ost-Borneo; **Martens** 1903 SB. Ges. Berlin p. 425.

Nenia (Adams) huancabambensis n. Huancabamba, Peru; **Rolle** 1904 Nachrbl. p. 39 t. 5 f. 6; — pilsbryi n. Collanga, Peru; Sykes 1901 Pr. mal. Soc. IV p. 222 Textfig. II.

Phaedusa (Adams) eurystoma (Stereostoma) subsp. brachyptycha n. Nippon; **Moellendorff** 1901 Nachrbl. p. 41; — (Megalophaedusa) fultoni subsp. clavula ibid., id. p. 41; — (Hemiphaedusa) breviluna n. Awadshi, Japan; id. p. 43; — (H.) omiensis n. Omi auf Kiushiu; id. p. 42; — (Rufospira) mansonensis n. Mansongebirge; **Moellendorff** 1901 Nachrbl. p. 76; — (Hemiphaedusa) diplochilus n. ibid., id. p. 77; — (H.) falciformis subsp. montana n. ibid., id. p. 77; — (H.) gastrum n. ibid., id. p. 77; subsp. ventriculus n. ibid. p. 78; — (H.) gastrodes n. ibid., id. p. 78; — (H.) grangeri subsp. apiostoma n. ibid., id. p. 78, subsp. lyteostoma p. 79; — (H.) gisota var. platyloma n. ibid., id. p. 79; — (Oospira) rhopaloides n. Tongking; id. p. 115; var. leptospira n., microthyra n., kebarica n. ibid., id. p. 116; — (Pseudonenia) stenothyra n. ibid., id. p. 116; — hensaniensis n. Hensan, Prov. Hunan, China; **Gredler** 1901 Nachrbl. p. 153; — (Euph.) beresowskii n. Sytschuan; **Moellendorff** 1901 Ann. Petersb. p. 386 t. 17 f. 31—33; — (Hemiphaedusa) potanini n. ibid., id. p. 388 t. 17 f. 28—30; — (Luchuphaedusa n.) callistochila n. Okinawa, Japan; **Pilsbry** 1901 Pr. Phil. p. 413 t. 22 f. 1—3; — (L.) nesiothauma n. Oshima; id. p. 414 t. 22 f. 19—21; — (L.) oshimae n. ibid., id. p. 415 t. 22 f. 5, 6; — (L.) pseudoshimae n. ibid., id. p. 416 t. 22 f. 7—10; — (L.) mima n. ibid., id. p. 417 t. 23 f. 37—39; — (Hemiphaedusa) crenilabrum n. Okinawa; id. p. 421 t. 23 f. 26—29; — (H.) munus n. Oshima; id. p. 423 t. 23 f. 34—36; — (Tyrannophaedusa) jotaptyx var. clava n. Awaji, Japan; **Pilsbry** 1901 Naut. XIV p. 108; Pr. Phil. t. 27 f. 36, 37; — (T.) micropeas var. perpallida n. Uzen, Japan; id. Naut. p. 108; Pr. Phil. t. 28 f. 50-52; var. hokkaidoensis n. Hokkaido; id. Naut. p. 108; Pr. Phil. t. 28 f. 47—49; — (T.) harimensis n. Harima, Japan; id. Naut. p. 108; Pr. Phil. t. 26 f. 16—18; — (T.) perignobilis n. Shikoku; id. Pr. Phil. p. 481 t. 26 f. 13—15; var. kochiensis n. p. 482; — (Stereophaedusa) japonica var. perobscura n. Buzen, Japan; id. p. 482; — (Megalophaedusa) hiraseana n. Okinoshima; id. p. 483 t. 26 f. 24—26; — (Hemiphaedusa) oscariana n. Kiusiu; **Pilsbry** 1901 Pr. Phil. p. 499 t. 36 f. 30, 31; — (H.) higoensis n. Higo, Kiusiu; id. p. 499 t. 39 f. 1—4; — (H.) ischna n. mit var. neptis n. Tosa, Japan; id. p. 500 t. 35 f. 15, 16; — (H.) tanegashimae n. Tanegashima, Liukiu; id. p. 500 t. 37 f. 32—34; — (H.) ptychocyma n. mit var. yacushimae n. ibid., id. p. 501

t. 35 f. 7—11; — (H.) entospira n. ibid., id. p. 501; t. 39 f. 72—75; — (H.) pinto n. ibid., id. p. 501 t. 35 f. 12—14; — stereoma n. Yakushima, Liu-kiu; id. p. 502 t. 39 f. 70, 71; — (Reinia) variegata var. nesiotica n. Hachyo Island, Japan; id. p. 474; — (Zaptyx) hachyoensis n. Hachyo-Insel, Japan; id. p. 466 t. 28 f. 39, 40; — (Euphaedusa) tryoni n. ibid., id. p. 467 t. 25 f. 1—3; — (Eu.) eubolostoma n. Puruga; id. Naut. p. 108 ; Pr. Phil. t. 25 f. 6—8; — (H.) sericina var. rhopalia n. Suruga; id. p 624; — (H.) surugensis n. ibid., id. p. 633 t. 36 f. 25—27; — (Tyr.) oxycyima n. Satsuma; id. p. 634 t. 37 f. 35 – 38; — (T.) orthatracta n. Prov. Mino; id. p. 636 t. 37 f. 44 - 46; —(Ster.) addisoni n. Süd-Kiusiu; id. p. 641 t. 38 f. 56, 57; — (Ster.) jacobiana n. Tane-ga-shima; id- p. 641 t. 38 f. 58—62, t. 39 f. 66 – 69; — (Ster.) stereoma var. cognata n. ibid., id. p. 644; var. nugax n. t. 39 f. 78, 79; — (Eu.) holotrema n. Nachi, Kii; id. p. 654; — (Eu.) subignobilis n. Hizen; id. p. 655; — (H.) tantilla n. Goto, Uzen; id. p. 655; — (H.) aulacopoma n. Hizen; id. p. 656; — (H.) bigeneris n. Goto, Uzen; id. p. 656; — (F.) dalli n. Shikoku; id. p. 656; — (Ster.) una n. Goto, Uzen; id. p. 656; — (Pseudonenia) kelantanensis n. Kelantan, Malakka; Sykes 1902 J. Mal. IX p. 22. — (Hemiphaedusa) sadoënsis n. Japan; Pilsbry 1903 Pr. Phil. p. 305 t. 14 f. 6—10; — (H.) shikokuënsis var. inskuchiensis n. ibid., id. p. 316; — (H.) sus n. ibid., id. p. 316 t. 14 f. 1—5; — (H.) aratorum n. ibid., id. p. 316 t. 14 f. 15—18; — (H) aenea n. ibid., id. p. 316 t. 14 f. 15 —18; — (H.) bilabrata var. tosaënsis n. ibid., id. p. 318; — (Stereophaedusa) echigoënsis n. ibid., id. p. 318; — (St.) japonica var. perstriata n. ibid, id. p. 319; — duella Mab. zuerst abgebildet bei Bavay & Dautzenberg 1903 J.C. v. 51 t. 9 f. 12 - 14; — filialis n. Ost - Borneo; Martens 1903 SB. Ges. Berlin p. 425; — auregani n. (= fargesiana Bavay & Dautz. nec Heude = dautzen. bergi Mlldff. (Sykes nec Morlet) Tongking; Bavay & Dautzenberg 1903 J. C. v. 53 p. 213 t. 9 f. 9—11.

Temesa (H. & A. Ad.) magnifica n. Sorato, Bolivia; Sykes 1901 Pr. mal. Soc. IV p. 222, Textfig. III ; — clausilioides Roc. abgebildet ibid. Textfig. II.

Exbalea Jouss. = Temesa Ad.; Sykes 1901 Pr. mal. Soc. IV p. 220.

Zaptyx Pilsbr. bildet ein eigenes Phylum von Phaedusa, das besonders auf den Liukiu (Ryukyu)-Inseln entwickelt ist, mit 7 Sektionen, von denen Stamm-baum und Schlüssel gegeben werden; Pilsbry 1904 Pr. Phil. p. 823;

Hemizaptyx n. sect. p. 824 (Differs from Zaptyx in lacking sutural plicae and accessory lamellae, and often in the texture of the shells; they are all small, mostly under 11 mm long). Typus Cl. pinto Psbry.

Metazaptyx n. sect. Pilsbry 1904 p. 831 (Similar to Zaptyx, except that the inferior lamella ascends spirally within and in the mouth is visible as a fold approaching the superior lamella; the base of the shell is somewhat sack-like. The clausilium is broad, strongly curved distally, shorter than that of Zaptyx, and rounded at the apex). Typus Claus. hachyoënsis Psbry.

Parazaptyx n. sect., Pilsbry 1904 p. 834 (the shell is similar to Zaptyx, except that the inferior and subcolumellar lamellae ascend spirally, as in Meta-zaptyx; fulcrum and parallel lamella and sutural plicae are absent. The Clau-silium is wide, tapers strongly to the apex, and is strengthened by a transverse lamellar rib on the convex side). Typus: P. thaumatopoma n.

Oligozaptyx n. sect., Pilsbry 1904 p. 835 (the shell is very small, fusiform, with no superior lamella. The inferior lamella forms a squarish fold in the throat and the subcolumellar lamella is obsolete below There is a long palatal plica and a short upper united with the lunella. Sutural plicae and a lamella fulcrans are developed. The clausilium is notched on the palatal side of the projecting apex and excised on the columellar side of the filament). Typus C. hedleyi n.

Diceratoptyx n. sect. Phaedusae; **Pilsbry** 1904 Pr. Phil. p. 836 (the glossy shell is zaptychoid, the superior lamella developed, inferior lamella receding, calloused below. Subcolumellar lamella rising high on the palatal wall, dilated in a lateral position. Upper palatal plica very long, an extremely short lunella descending from near its inner end. Lamella fulcrans et paralella and sutural plicae are developed. Clausilium deeply excised as usual at the filament, and with a deep notch excavated near the apex on the palatal side). Typus D. cladoptyx n.

Luchuphaedusa nov. subg. Phaedusae; **Pilsbry** 1901 Pr. Phil. p. 411. (Shell fusiform, the right margin of the peristome usually crenate, outer margin excavated above to form a sinulus, superior lamella marginal, projecting, continuous with the long spiral lamella; inferior lamella strongly spiral within, calloused below; subcolumellar lamella dilated adjacent to the very long and strong lower present; principal plica long; upper palatal plica developed, sometimes coalescent with the lunella. Clausilium wide, truncated or notched distally, and with a thickened lobe or finger-like process on the columellar side of the apex standing at nearly a right angle with the body of the plate). — Typus ?. Erste Art: Th. callistochila n. — Cfr. id. Pr Phil p. 816

Nesiophaedusa n. sect. Phaedusae; **Pilsbry** 1904 Pr. Phil. p. 815 (Phaedusoid Clausiliae of normal contour, with a tendency to weak interlamellar plication; inferior lamella prominent in the mouth, spirally ascending, thick, sometimes indistincly doubled within; palatal armature lateral, the lunella arising from the middle of a strong lower palatal plica, and curving inward above in a short upper palatal plica. Clausilium very convex on the palatal side, tapering distally to a blunt, thickened apex, chanelled on the outer face). — Typus: Clausilia bernardii Pfr.

Oophaedusa n. sect Phaedusa; **Pilsbry** 1904 Pr. Phil. p. 820 (the clausilium is well curved, spatulate, with a thick rib near the columellar side of the distal half, continued and finger-like at the apex; the shell is short, oblong, of few whorls ($6-6^{1}/_{2}$ in the species known), the summit very obtuse, entire. Superior continuous with the spiral lamella. Inferior lamella strongly spiral within, bifid below. Upper and lower palatal plicae long, the latter united with an oblique lunella). Typus: Claus. ophidoön n.

Urocoptidae.

Pilsbry giebt in vol. 15 von Tryons Manual die Monographie der Familie, welche er in zwei Unterfamilien scheidet, Eucalodiinae vom Festland. und Urocoptinae von den westindischen Inseln und Süd-Florida; eine Ausnahme bildet nur Archegocoptis von Haiti.

Archegocoptis n. gen. Eucalodiinarum für A. eximia Pfr. und A. crenatum Weinl. & Mrts., beide von West-Haiti, anatomisch von allen Westindiern verschieden; **Pilsbry** Manual 1903 p. 301

Autocoptis n. subg. Urocoptidis; **Pilsbry** 1902 Manual p. 112; (Shell rather large, capacious, the axis straight and simple, its base encircled in the last whorl by a low ridge, sometimes united with axis). Typus U. monilifera.

Coelocentrum (Crosse & Fischer) arctispira var. estefaniae n. Misantla, Mexiko; **Pilsbry** Manual p. 43 t. 14 f. 28—32; — dispar n. Guatemala; id. p. 44 t. 17 f. 16—19; — astrophorea Dall (= acanthophorea Marts. Biol. amer. p. 634) ibid. p. 45; — (Elasmocentrum n.) exlex n. Mexiko; id. p. 50 t. 17 f. 20—23.

Eucalodium (Crosse & Fischer) hippocastaneum Dall, zuerst abgebildet bei **Pilsbry** Manual t. 1 f. 6—9.

Elasmocentrum n. subg. Coelocentri, **Pilsbry** 1902 Manual p. 50; (Like typical Coelocentrum in the general form and the large hollow column; but the latter is smooth externally, and in the last two whorls there runs a spiral lamella like that developed in Anisospira). Typus C. exlex n.

Haplocion n. subg. Holospirae; **Pilsbry** 1902 Manual p. 89 (Internal axis smooth, the interior of the whorls without plaits or lamellae; latter part of the last whorl straigthened, not sinuous; the aperture not obstructed by folds or prominences of any kind). — Typus H. paxonis Dall.

Fibricutis n. sect. Gongylostomatis, **Pilsbry** 1903 Manual p. 186. (Shell small, cylindric, truncate, roughly striate and crenate at the sutures, with a spinose axial lamella; the rejected whorls numerous, forming a slender, attenuate spira; $2\,^3/_4$ nepionic whorls vertically costulate). Typus Ur. scabrosa Gld.

Paracollonia n. sect. Gongylostomatis; **Pilsbry** 1902 Manual p. 197 (with 3 axial lamellae subequal in the median whorls; the lower lamella denticulate, at least in the upper whorls; basal keel of the last whorl week). Typus U. albocrenata.

Tetrentodon n. sect. Gongylostomatis; **Pilsbry** 1903 Manual p. 267 (Sh. attenuate, entire or short truncate, the neck cylindric, rounded beneath; axis very weekly one- or two-plicate, the spirals not crenulate; apex swollen, smooth). — Typus: Ur. plicata Poey.

Holospira (Marts.) tetrelasmus nom. nov. für H. pilocerei Pfr. Monogr. nec Symbolae; **Pilsbry** Manual p. 73; — nelssoni n. Sierra Guadeloupe, Mexiko; id. p. 79 t. 22 f. 42—44; — (Coelostemma) dalli n. ibid., id. p. 26 t. 26 f. 28—31; — (C.) strebeliana n. ibid.; id. t. 26 f. 24—27; — (Haplostemma) hamiltoni Dall zuerst abgeb. bei **Dall** 1902 Pr. U. St. Nat. Mus. XXIV t. 28 f. 2, 11.

Spirocoptis n. sect. Gongylostomatis; **Pilsbry** 1902 Manual p. 113 (Urocoptis with the shell rather large and stout, the internal pillar distinctly twisted or with a single smooth obtuse spiral plait). Typus Ur. sanguinea Pfr.

Spirostemma (Pilsbry & Vanatta) bellevueensis n. Jamaica; **Pilsbry** Manual p. 288 t. 34 a f. 7, 8 (= propinqua Vendries, nec Arango); — inusitata n. Jamaica; **Vendryes**, 1901, Nautilus XV p. 1 t. 1 f. 1, 2; Man. t. 34 a f. 1, 2; — ipswichensis n. Jamaica; **Pilsbry** Manual p. 291 t. 35 f. 52—54; — (Anoma) abnormis n. ibid., **Vendryes** 1901 Nautilus XV p. 3 t. 1 f. 5, 6; Man. t. 34 a f. 5, 6; — pusilla C. B. Ad. abg. Manual t. 37 f. 84—87.

Urocoptis (Beck) lata (Spirocoptis n.) var. antonionis n. Port Antonio, Jamaica; **Pilsbry** Manual p. 115 t. 30 f. 51, 52; var. manchionealensis n. Portland, ibid, id. p. 116 t. 29 f. 35—37; — subsp. ischnostele n. Jamaica: id. p. 116 t. 30 f. 53, 54; — (U. s. str.) ovata var. sanctaeannae n. ibid., id. p. 127 t. 58 f. 65, 66, t. 32 f. 81; — (U. s. str.) hendersoni n. ibid., id. p. 127 t. 35 f. 55—58,

t. 32 f. 83; — (U. s. str.) baquieana subsp. pudica n. Psbry. & Jarvis mss., ibid , id. p. 142 t. 35 f. 42—46; — (Arangia) sowerbyana var. montetoronis n. Haiti; id. p. 164 t. 44 f. 30; — (Cochlodinella) poeyana var. lacteoflua n. Pinar del Rio, Cuba; id. p. 179 t. 42 f. 85; — (C.) mixta Wright, zuerst abgeb. t. 42 f. 91, 92; — (C.) atropurpurea Arango, desgl. p. 181 t. 42 f. 96, 97; — (Pycnoptychia) humboldtiana var. peraffinis n. West-Cuba; id. p. 193 t. 47 f. 82—86; — (Liocollonia) guirensis Gdl. zuerst abgebildet t. 48 f. 9, 10, 15; — (L.) oligomesus n. West-Cuba; id. p. 207 t. 48 f. 13; — (Gong. s. str.) gutierrezi Arango abgeb. t. 54 f. 72, 73; — (G.) elegans var. subelegans n. West-Cuba; id. p. 222 t. 53 f. 47—50; — (G.) fortis Gdl. abgeb. t. 53 f. 54—59; — (G.) fraterna n. West-Cuba; id. p. 228 t. 55 f. 1, 6; — (G.) capillacea Pfr. abgeb. t. 55 f. 5, 8; — (G.) hidalgoi var. brevicervix n. Pinar del Rio, Cuba; id. p. 248 t. 57 f. 44; — (G.) gonzalezi n. ibid., id. p. 248 t. 57 f. 43; — (G.) joaquini n. ibid., id. p. 248 t. 64 f. 5, 6; — (G.) unguiculata Arango abgeb. t. 57 f. 52; — (G.) discors Poey desgl. t. 57 f. 42, 45; var. lagunillensis n. ibid., id. p. 250 t. 57 f. 47, 49; — (G.) diaphana n. Wright mss., West-Cuba; id. p. 251 t. 57 f. 48; — (G.) affinis Pfr., abgeb. t. 57 f. 41; — (G.) heynemanni n. desgl. t. 58 f. 67, 68; — (G.) ventricosa var. abnormis n. Ost-Cuba; id. p. 262 t. 58 f. 57, 58; — (Tetrentodon n.) ischna n. West-Cuba; id. p. 271 t. 64 f. 9—11; — (T.) rugeli var. euglypta n. ibid., id. p. 276 t. 64 f. 4.

Cerionidae.

Pilsbry Manual XV p. 174 erhebt die Gattung zur Familie.

Cerion (Bolten) caymanense n. Grand Cayman Island; **Pilsbry** (Manual) p. 196 t. 44 f. 85, 86; — crassiusculum var. smithii n. Tanamo; id. p. 202 t. 32 f. 38; — torrei var. ornatum n. P. & V., Vita, Kuba; id. p. 208 t. 28 f. 41, 42; iostomum var. arangoi n. P. & V., Cuba; id. p. 211 t. 28 f. 45, 46; — longidens n. Cabo Cruz, Cuba; id. p. 212 t. 32 f. 23, 24; — stevensoni Dall. abgeb. t. 44 f. 70, 71; — ritchei var. vannostrandi n. P. & V. Bahamas; id. p. 252 t. 39 f. 2; — eximium var. fraternum n. Gun Cay; id. p. 265 t. 38 f. 79, 80; — bryanti var. pudicum n. Jnagua; id. p. 273 t. 46 f. 17, 18; — rubicundum var. heterodon n. Jnagua; id. p. 275 t. 45 f. 96—98.

Pilsbry Manual XV zieht von den Arten, die **Maynard** (Contrib. to Science I. 1889, II. 1894 & III. 1896) beschrieben, folgende ein: fusca, intermedia, copia, perplexa, glaber, parva, lineota zu pannosa Mayn.; — festiva, acuta, nitela, picta zu laevigata Mayn.; — obscura zu sagrayanum Pfr.; — faxoni zu johnsoni Psbry.; — media zu mumia Pfr.; — scripta mit var. obliterata, fastigata, eurystoma mit var. ignota zu chrysalis Fer.; — grayi mit var. gigantea u. pumilia zu ritchiei Mayn.; — elongata zu eburnea Mayn.; — curtissi, thorndikei, cinerea mit varr. coryi, neglecta mit varr. carlotta, regula, bimarginata, pilsbryi, restricta, crassicostata zu glans Kstr.; — cylindrica, janthina, pallida zu rubicundum.

Achatinellidae.

Newcombia (Pfr.) costata n. Molokai; **Borcherding** 1901 Nachrbl. p. 57.

Baldwinia (Ancey). — Ancey 1901 J. C. p. 137 vertritt die Berechtigung dieser Gruppe gegenüber Sykes.

Partulina (Pfr.) idae n. Molokai; **Borcherding** 1901 Nachrbl. p. 52; —
schauinslandi n. ibid., id. p. 54; — meyri n. ibid, id. p. 55; — macrodon n. ibid.,
id. p. 56; — physa var. phaeostoma n. Havaii; Ancey 1904 Pr. mal. Soc. VI p. 121.

Amastra (H. & A. Ad.) henshawi n. Havaii; **Baldwin** 1903 Naut. XVII
p. 34; — saxicola n. ibid., id. p. 34; — senilis n. ibid. (subfossil), id. p. 35; —
fossilis n. ibid. (subfossil); id. p. 35; — luctuosa var. sulphurea n. Hawaii; **Ancey**
1904 Pr. mal. Soc. VI p. 121 t. 7 f. 9; — henshawi Baldw. abgeb. ibid. p. 121
t. 7 f. 10. — (Kauaia) rex n. Kauai; **Sykes** 1904 Ann. n. H. 14 p. 159, Textfig.

Auriculella (Pfr.) malleata n. Hawaii; **Ancey** 1904 Pr. mal. Soc. VI p. 120
t. 7 f. 12; — canalifera n. ibid., id. p. 121 t. 7 f. 11.

Carelia (X. & A. Ad) turricula var. azona n. Havaii; **Ancey** 1904 Pr. mal.
Soc. VI p. 121; — fuliginea var. suturalis u. ibid., id. p. 122.

Veronicellidae.

Veronicella (Blainv.) fruhstorferi n. Mt. Mansson, Tongking; **Collinge** 1901
J. Mal. VIII p. 120; — himerta n. ibid., id. p. 121; — agassizi n. Tahiti;
Cockerell 1901 Pr. S. Nat. Mus. v. 23 p. 835.

Urocyclidae.

Atoxon (Simroth) erlangeri n., Gallaland; **Simroth** 1903 Zool. Jahrb. XIX
p. 700 t. 39 f. 29—31, t. 41 f. 115—118.

Spirotoxon (Simroth) elegans n. Kingani bei Dunde; **Simroth** 1903 Zool.
Jahrb. XIX p. 702 t. 39 f. 27, t. 40 f. 51—55; — stuhlmanni n. Ostafrika; id.
p. 704 t. 39 f. 28; — neumanni n. Doko?; id. p. 704 t. 39 f. 26, t. 40 f. 33—50.

Varania (n. gen.) loennbergi n. Kamerun (im Magen eines Warans gefunden);
Simroth 1903 Zool. Jahrb. XIX p. 710 t. 39 f. 32.

Rathouisiidae.

Atopos (Simroth) sarasini n. Jalor, Malacca; **Collinge** 1902 J. Mal. IX
p. 87 t. 5 f. 40—42, 56—59, t. 6 f. 60—65; — harmeri n. ibid., id. p. 89 t. 5
f. 43—45; — rugosus n. ibid., id. p. 90 t. 5 f. 46—48; — punctata n. ibid., id.
p. 90 t. 5 f. 49—52; — laidlaiyi n. ibid., id. p. 90 t. 5 f. 42—55.

Prisma (Simroth) smithi n. Neu-Guinea; **Collinge** 1902 J. Mal. IX p. 130
t. 9 f. 1—3.

Padangia Babor subg. von Prisma Srth.; **Collinge** 1902 J. Mal. IX p. 84.

Oopelta (Moerch) polypunctata n. Tafelberg; **Collinge** 1901 Ann. S. Afr.
p. 229 t. 14

Onchidiidae.

Onchidium (Buchan.) burnupi n. Umlaes Lagune, Natal; **Collinge** 1902
J. Mal. IX p. 17 Textfig. 1, 2.

Oncidiella (Gray) flavescens n. Chatham Ins ; **Wissel** 1904 Zool. Jahrb.
Syst. v. 20 p. 668.

Myotestidae.

Myotesta n. gen., Nacktschnecken mit eingeschlossener flacher, nicht spiraler,
Schale, für M. fruhstorferi n. Tongking; **Collinge** 1901 J. Mal. VIII p. 118; —
punctata n. ibid., id. p. 119; — Ibid. 1902 IX p. 12 t. 1 f. 1—11 giebt **Collinge**
die Anatomie der beiden Arten und erhebt die Gattung zur Familie.

Ostracolethe n. gen., **Simroth** 1901 Zool. Anz. p. 62—64, nach **Collinge**
J. Mal. IX wahrscheinlich mit Myotesta identisch; — fruhstorferi n. ibid.,
Tongking. Wird vom Autor auch als eigene Familie betrachtet. Vgl. **Simroth**
1902 Zool. Anz. p. 355.

Succineidae.

Succinea (Dip.) hirasei n. Hondo, Japan; **Pilsbry** 1901 Pr. Phil. p. 348; —
ogosawarae n. Bonin Inseln; id. p. 195; — punctulispira n. ibid., id. p. 195; —
sokotrensis n. Sokotra; **Smith** 1903 Sokotra p. 112 t. 13 f. 17; — ikiana n. Japan;
Pilsbry & Hirase 1904 Naut. XVII p. 117; — kubnsi n. Hawaii; **Ancey** 1904
Pr. mal. Soc. VI p. 117 t. 7 f. 1; — casta var. orophila n. und var. henshawi n.
ibid., id. p. 117; — tenerrima n. ibid., id. p. 118 t. 7 f. 2; — apicalis n. ibid., id.
p. 118 t. 7 f. 18; — tetragona n. ibid., id. p. 119 t. 7 f. 4; — quadrata n. ibid.,
id. p. 119 t. 7 f. 5; — globispira Marts. abgeb. bei **Martens** 1901 Biol. Centr.-
amer. t. 44 f. 12; — brumpti n. Omo, Nilgebiet; **Rochebrune & Germain** 1904
Bull. Mus. Paris v. 10 p. 142; — wrighti Crosse = lauta Gould; **Ancey** 1904
J. de Conch. v. 52 p. 306.

II. Basommatophora.

a) Terrestria s. Geophila.

Auriculidae.

Die Monographie der Familie von **Kobelt** im Martini - Chemnitz ist im
Jahre 1901 zum Abschluss gelangt.

Carychium (Müll.) javanum Mlldff. zuerst abgebildet bei **Kobelt** 1901
Mart. Ch. t. 31 f. 6; — cymatoplax n. Liukiu; **Pilsbry** 1901 Nautil. XV p. 23;
— pessimum n. Japan; id. Pr. Phil. 1901 p. 502; — hachyoense n. Japan;
Pilsbry 1902 Nautilus XVI p. 57; — pessimum var. boreale n. id. 1903 Nautil.
XVII p. 119.

Cassidula (Fér.) plecotrematoides var. japonica n. Hirado, Japan; **Moellendorff** Nachrbl. 1901 p. 44

Leuconopsis (Hedley) inermis n. Neusüdwales; **Hedley** 1901, in: Pr. N.
S. Wales vol. XXV p. 722, Textfig.

Melampus (Montf.) ordinarius n. Südafrika; **Melvill & Ponsonby** 1901
p. 321 t. 2 f. 14; — strigosus n. Mexiko; **Martens** 1901 Biol. Centr. Amer.
t. 43 f. 9.

Pedipes (Adans.) liratulus n. Australien?; · **Kobelt** in: Mart. & Ch. p. 297
t. 33 f. 20, 21.

Limnaeidae.

Limnaea (Drp.) cucunorica n. Kukunoor; **Moellendorff** 1901 Ann. Petersb.
p. 393 (mit var. minor und var. minima); — woodruffi n. Michigansee; **Baker**
1901 Bull. Chic. p. 229, Textfig.; — sikenbergeri n. Egypten; **Pallary** 1903
Bull. Egypte II p. 243, Textfig.; — hawaiiensis Hawaii; **Pilsbry** 1903 Pr.
Phil. p. 790 Textfig.; — aradasi Bourg. Corsica; **Caziot** 1903 Moll. Corse
p. 256, Textfig.; — parva nom. nov. für parvula Locard nec Hazay; **Caziot**
1903 Moll. Corse p. 252; — palustris var. gracilispira n. Südostrussland; **Lindholm** 1903 Ann. St. Petersbourg VIII p. 343; — mars n. China; **Jones &**

Preston 1904 Pr. mal. Soc. VI p. 141 Textfig. 2; — whartoni n. ibid., id. p. 142 Textfig. 1; — shantungensis n., Prov. Schantung ibid., id. p. 142 f. 4; — pettiti n. ibid., id. p. 142 f. 3; — rochebrunei n. Germain mss., Frankreich; Rochebrune 1904 Bull. Mus. Paris v. 10 p. 191; — randolphi n. Alaska; Baker 1904 Nautilus XVIII p. 63; — nimoulensis n. Weisser Nil; Rochebrune 1904 Bull. Mus. Paris v. 10 p. 141.

Omphalolimnus n. subg. Limnaei für O. lagorii n. (nom. nov.); Dybowski 1903 Nachrbl. p. 143.

Choanomphalus (Gerstfeldt) bicarinatus n. Angara, Sibirien; Dybowski 1901 Nachrbl. p. 120; intermedius n. ibid., id. p. 122; — omphalotus n. ibid., id. p. 122; — cryptomphalus n. ibid., id. p. 123. — anomphalus n ibid., id. p. 123.

Physidae.

Physa (Drp.) rhomboidea n. Vereinigte Staaten; Randall 1901 Nautilus vol. XV p. 44; — walkeri n. ibid., id. p. 57; — zuluensis n. Südafrika; Melvill & Ponsonby 1903 Ann. N. H. XII p. 606 t. 32 f. 4.

Physopsis (Kraus) didieri n. Weisser Nil; Rochebrune & Germain 1904 Bull. Mus. Paris vol. 10 p. 142.

Ameria (A. Adams) obiana n. Insel Obi; Rolle 1903 Nachrbl. p. 23; — plicaxis n. Obi; Sykes 1904 J. Malac. XI p. 92 fig.

Isidora (Ehrbg.) compta n. Südafrika; Melvill & Ponsonby 1903 Ann. N. H. XII p. 607 t. 32 f. 14; — lirata subsp. conferta n. Neuseeland; Suter 1904 Trans. N. Z. Inst. p. 275 Textfig. 7, 8.

Miratesta (Saras.) schmalziana n. Obi; Rolle 1903 Nachrbl. p. 23.

Planorbidae.

Planorbis (Guéttard) pupillus (Gyraulus) n. Finland; Westerlund 1902 Nachrbl. p. 43; — (G.) mutatus n. Amagar, Dänemark; id. p. 44; — (G.) pristinus n. (= arcticus Sell nec Beck); Bispengen bei Kopenhagen; id. p. 44; — moellendorffi n. Kamtschatka; Dybowski 1903 Ann. Petersb. VIII p. 46, Textfig.; — leucochilus n. Südafrika; Melvill & Ponsonby 1903 Ann. N. H. XII p. 607 t. 31 f. 3; — magnificus n. Nord-Carolina; Pilsbry 1903 Nautilus XVII p. 75; — mareoticus Letourneux zuerst abgebildet bei Pallary 1903, Textfig.; — philippianus (Mtrs.) nom. nov. für Pl. subangulatus Phil. nec L.; Caziot 1903 (1) p. 262; — bozasi n. Challa-See; Rochebrune & Germain 1904 Bull. Mus. Paris v. 10 p. 142.

Heterodiscus n. sect. Planorbidis, Typus Pl. libanicus West.; Westerlund 1903 Rad jug. Ak. p. 120.

Ancylidae.

Ancylus (Guéttard) lemoinei n. Südamerika; Ancey 1901 Natural. p. 103; — leucaspis n. ibid., id. p. 103; — kerklandi n. Oststaaten von Nordamerika; Walker 1903 in Nautilus XVII p. 29 fig. ; — guidoni n. Corsika; Caziot 1903 Corse p. 271, Textfig.; — letteroni n. ibid., id. p. 272, Textfig.; — (Ferrisia n.) gordonensis n. Südafrika; Melvill & Ponsonby 1903 Ann. N. H. vol. XII p. 606 t. 31 f. 2; — stenochorias n. ibid., id. p. 607 t. 31 f. 1; — crequii n. Titicacasee; Bavay 1904 Bull. Soc. zool. France p. 156 Textfig. 7.

Ferrisia n. sect. Ancyli; Typus A. uvularis Say; **Walker** 1903 Nautiius XVII p. 15.

Laevapex n. sect. Ancyli, Typus: A. fuscus Ads.; **Walker** 1903 in Nautilus XVII p. 15.

Gundlachia (Pf.) ist nur ein. überbildeter zweijähriger Ancylus; **Dall** 1903 Nautil. XVII p. 97; — lucasii n. Neuseeland; **Suter** 1904 Tr. N. Z. Inst. p. 250, Textfig. 10, 11 ; — neozealanica n. ibid. p. 258.

Siphonariidae.

Siphonaria (Schum.) naufragum Stearns = lineolata d'Orb. abgebildet bei **Dall** 1902 Pr. U. St. Nat. Mus. XXIV t. 28 f. 10, 13; — alternata Say = brunnea Jones desgl. t. 28 f. 12, 14; — subatra n. Japan; **Pilsbry** 1904 Pr. Philad. p. 36 t 6 f. 61; — rucuana n. ibid., id. p. 36 t. 6 f. 60.

Amphibolidae.

Ampullarina (Sow.) africana n. Port Alfred; **Smith** 1904 J. Mal. v. 10 p. 38 t. 3 f. 14.

C. Scaphopoda.

Cadulus (Phil.) euloides n. Golf von Oman; **Melvill & Standen** 1901 Pr Z. S. p. 459 t. 24 f. 24.

Dentalium (L.) magnificum Smith abgeb. bei **Alcock** 1902 p. 279 Textfig.; — thetidis n. Süd - Australien; **Hedley** 1903 Thetis II p. 327, Textfig. 61; — virgula n. ibid., id. p. 328, Textfig. 62; — inflexum n. Natal; **Sowerby** 1903 Mar. Invest. Cap III p. 224 t. 5 fig. 11; — africanum n. ibid., id. p. 224 t. 5 f. 10; — exasperatum (Fissidentalium) n. ibid., id. p. 225 t. 5 f. 12; — regulare n. Südafrika; **Smith** 1903 Pr. mal. Soc. V p. 393 t. 15 f. 2; — vallicolens n. Californien; **Raymond** 1904 Nautilus XVII p. 123.

D. Acephala.

(Lamellibranchiata s. Pelecypoda)

Ridewood 1903 Phil. Trans. Roy. Soc. v. 195 theilt nach der feineren Struktur der Kiemen die kopflosen Mollusken in drei grosse Abtheilungen:

1. Protobranchia (wie bei Pelseneer).
2. Eleutherorhabda mit den Unterordnungen Dimyacea, Mytilacea und Pectinacea.
3. Synaptorhabda, mit den Unterordnungen Ostracea, Submytilacea, Tellinacea, Veneracea, Cardiacea, Myacea, Pholadacea, Anatinacea und Poromyacea.

a) Septibranchiata.
Cuspidariidae.

Cuspidaria (Nardo) optima n. Südafrika; **Sowerby** 1904 South Africa p. 17. — (Cardiomya) gilchristi n. ibid., id. p. 18; — (C.) forticostata n. ibid , id. p. 18.

Myodora (Gray) reeveana Smith abgeb. bei **Pilsbry** 1904 Pr. Phil. t. 41 f. 7—10.

Cetoconcha (Dall) scapha n. Cocosinsel, Panama; **Dall** 1902 Pr. U. St. Nat. Mus. XXIV p. 561, 1903 ibid. XXVI p. 951 fig.

Poromyacea.

Ridewood 1903 Phil. Trans. Roy. Soc. v. 195 erhebt die Gattung Poromya und ihre Verwandten (Septibranchia) zu einer eigenen Unterordnung Poromyacea bei der Ordnung Synaptorhabda.

Poromya (Forbes) gilchristi n. Südafrika; **Sowerby** 1904 Moll. South Africa p. 15; — striata n. ibid., id. p. 16; — granosissima n. ibid., id. p. 16; — curta n. ibid., id. p. 17.

b) Eulamellibranchiata.
Anatinidae.

Anatina (Lam.) impura n. Japan; **Pilsbry** 1901 Pr. Phil. p. 208, 402 t. 19 f. 9; — andamanica n. Andamanen; **Smith** 1904 Ann. N. H. XIV p. 8.

Periploma (Schum.) sulcata n. Kalifornien; **Dall** 1904 Nautilus XVII p. 122.

Thraciopsis (Hedley) arenosa n. Neusüdwales; **Hedley** 1905 Pr. Linn. Soc. N. S. Wales v. 29 p. 197, Textfig.

Pandora (Brug.) bushiana (Kennerleyia) Dall zuerst abgeb. bei **Dall** 1902 Pr. U. St. Nat. Mus. XXIV t. 31 f. 3; — (Clidiophora) gouldiana Dall desgl. t. 32 f. 7.

Allogramma n. sect. Lyonsia, Typus L. formosa Jeffr.; **Dall** 1903 Trans. Wagn. Inst. III p. 1514.

Astenothaerus (Dall) hemphilli Dall abgeb. bei **Dall** 1902 Pr. U. St. Nat. Mus. XXIV t. 31 f. 9.

Aporema n. gen., Typus Pholadomya arata Verrill; **Dall** 1903 Trans. Wagn. Inst. III p. 1532.

Halistrepta n. sect. für Periploma sulcata n.; **Dall** 1904 Nautilus XVII p. 123.

Heteroclidus n. subg. Pandorae, Typus Clydiophora punctata Conrad; **Dall** 1903 Transact. Wagn. Inst. III p. 1518.

Pholadacea.

Gastrochaena (Spengler) nowbrayi n. Bermudas; **Davis** 1904 Nautilus XVII p. 125 f. 21.

Xylophaga (Turton) praestans n. Northumberland; **Smith** 1903 Pr. mal. Soc. V p. 328, Textfig. — Derselbe giebt ebenda eine Aufzählung der beschriebenen Arten; — indica n. Andamanen; **Smith** 1904 Ann. N. H. XIV p. 7.

Cardiacea.
Cardiidae.

Andrussow 1903 Mem. Ac. Peterb. XIII beginnt eine gross angelegte Monographie der Brakwasser-Cardiiden des südöstlichen Europa; er erkennt 14 Gattungen an, davon neu Plagiadacna für Cardium carinatum Desh. und bei

Monodacna der Untergattungen Apscheronia für M. propinqua, und Pseudocatillus für M. pseudocatillus (Abrch.).

Cardium (L.) hungerfordi (Papyracea) n. Japan; Sowerby 1902 J. Mal. VIII p. 103 t. 9 f. 5; — striatulum var. thetidis n. Südaustralien; Hedley 1902 Thetis I p. 322; — laevisulcatum n. Malediven; Smith 1903 Malediven II p. 624 fig.; — hungerfordi Sow. zuerst abgeb. bei Pilsbry 1904 Pr. Phil. p 555 t. 41 f. 17; var. undatopictum n. ibid. p. 556 t. 40 f. 14, 15; var. stigmaticum n. ibid. p. 556 t. 41 f. 13, 14; — annae n. ibid., id. p. 557 t. 40 f. 20.

Tellinacea.

Tellinidae.

Tellina (L.) pristiformis (Merisca) n. Japan; Pilsbry 1901 Pr. Phil. p. 400 t. 19 f. 8; — (Macoma) pseudomera n. Portorico; Dall & Simpson 1901 Bull. Fish Comm. I p. 481 t. 56 f. 5; — panayensis nom. nov. für Tell. truncatula Hanley nec Sow.; Hidalgo 1903 Obras II p. 142; — quadrasi n. Philippinen; id. p. 144; — taslensis n. ibid., id. p. 143; — consanguinea n. Japan; Sowerby 1903 Ann. N. H. XII p. 500; — corbis Sow. & strangei Desh. = carnicolor Hanley; Smith 1903 Lakhediven p. 627; — hirasei n. Japan; Pilsbry 1904 Pr. Phil p. 554 t. 41 f. 3; — fabrefacta n. ibid., id. p. 555 t. 41 f. 11, 12; — kenyoniana n. Victoria; Pritchard & Gatliff 1904 Tr. R. Soc. Victoria, t. 20 f. 1—4; — gilchristi n. Südafrika; Sowerby 1904 South Afrika p. 12; — analogica n. ibid., id. p. 12; — irdalensis n. ibid., id. p. 13; — (Macoma) levior n. ibid., id. p. 13; — (M.) ordinaria n. ibid., id. p. 14; — (M.) africana n. ibid., id. p. 14; — (M.) inclinata n. ibid., id. p. 14.

Codakia (Scopoli) bella var. delicatula n. Japan; Pilsbry 1904 Pr. Phil. p. 555 t. 41 f. 15, 16.

Scrobicullariidae.

Cumingia (Sowerby) occatella n., Rotes Meer; Melvill 1901 Ann. N. H. vol. 7 p. 555 t. 9 f. 7.

Conchacea.

Veneridae.

Dall 1902 Pr U. St. N. Mus. XXVI giebt eine Synopsis der Familie. Er rechnet dahin die Unterfamilien Dosininae Meretricinae, Venerinae & Gemminae und erkennt als Gattungen an bei den *Dosininae:* Dosiniopsis Conrad (eocän); Dosinia Scop., Cyclina Desh., Clementia Gray; bei den *Meretricinae:* Grateloupia Desm., Transenella Dall, Tivela Link, Sunetta Link, Gafrarium Bolten, Lioconcha Moerch, Macrocallista Meek, Amiantis Carp., Meretrix Lam., Callocardia A. Ad., Fitaria Roemer, Cytherea Bolten, Saxidomus Conrad; — bei den *Venerinae:* Cyprimeria Conrad, Thetironia Stol., Mysia Lam., Cyclinella Dall, Chione Mühlf., Anomalocardia Schum., Venus L., Marcia H. Ad., Paphia Bolten, Liocyma Dall, Venerupis Lam.; — bei den *Gemminae:* Gemma Desh., Parastarte Conrad, Psephidia Dall.

Agriopoma n. sect. Meretricis mit farbloser, rauher Schale; Typus Cytherea texasiana Dall; Dall 1902 Pr. U. St. Nat Mus XXIV p. 509; XXVI p 353.

Anomalocardia (Schum.) malonei n Südafrika; Vanatta 1901 Pr. Philad. p. 185 t. 5 f. 4, 5 (= arakanensis Nevill teste Smith).

Callocardia (A. Ad.) catharia n. Panama; **Dall** 1902 Pr. U. S. Nat. Mus. XXVI p. 402 t. 14 f. 3; — zonata n. Nord Carolina; ibid. p. 381.

Caryatis (Roemer) reeveana nom. nov. für Cytherea citrina Sow. nec Lam.; **Hidalgo** 1903 Obras II p. 200.

Chione (Mühlf.) schotti (Lirophora) n. Panama; **Dall** 1902 Pr. U. St. N. Mus. p. 404 t. 16 f. 7; — (L) obliterata n. ibid., id. p. 405 t. 16 f. 2; — (Timoclea) pertincta n. Galapagos; id. p. 405 t. 16 f. 9; — micra n. Japan; **Pilsbry** 1904 Pr. Phil. p 552 t. 41 f. 4, 5; — bizenensis n. ibid., id. p. 553 t. 41 f. 1, 2; — despecta n. Neusüdwales; **Hedley** 1904 Pr. Linn. Soc. N. S. Wales v. 29 p. 193, Textfig.

Circe (Schum.) insularis n. Portorico; **Dall & Simpson** 1901 Bull. Fish Comm. I p. 487 t. 55 f. 2.

Clementia (Gray) solida n. Topolobambo, Mexiko; **Dall** 1902 Pr. U. St. N. Mus. p. 401 t. 14 f. 4.

Cyclinella (Dall.) singleyi n. West-Mexiko; **Dall** 1902 Pr. U. St. N. Mus. p. 404 t. 15 f. 3.

Cytherea (Bolten) fordi (Ventricola) Yates abgeb. bei **Dall** 1902 t. 15 f. 7; — (V.) magdalenae n. Unterkalifornien; id. p. 403 t. 15 f. 6; — (foveolata var.?) lepidoglypta n. Acapulco; id. p 403 t. 15 f. 4, 5; — crispata subsp. amica n. Japan; **Pilsbry** 1904 Pr. Phil. p. 551 t. 39 f. 10, 11.

Gomphina (Moerch) macrum n. Neuseeland; **Smith** 1902 J. Mal. IX p. 109. Textfig.

˙Meretrix (Lam.) aresta n. Portorico; **Dall & Simpson** 1901 Bull. Fish Comm. I p. 485 t. 56 f. 1, 7; — culebrana n. ibid., iid. p. 486 t. 55 f. 5; — (Agriopoma n.) texasiana Dall zuerst abgeb. bei **Dall** 1902 Pr. U. St. Nat. Mus. XXIV t. 32 f. 1; — (Transenella) conradina Dall desgl. t. 31 f. 5, 7; — simpsoni Dall desgl. t. 32 f. 3.

Lioconcha (Moerch) castrensis subsp. notabilis n. Philippinen; **Hildalgo** 1903 Obras II p. 213.

Pitaria (Roemer) tomeana n. Tomé, Chile; **Dall** 1902 Pr. U. St. N. Mus. p. 402 t. 15 f. 2; — (Lamelliconcha) callicomata n. Panama; id. p. 402 t. 16 f. 8; — sulfurea n. Japan; **Pilsbry** 1904 Pr. Phil. p. 553 t. 39 f. 7—9.

Parmulina n. sect. Circae, Typus C. corrugata Desh.; **Dall** 1903 Trans. Wagn. Inst. III p 1250.

Psephidia (Dall) ovalis n. Catalina Island, Californien; **Dall** 1902 Pr. U. S. Nat Mus. p. 407 t. 16 f. 4.

Tivela (Roemer) alucinans Sow. = natalensis Dkr.; **Smith** 1903 Pr. mal. Soc V p. 397.

Tapes (Müllf.) platyptycha n. Japan; **Pilsbry** 1901 Pr. Phil. p. 206, 400 t. 19 f. 6; — phenax n. ibid., id. p. 207, 400 t. 19 f. 5; — (Paphia, Prototthaca) staminea var. sulculosa n Unterkalifornien; **Dall** 1902 Pr. U. St. Mus. p. 406 t. 14 f. 2.

Dall 1903 Pr. U. St. N. Mus. nimmt für die Gattung den Namen Paphia Bolten Typus P. alapapilionis Bolt. an, behält aber Tapes als Untergattung bei.

Venus (L.) hirasei n. Japan; **Pilsbry** 1901 Pr. Phil. p. 205, 400 t. 19 f. 1; . 20 f. 2); — apodema n. Panama; **Dall** 1902 Pr. U. St Nat. Mus. p. 406 t. 15 f. 8; — malonei Vanatta = arakanensis Nevill; **Smith** 1903 Pr. mal. Soc. V p. 397; — (Anaitis) intersculpta n. Südafrika; **Sowerby** 1904 South Africa p. 11 fig.

Cyprinidae.

Der Name Cyprina Lam. wird beanstandet wegen des älteren Namens Arctica Schum. und wegen Cyprinus L. (Pisces); Arctica ist bei den Vögeln seit 1758 präoccupirt, deshalb hat Rovereto 1900 den Namen Cypriniadea vorgeschlagen. **Hoyle** 1902 J. Conch. Leeds p. 214 macht darauf aufmerksam, dass Cyprina als Diminutiv von Κυπρις und Cyprinus als latinisirte Form eines von Aristoteles gebrauchten Fischnamens etymologisch verschieden sind und ebenso gut neben einander bestehen können, wie Picus und Pica.

Basterotia (C. Mayer) caledonica (Anisodonta) var. djiboutensis n. Djibuti, Rotes Meer; **H. Fischer** 1901 J. Conch. p. 129 Textfig.

Petricolidae.

Petricola (Lam.) cyclus n. Japan; **Pilsbry** 1901 Pr. Phil. p. 204, 400 t. 19 f. 3, 4; mit var. sculpturata n. ibid. p. 205 t. 19 f. 7.

Myacea.

Mactridae.

Mactra (L.) abbreviata Lamarck abgebildet bei **Hedley** 1902 Studies VII p. 597 t. 29 f. 1—3; — parkesiana n. Australien; id. Studies VI p. 8 t. 1 f. 5—9; — richmondi Dall abgeb. bei **Dall** 1902 t. 31 f. 6; -- carneopicta n. Japan; **Pilsbry** 1904 Pr. Phil. p. 551 t. 39 f. 1—3; — delicatula n. Ceylon; **Preston** 1904 J. Mal. vol. XI p. 78 t. 7.

Mactrella (Gray) iheringi Dall zuerst abgeb. bei **Dall** 1902 Pr. U. St. Nat. Mus. XXIV t. 32 f. 8.

Mulinia (Gray) branneri n. Brasilien; **Dall** 1901 Pr. Ac. Wash. III p. 145.

Spisula (H. & A. Ad.) bernardi (Oxyperas) n. Japan; **Pilsbry** 1904 Pr. Phil. p. 551 t. 39 f. 4—6.

Standella (Gray) aequalis n. Neuseeland; **Webster** 1904 Tr. N. Zeal. Inst. p. 280 t. 10 f. 13.

Zenatia (Gray) victoriae n. Victoria; **Pritchard & Gatliff** 1903 Pr. Soc. Victoria XVI p. 92 t. 15 f. 3.

Tridacnidae.

Tridacna (Brug.) lamarcki nom. nov. für Tr. gigas Lam. nec L.; **Hidalgo** 1903 Obras II p. 385; — reevei nom. nov. für Tr. elongata Reeve nec Lam.; id. p. 389.

Corbulidae.

Corbula (Brug.) rugifera n. Südafrika; **Smith** 1904 Pr. mal. Soc. London V p. 399 t. 9, 10 f. 15; — pura n. Neu-Seeland; **Webster** 1904 Tr. N. Zeal. Inst. p. 279 t. 10 f. 12.

Glycimeridae.

Panopaea (Menard) globosa Dall zuerst abgebildet bei **Dall** 1902 Pr. U. St. Nat. Mus. XXIV t. 40 f. 1.

Panomya (Dall) ampla Dall zuerst abgeb. bei **Dall** 1902 Pr. U. St. Nat. Mus. XXIV t. 40 f. 3, 4.

Saxicavella (Fischer) sagrinata n. Portorico; **Dall & Simpson** Pr. U. St. Nat. Mus. p. 472 t. 55 f. 16.

Leptonacea.

Leptonidae.

Rochefortia (Velain) lactea n. Neusüdwales; **Hedley** 1902 Thetis I p. 320
Textfig.; — donaciformis Angas abgeb. bei **Hedley** 1902 Pr. L. Soc. N. S. Wales
XXVII p. 7, Textfig.

Cyamium (Phil.) subquadratum n. Antarktischer Ozean; **Pelseneer** 1903
Voy. Belgica p. 15 fig.

Pseudokellya n. gen. für Kellia cardiformis Smith; **Pelseneer** 1903 Voy.
Belgica p. 48.

Megaxinus (Mtrs.) unguiculinus n. Mittelmeer; **Pallary** 1904 J. Conchyl.
v. 52 p. 247 t 7 f. 21—23.

Solecardia (Conrad) vitrea var. japonica n. Japan; **Pilsbry** 1904 Pr. Phil.
p. 558 t. 41 f. 6.

Kelliidae.

Cuna n. gen., Typus C. concentrica n. Neusüdwales; **Hedley** 1902 Thetis
p. 315 Textfig. 55; — particula n. ibid, id. p. 316 Textfig. 56; — dalli n. Florida;
Vanatta 1903 Pr. Philad p. 759 Textfig. 3.

Bornia (Phil.) filosa n. Neusüdwales; **Hedley** 1902 Studies VI p. 7 t. 2
f. 15—17.

Kellia (Turt.) porculus n. Japan; **Pilsbry** 1904 Pr. Phil. p. 558 t. 41 f. 18
—20. — natalensis n. Südafrika; **Smith** 1903 Pr. mal. Soc. V p. 396 t. 15 f 8.

Erycina (Lam.) acupuncta n. Neusüdwales; **Hedley** 1902 Thetis I p. 321
Textfig.; — floridana n. Florida; **Vanatta** 1903 Pr. Philad. p. 758 Textfig. 2.

Montacuta (Turton) spitzbergensis n. Spitzbergen; **Knipowitsch** 1902 Ann.
Mus. Petersb. VI p. 519 t. 19 f. 43—45.

Najadea.

Sterki 1903 Am. Nat. unterscheidet die Najadeen in zwei Hauptgruppen:
Holodontes mit völlig ausgebildetem Schloss, der Embryo im Glochidium mit am
Bauchrand gerundeten oder abgestutzten Klappen, die sich schliessen können;
und *Haplodontes* mit unvollständigem Schloss, die Glochidium-Klappen am Bauchrand spitz und jede mit einem grossen Stachel. Die Holodonten zerfallen wieder
in solche mit abgesetzten Brutsäcken in den äusseren Kiemen (Lampsilis, Cypro-
genia, Ptychobranchus, Proptera, alles Winterbrüter) und solche ohne Brutsäcke
und in den äusseren Kiemenpaaren brütend, sämmtlich Sommerbrüter (Tritogonia,
Unio). — Zu den Haplodonten gehören Strophitus und Alasmidonta mit ver-
kümmertem Schloss, erstere die Embryonen in cylindrischen Eiweissmassen aus-
brütend, letztere ohne solche, und Anodonta ohne Schlosszähne.

Rochebrune 1904 Bull. Mus. Paris X zieht Pharaonia, Zairia, Reneia
und Parreysia als Synonyme von Nodularia ein.

Dalliella Simpson nec Cossmann umgetauft in Simpsonella; **Cockerell** 1903
Nautilus XVI p. 118.

Diaurora nom. nov. für Aurora Simps. nec Rag.; **Cockerell** 1903 Nautilus
p. 118.

Miodontiscus nom. nov. für Miodon Carp. nec Sandb. neque Dumeril; **Dall**
1903 Trans. Wagn. Inst. III p. 1409.

Miodontopsis nom. nov. für Miodon Sandb. nec Carpenter neque Dumeril;
Dall 1903 Pr. Soc. Washington XVI p. 5.

Anodonta (Lam.) suilla n. Tongking; **Martens** 1902 Nachrbl. p. 130; —
glaucina Drouët abgeb. bei **Kobelt**, Iconographie 1903 v. 10 no. 1804; — prasina
Drouët desgl. 1805; — adusta Drouët desgl. 1806; — bouvieri n. Locard mss.,
Charente; **Rochebrune** 1904 in Bull Mus. Paris v. 9 p. 391; — chivoti n. Westfrankreich; **Germain** 1904 Bull. Soc. Ouest France XIV p. 87.

Grandidiera (Bourg.) tsadiana (Unio) n. Tsadsee; **Martens** 1903 S. Ber. Ges.
Berlin p. 8.

Harmandia (Roch.) castelnaui n. Cochinchina; **Rochebrune** 1904 Bull.
Mus Paris X p. 140.

Hyriopsis (Conr.) goliath n. Rivière claire, Tonkin; **Rolle** 1904 Nachrbl.
p. 26 t. 1, 2.

Spatha (Lea) innesi n. Oberes Nilgebiet; **Pallary** 1903 Bull. Egypte III p. 97.

Spathella (Bourg.) furtani n. Oberes Nilgebiet; **Pallary** 1903 Bull. Egypte
III p. 96; — bozasi n. Rudolfsee; **Rochebrune & Germain** 1904 Bull. Mus.
Paris X p. 144; — brumpti n. ibid., iid. p 144.

Pseudodon (Gould) resupinatus n. Tongking; **Martens** 1902 Nachrbl. p. 131.

Diplodon (Spix) websteri n. Neuseeland; **Simpson** 1902 Nautilus XVI p. 30;
— menziesi subsp. lucasi n. Lake Manapuri, ibid.; **Suter** 1904 Trans. N Zeal.
Inst. p. 239 Textfig. 2, 3.

Unio (Retz.) messageri n. Langson, Tonking; **Bavay & Dautzenberg** 1901
J. C. p. 7 t. 1 fig 3, 4; — fruhstorferi Dautz. zuerst abgebildet ibid. t. 1 f. 1, 2;
— beauchampi n. Tennessee; **Marsh** 1902 Naut. XVI p. 7, Textfig.; — andrewsii
n ibid., id. Naut. XV p 115, XVI p. 8 Textfig. — (Quadrula) salaputium n.
Tongking; **Martens** 1902 Nachrbl. p. 133; — (Lanceolaria) bilirata n. ibid., id.
p. 133; — (L.) laevis n. ibid., id. p 134; — (Lampsilia) rovirosai Psbry. abgeb.
bei **Pilsbry** 1903 Pr. Phil. t. 54 f. 1; — (Quadrula) liedtkei n. Rivière claire,
Tongking; **Rolle** 1904 Nachrbl. p. 25 t. 3, 4 f. a; — (Nodularia) gracillima n.
ibid., id. p. 26 t. 4 b, c; — declivis Say abgeb. bei **Fuerson** 1903 Nautilus t. 3;
— (Quadrula) nieuwenhousei var. parcesculptus n. Ost-Borneo; **Martens** 1903
S. Ber. Ges. Berlin p. 425; — ater var. irgizlaicus n. Gouv. Kursk, Südrussland;
Lindholm 1903 Ann. St. Petersbourg VIII p 343; — litoralis var. taginus n.
Tajo bei Toledo; **Kobelt** 1903 vol. 10 no. 1795; — requienii var. taginus n. ibid.,
id. no. 1796; — subniger n. Westfrankreich; **Germain** 1904 Bull. Soc. Ouest Fr.
v. 14 p. 31; — yliscerus n. Charente; **Rochebrune** 1904 Bull. Mus Paris IX
p. 390.

Cyrenacea.

Dall 1903 Pr. Biol. Soc. Washington XVI erhebt die Cyreniden zur Superfamily mit den Familien Cyrenidae und Sphaeriidae. Er giebt folgende Systematik der lebenden Arten (cfr. Nachrbl. 1904 p. 74):

    a) Cyrenidae.

Cyrena Lam., Typus C. bengalensis Lam., mit den Sektionen; Poly-
mesoda Raf. für Cyclas carolinensis Bosc (einschliesslich Cyprinella
Gabb, Diodus Gabb & Leptosyphon Fischer); — Pseudocyrena Bourg.,
Typus C. maritima d'Orb. (einschliesslich Anomala Desh nec Hübner,
Egesta Ad., Cyrenocapsa Fischer); — Gelvina Gray für C. coaxans
Gmel.; — Egetaria Moerch für C. pullastra Moerch.

Corbicula Mühlf. für Tellina fluminea Müll., mit den neuen Sektionen Corbiculina und Cyrenodonax, und der Untergattung Cyrenocyclas Fér. für C. limosa.

Vellorita Gray, Typus V. cyprinoides Gray.

Batissa Gray, Typus B. tenebrosa Hinds.

Egeria Roissy (= Galatea Brug.), Typus Venus paradoxa Born, mit der Sektion Profischeria Dall (= Fischeria Bernardi nec Robineau), Typus F. delesserti Bern.

b) Sphaeriidae.

Sphaerium Scopoli, Typus Tellina cornea L., mit den Sektionen Cyrenastrum Bourg. für Sph. solidum Norm. und Sphaeriastrum Bourg. für Sph. rivicola, und den Untergattungen Musculium Link (= Calyculina Cless.) und Eupera Bourg. (= Limosina Clessin.).

Corneocyclas Fer. (= Pisidium C. Pfr.), Typus C. pusilla Gmel. mit den Sektionen Phymesoda Raf. für Tellina virginica Gmel.; — Pisidium C. Pfr. für T. amnicum Müll.; — Cyclocalyx Dall für Pis. Scholtzii Cless.; — Cymatocyclas Dall für Pis. compressum Prime, — und Tropidocyclas n. (= Fossarina Clessin nec Ad.) für Pis. henslowianum.

Cyrenidae.

Corbicula (Mühlf.) messageri n. Tonking; **Bavay & Dautzenberg** 1901 J. C. p. 9 t. 1 f. 5—7; — sadoënsis n. Sado, Japan; **Pilsbry** 1901 Pr. Phil. p. 406; — awajiensis n Awaiji, ibid., id. p. 407; — subtriangularis n. Philippinen?; **Bullen** 1901 p. 223 t. 23 f. 1; — fulgida n. ibid, id. p 224 t. 23 f. 2; — subrostrata n. Java; **Bullen** 1904 Pr. mal. Soc. VI p. 109 t. 6 f. 7—9; — faba n. Richmond River, N. S. Wales; id. p. 110 t. 6 f. 10, 11; — tsadiana n. Tsad-See; **Martens** 1903 S. Ber. Ges. Berlin p 9; — (Cyrenodon n.) formosana n. Formosa; **Dall** 1903 Trans. Wagn. Inst. III p. 1450; — artini n. Oberer Nil; **Pallary** 1903 Bull. Inst. Egypte III p. 93; — doufilei n. Weisser Nil; **Rochebrune & Germain** 1904 Bull. Mus. Paris X p. 144.

Profischeria nom. nov. für Fischeria Bernardi nec Rob. Desv.; **Dall** 1903 Pr. Soc. Wash. XVI p. 6.

Batissa (Gray) schmidti n. Ostborneo; **Martens** 1903 S. Ber. Ges. Berlin p. 426 Textfig.

Corbiculina n. sect. Corbiculae, Typus C. angasi Prime; **Dall** 1903 Trans. Wagn. Inst. III p. 1449 & Pr. Soc. Washington XVI p. 6.

Sphaeriidae.

Sphaerium (Scopoli) inutilis n. Uzen, Japan; **Pilsbry** 1901 Pr. Phil. p. 406; — soorense n. Baikalsee; **Dybowski** 1902 Nachrbl. p. 91, abgeb. Iconogr. no. 1808; — baicalense n. ibid., id. p. 92, Iconogr. no. 1815; — (Cyrenastrum) korotniewi n. ibid., id. p. 92, Iconogr. no. 1811; — (Scaldiana) westerlundi n. ibid., id. p. 93, Iconogr. no. 1812; — jalapense n. Mexiko; **Pilsbry** 1903 Pr. Phil. p. 756 t. 53 f. 1, t. 54 f. 6; — novoleonis n. ibid., id. p. 787 t. 53 f. 5, t. 54 f. 6; — tenellum nom. nov. für Sph. fragile Clessin nec Meek & Heyden; **Dall** 1903 Trans Wagner Inst. III p. 1458.

Calyculina (Clessin) hodgsonii n. Illinois; **Sterki** 1902 Nautilus XVI p. 91 — ferrisii n. Vereinigte Staaten; id. p. 91.

Pisidium (C. Pfr.) baicalense n. Baikalsee; **Dybowski** 1902 Nachrbl. p. 93, abgeb. Iconogr. no. 1815; — maculatum n. mit var elegans n. ibid., id. p. 94, Iconogr. no. 1807; — (Fossarina) trigonoides n. ibid., id. p. 95, Iconogr. n. 1809; — (F.) raddei n. ibid., id. p. 95, Iconogr. no. 1810; — ohioense n. Ohio; **Sterki** 1903 Nautilus XVII p. 20; — ashmuni n. Neu-Mexiko; id. p. 42; — danielseni n. Ohio; id. p. 42; — complanatum n. Washington; id. p. 79; — rowelli n. Kalifornien; id. p. 80; — cuneiforme n. Michigan und Minnesota; id. p. 81; — (Corneocyclas) hodgkini n. Neuseeland; **Suter** 1904 Tr. N. Zeal. Inst. p. 246 Textfig. 9; — supinoides n. Zentralasien; **Clessin** 1903 in Futterer, Centralasien, p. 81; — ovale n. ibid., id. p. 82; — futtereri n. ibid, id. p. 82; — kukunurense n. ibid., id. p. 82; — obliquatum n. ibid., id. p. 82; — lateumbonatum n. ibid., id. p. 82.

Die Sektionen Fluminina Clessin, Cycladina Clessin und Rivulina Clessin überflüssig und von Pisidium s. str. nicht zu trennen; **Dall** 1903 Pr. Soc. Washington.

Crassatellidae.

Crassatellites (Conrad) brasiliensis n. Brasilien; **Dall** 1903 Nautilus XVI p. 102, abgeb. Pr. U. St. Nat. Mus. XXVI p. 950; — securiformis n. Neusüdwales; **Hedley** 1902 Mem. Austral. Mus. IV p. 312 Textfig.; — scabrilirata n. ibid., id. p. 314, Textfig.

Carditidae.

Dall 1902 Pr. Philad. giebt eine Synopsis der Familie, die er mit den Condylocardiidae zusammen in eine Superfamily Carditacea vereinigt. Er unterscheidet zwei Unterfamilien Carditinae und Thecaliinae, und in ersterer die Gattungen: Cardita Brug. mit den Sektionen Cardita s. str., Carditamera Conrad, Glans Megerle und Beguina Bolten, Venericardia Lam. mit den Untergattungen Cardiocardita Anton (= Agaria Gray = Actinobolus Mörch = Azaria Tryon), Cossmanella Mayer Eymar, Cardites Link inclusive Cyclocardia Conrad (= Arcturus Gray = Actinobolus Morse = Scalaricardita Savio), Pteromeris Conrad (= Coripia de Gregorio), Miodon Carp. (nec Sandb.), Neocardia Sow.; — und Calyptogena Dall. — Die Unterfamilie Thecaliinae umschliesst die Gattungen Milneria Dall (= Ceropsis Dall olim, nec Solier), und Thecalia H. & A. Adams.

Cardita (Brug.) sulcosa (Glans) n.?; **Dall** 1902 Pr. Phil. p. 715; — minima n. Port Alfred, Kap; **Smith** 1904 J. Mal. XI p. 41 t. 3 f. 22; — cavatica n. Südaustralien; **Hedley** 1902 Thetis I p. 318 Textfig. 58; — umbonata n. Sierra Leone; **Sowerby** 1904 Pr. mal. Soc. VI p. 177; — pulcherrima n. Südafrika; **Sowerby** 1904 South Africa, p. 7, fig.

Venericardia (Lam.) crassidens (Astarte) Brod. & Sow. abgebildet bei **Dall** 1903 Pr. U. S. Mus. t. 63 f. 9; — gouldii n. San Diego; **Dall** 1902 Pr. Phil. p. 714, abgeb. 1903 Pr. U. St. Mus. t. 63 f. 3; — alaskana n. Alaska; id. 1902 p. 710, 1903 t. 63 f. 7; — incisa n. Unalaska; id. 1902 p. 714, abgeb. 1903 t. 63 f. 4; — (Cyclocardia) armilla n. Golf von Mexiko; **Dall** 1902 Pr. Phil. p. 713; — (C.) moniliata n. Brasilien; id. p. 714; — (C.) stearnsii nom. nov. für ventricosa Gould (ex parte); Pr. U. St. N. Mus. XIII t. 16 f. 5, 6.

Lutricola (Dall) cognata n. Albemarle Island, Galapagos; **Pilsbry & Vanatta** 1902 Hopkins-Stanford Exped. p. 556 t. 35 f. 5.

Condylocardiidae.

Dall 1902 Pr. Philad. stellt hierher die fossile Gattung Erycinella Conrad mit den Untergattungen Carditella E. A. Smith und Carditopsis E. A. Smith — und Condylocardia Bernard.

Carditella (Smith) laticosta n. Port Alfred, Kap; **Smith** 1904 J. Mal. XI p. 41 t. 3 f. 23.

Condylocardia (Bernard) projecta n. Südaustralien; **Hedley** 1902 Thetis I p. 317 Textfig. 57.

Lucinacea.

Dall 1901 P. U. St. Nat. Mus. vertheilt die hierher gehörenden Arten in die Familien Thyasiridae, Diplodontidae, Lucinidae, Corbidae und Cyrenellidae.

Lucinidae.

Lucina (Brug.) dalliana n. Südafrika; **Vanatta** 1901 Pr. Phil. p. 184 t. 5, f. 10, 11; — huttoniana n. ibid, id. p. 185 t. 5 f. 14, 15; — phenax n. Portorico; **Dall & Simpson** 1901 Bull. Fish Comm. I p. 492.

Thyasiridae.

Thyasira (Dall) conia n. Portorico; **Dall & Simpson** 1901 Bull. Fish Comm. I p. 490.

Psammobiidae.

Psammobia (Lam.) bertini nom. nov. für pulchella Reeve nec Lam.; **Hidalgo** 1903 Obras II p. 86 (beide = reevei Maits., id. p. 102).

Donacidae.

Donax (Lam.) kiusiuensis n. Japan; **Pilsbry** 1901 Pr. Phil. p. 207—400 t. 20 f. 19; — bertini ·n. Kap; id. p. 189; — (Serrula) epularis n. Rotes Meer; **Melvill** 1901, Ann. nat. Hist. VII p. 534 t. 9 f. 6.

Chamacea.

Chamidae.

Chama (L.) lactuca Dall zuerst abgeb. bei **Dall** 1902 Pr. U. St. Nat. Mus. XXIV t. 31 f. 8, 10.

Cardiliidae.

Cardilia (Deshayes) reeveana nom. nov. für C. inermis Reeve nec Desh.; **Hidalgo** 1903 Obras II p. 371.

Astartidae.

Dall 1903 Pr. N. Mus. giebt eine Synopsis der Familie. Er erkennt als Gattungen nur Lirodiscus Conrad für die eocäne A. tellinoïdes Conrad und Astarte an, letztere mit zahlreichen Sektionen und der Untergattung Goodallia Turton mit der Sektion Microstagon Cossmann.

Astarte (Sow.) polaris n. Alaska; **Dall** 1902 Pr. U. St. N. Mus. p. 945 t. 63 f. 5; — alaskensis n. ibid., id. p. 946 t. 63 f. 2; — benneti n. Bennet Island; id. p. 946 t. 63 f. 6; — (laurentiana var.?) soror n. Grönland; id. p. 947 t. 62 f. 11;

— subaequilatera var. whiteeavesi n. Gaspa; id. p. 948 t. 62 f. 7, 12; — liogonia n. nahe der Missisippi-Mündung; id. p. 948 t. 62 f. 9; — vernicosa n. (= warhami Leche Vega t. 32 f. 7, 8), Icy Cap; id. p. 949 t 63 f. 1; — (Ricticyma) esquimaulti Baird nach einem ausgebildeten Exemplar abgebildet; id. t. 63 f. 11, 12; — globula Dall zuerst abgebild. bei **Dall** 19ˉ2 Pr. U. St. Nat. Mus. XXIV t. 32 f. 6.

Isocardiidae.

In der Liste der Conchological Society (in J. C. Leeds 1901 p. 12) wird für die europäische Art der Name Is. humana L. ed. X angeführt.

Isocardia (Lam.) cor var. valentiana n. Valencia; **Pallary** 1904 Ann. Mus. Marseille VIII p. 15 t. 1 f. 13.

c) Pseudolamellibranchiata.

Dimyidae.

Dimya (Rouault) corrugata n. Neusüdwales; **Hedley** 1902 Thetis I p. 308, Textfig.

Philobrya (Velain) pectinata n. Neusüdwales **Hedley** 1902 Thetis I p. 299, Textfig., — atlantica Dall abgeb. bei **Dall** 1902 Pr. U. St. Nat. Mus. IV; — sublaevis n. Antarktischer Ozean; **Pelseneer** 1903 Voy. Belgica ·Moll. p. 25; — inornata n. Neusüdwales; **Hedley,** 1904 Pr. Linn. Soc.N. S. Wales v. 29 p. 207, fig.

Philippiella (Hedley) rubra n. Tasmanien; **Hedley** 1904 Pr. L. Soc. N S Wales v. 29 p. 207, fig.

Pectinidae.

Amussium (Klein) thetidis n. Neusüdwales; **Hedley** 1902 Rec. Austr. Mus. IV p. 304, Textfig. 49; — alcocki Smith abgeb. bei **Alcock** 1902 p. 281, Textfig.; — sibogai n. Celebes; **Dautzenberg & Bavay** 1904 J. Conchyl. vol. 52 p. 207.

Cyclopecten (Verrill) favus n. Neusüdwales; **Hedley** 1902 Thetis I p. 305, Textfig.; — obliquus n. ibid., id. p. 306, Textfig.; — nepranensis n. Victoria; **Pritchard & Gatliff** 1904 Pr. R. S. Victoria t. 20 f. 5.

Chlamys (Bolten) hedleyi nom. nov. für Chl. fenestratus Hedley nec Fbs.; **Dautzenberg** 1901 J. Conch. v. 49 p. 348; — gloriosa Reeve var., ? Syrien; **Pallary** 1904 Ann. Marseille VIII p. 11 t. 1 f. 4, 5; — hyalina var. radiata n. Mittelmeer; id. p. 13 t. 1 f. 12; — hirasei n. Japan; **Bavay** 1904 J. Conch. v. 52 p. 197 t. 6 f. 1, 2; var. ecostata f. 7, 8; — ambiguus n. Ostasien; id. p. 199 t. 6 f. 15, 16; — wilhelminae n. Neucaledonien; — id. p. 200 t. 6 f. 14, mit var. maculata t. 6 f. 3, 4; — cythereus n. Tahiti; id. p. 102 t. 6 f. 11, 12; — farreri n. Shantung; **Jones & Preston** 1904 Pr. mal. Soc. VI p. 149, Textfig.; — hirasei n. Japan; **Bavay** 1904 J. de Conch. p. 197; — ambiguus n. ibid., id. p. 198; — wilhelminae n. Neu-Caledonien, id. p. 200; — weberi n. West-Afrika; id. p. 202; — jousseaumi n. Japan; id. p. 203; — cythereus n. Stiller Ozean; id. p. 204; — gilchristi n. Südafrika; **Sowerby** 1904 South Africa p. 1, fig.; — fultoni n. ibid., id. p. 2; — humilis n. ibid., id. p. 2.

Janira (Schum.) gardineri n. Malediven; **Smith** 1903 Lakhediven p. 622.

Pecten (L.) opercularis (Aequipecten) var. septenvillei n. Croisic; **Dautzenberg** 1901 J. C. p. 340; — mayaguezensis n. Portorico; **Dall & Simpson** 1901

Bull. Fish Comm. I p. 405 t. 55 f. 7—9; — colbecki n. Antarktischer Ozean;
Smith 1902 Voy. Southern Cross VII p. 212 t. 25 f. 11; — hedleyi nom. nov.
für Chlamys fenestrata Hedley nec Pecten fenestratus Fbs.; **Dautzenberg** 1901
J. C. p. 348; — (Cyclopecten) favus n. Südaustralien; **Hedley** 1902 Thetis I
p. 305 Textfig. 50; — (C.) obliquus n. ibid., id. p. 306 Textfig. 51; — randolphi
Dall zuerst abgeb. bei **Dall** 1902 U. St. Nat. Mus. XXIV t. 40 f. 2; — (Prope-
amusium) davidsoni desgl. t. 40 f. 5, 6.

Limidae.

Lima (Brug.) hians var. hirasei n. Japan; **Pilsbry** 1901 Pr. Phil. p. 209,
402 t. 19 f. 10; — galapagensis n. Galapagos; **Pilsbry & Vanatta** 1902 Hopkins-
Stanford Exped. p. 556 t. 35 f. 4; — patagonica n. Patagonien; **Dall** 1902
Nautilus XVI p. 16; — agassizi n. Panama; id. p. 16; — indica Smith abgeb.
bei **Alcock** 1902 p. 281, Textfig.; — albicoma Dall abgeb. bei **Dall** 1902 Pr. U.
St. N. Mus. XXIV p. 507 fig.; — gwyni nom. nov. für L elliptica Jeffreys
nec Whiteaves; **Sykes** 1903 J. Malac. X p. 104; — perfecta n. Port Alfred,
Kapland; **Smith** 1904 J. Malac. XI p. 43 t. 3 f. 28

Pinnidae.

Pinna (L.) cochlearis n. Djibuti; H. **Fischer** 1901 J. C. p. 126 t. 4 f. 13.
Ridewood 1903 Phil. Trans. Roy. Soc. v. 195 trennt die Gattung von den
Aviculidae und errichtet für sie eine eigene Familie Pinnidae.

Ostreidae.

Jhering 1902 Bull. Buenos-Aires VII p. 109 giebt die Entwicklungs-
geschichte der argentinischen Austern seit dem Miocän. Heute findet sich nur
noch die (p. 114 f. 8, 9) abgebildete O. puelchana d'Orb.; die miocäne O. arborea ist
nach Brasilien zurückgewichen; — circumpicta n. Japan; **Pilsbry** 1904 Pr.
Phil. p. 559 t. 40 f. 12, 13.

Spondylidae.

Spondylus (L.) occidens n. Philippinen; **Sowerby** 1903 J. Mal. X p. 77
t. 5 f. 9; — reesianus n. Molukken; id. p. 77 t. 5 f. 6.

Filibranchiata.

Arcidae.

Arca (L.) nipponensis n. Japan; **Pilsbry** 1901 Pr. Phil. p. 209, 402 f. 19
f. 2; — bicarinata n. Cebu; **Sowerby** 1901 Pr. mal. Soc. IV p. 211 t. 22 f. 14;
— (Cucullaea) sagrinata Dall zuerst abgeb. bei **Dall** 1902 Pr. U. St. Nat. Mus.
XXIV t. 31 f. 2; — (Fossularca) adamsi var. conradiana Dall desgl. t. 31 f. 1;
— kobeltiana nom. nov. für A. occellata Kobelt nec Reeve; **Pilsbry** 1904 Pr.
Phil. p. 559 t. 40 f. 16—19; — pharaonis Fischer = ehrenbergi Dkr.; **Lamy**
1903 J. Conch. vol. 51 p. 323.

Adacnarca n. gen. für Ad. nitens n. Antarktischer Ozean; **Pelseneer**
1903 Voy. Belgica, Moll p. 24.

Anomalocardia (Klein) malonei n. Südafrika; **Vanatta** 1901 Pr. Phil. p. 185
t. 5 f. 4, 5.

Bathyarca (Verrill) perversidens n. Südaustralien; **Hedley** 1902 Triton I p. 298 Textfig. 45; — sinuata n. Antarktischer Ozean; **Pelseneer** 1902 Voy. Belgica Moll. p. 23.

Lissarca (Verrill) aucklandica n. Neuseeland; **Smith** 1902 Voy. South. Cross VII p. 212 t. 24 f. 14, 15.

Pectunculus (Lam.) mundus n. Japan; **Sowerby** 1903 Ann. N. Hist. XII p. 501. — Der Gattungsname nach **Jukes - Browne**, J. of Conch. XI in Glycimeris zu ändern.

Mytilidae.

Crenella (Brown) megas n. Panama; **Dall** 1902. Pr. U. St. Nat. Mus. XXIV p. 559; — pectinula Gould zuerst abgeb. ibid, t. 31 f. 11; — striatissima n. Südafrika: **Sowerby** 1904 Southafrica p. 3, fig.

Hochstetteria (Velain) velaini n. Port Alfred, Kapland; **Smith** 1904 J. Malac. XI p. 42 t. 3 f. 24; — limoides n. ibid., id. p. 42 t. 3 f. 26.

Dacrydium (Torrell) albidum n. Antarktischer Ocean; **Pelseneer** 1903 Voy. Belgica, Moll p. 26; — fabale n. Neusüdwales; **Hedley** 1904 Pr. L. Soc. N. S. Wales v. 29 p. 199, Textfig.

Limopsis (Sassi) panamensis n. Panama; **Dall** 1902 Pr. U. St. Nat. Mus. XXIV p. 559 fig.; — laeviuscula n. Antarktischer Ozean; **Pelseneer** 1903 Voy. Belgica, Moll. p. 24; — longipilosa n. ibid., id. p. 25; — pumilio n. Port Alfred, Kapland; **Smith** 1904 J. Malac. XI p. 43 t. 3 f. 27, 28.

Modiola (Lam.) evansi n. Malacca; **Smith** 1903 J. C. Leeds X 368, Textfig. — victoriae n. Victoria; **Putchard & Gatleff** 1903 Pr. Soc. Victoria p. 93 f. 1, 2; — tenerrima n. Port Alfred, Kapland; **Smith** 1904 J. Malac. XI p. 42 t. 3 f. 26; — samboensis n. Borneo; **Dautzenberg** 1904 Ann. Soc. Belgique v. 58 p. 7. Der Name Modiola in Volsella Scopoli prior zu ändern; cfr. **List Brit. Moll.** J. Conch. Leeds v. X p. 181.

Modiolaria (Beck) splendida zuerst abgeb. bei **Hedley** 1902 Pr. Linn. Soc. N. S. Wales XXVI p. 706.

Mytilus (L.) orbicularis n. Mittelmeer; **Pallary** 1904 Ann. Mus. Marseille VIII p. 14 t. 1 f. 14.

e) Protobranchiata.
Ledidae.

Leda (Schum.) hamata Carpenter zuerst abgeb. bei **Dall** 1902 Pr. U. St. Nat. Mus. XXIV t. 40 f. 9; — miliacea n. Neusüdwales; **Hedley** 1902 Thetis 1 p. 295 Textfig.; — ecaudata n. Antarktischer Ozean; **Pelseneer** 1903 Voy. Belgica Moll. p. 22; — oblonga n. ibid., id. p. 23.

Cyrilla (A. Ad.) dalli n. Neusüdwales; **Hedley** 1902 Thetis I p. 296, Textfig.

Nucula (Lam.) superba nom. nov. für obliqua Hanley & Smith nec Lam.; **Hedley** 1902 Thetis I Textfig.; — fultoni Smith abgeb. bei **Alcock** 1902 p. 292, Textfig.; — irregularis n. Südafrika; **Sowerby** 1904 South Afrika p. 7, fig.; — sculpturata n. ibid., id. p. 7.

Nuculana (Link) lamellata n. Südafrika; **Sowerby** 1904 South Africa p. 5, fig.; — gemmulata n. ibid., id. p. 6, fig.; — compta n. ibid., id. p. 6, fig.

Yoldia (Moeller) keppelliana n. unsicheren Fundortes; Sowerby 1904 Pr.
mal. Soc. VI p. 176, Textfig.; — angulata Sow. abgeb. bei Alcock 1902 p. 282,
Textfig.

Pronucula u. gen. für Pr. decorosa n. Neusüdwales; Hedley 1902 Thetis I
p. 290 Textfig.

IV. Biologie, Verwendung etc.

Biologie.

Interessante Beobachtungen über die Lebensweise von Nautilus
macht **Willey** (1899 Pr. Zool. Soc. p. 7).

Anpassung.

Nordenskiöld 1903 Żool. Anz. XXVI p. 590 hat in Gewässern
des Gran Chaco an der Grenze von Bolivia und Argentinien eine
merkwürdige Anpassung eines Ancylus beobachtet, welcher beim
Austrocknen der Lachen seine Mündung mit einem Deckel schliesst
und sein Gehäuse in der nächsten Regenperiode weiter baut. —
Dall 1903 Naut. XVII p. 97 vertritt daraufhin die Ansicht, dass
Gundlachia nur eine derartige zweijährige überbildete Form von
Ancylus sei.

Geographische Räthsel.

In den Listen der Ausbeute des Challenger werden von einem
Fundort auf der Höhe von Sydney eine ganze Anzahl europäischer
Arten aufgeführt, die im pacifischen Ozean völlig fehlen. Nach
Hedley 1901 handelt es sich dabei wahrscheinlich um einen Schreib-
fehler bei der Etikettirung.

Verschleppungen.

Green J. C. Leeds X p. 185 hat Helix pisana, guamartemes,
carthusiana und pyramidata bei Belfast in Irland eingeschleppt gefunden, Physa acuta im Dubliner botanischen Garten. — **Swanton**
1902 ibid. p. 195 berichtet, dass Hel. pisana am Kap sehr schädlich
wird und Vertilgungsmassregeln erfordert.

Limax maximus L. nach Hawaii verschleppt; **Collinge** 1902
J. Mal. IX p. 138.

Keep 1901 Nautilus XIV p. 114 zählt die in Kalifornien
vorkommenden exotischen Arten auf.

Die Einwanderung von Petricola pholadiformis an den Küsten
von Essex und Kent berichtet **Cole** 1902 Essex Natur. XI; die nach
Belgien **Dupuis** & **Putzeys** Ann. S. Mal. Belg. XXXVII Bull. p. IV.
& **Loppens** ibid. p. XLI.

Fälle von Verschleppung von Mollusken durch Wasservögel
berichtet **Finn** 1902 Nature v. 65 p. 534.

Einen sehr interessanten Beitrag zur Verschleppung und passiven **Wanderung** der Mollusken liefert **Caziot** 1902 Faune Corse p. 26—30. Er hat am Strande des Hafens von Bastia in Korsika nicht nur, sondern auch vor demselben im offenen Meer zahlreiche auf Korsika fehlende, meist aus Ligurien und Mittelitalien stammende Mollusken gefunden und nach und nach über vierzig Arten ge- sammelt, die meistens bei Scirocco antreiben; manche von ihnen überstehen bei günstigem Winde die Reise ohne Schaden.

Austernzucht etc.

Grave 1901 J. Hopkins Circ. vol. 20 p. 50 giebt einen Bericht über die Austerbetten an der Küste von Nord Carolina; — **Henking** 1901 Abh. D. Seefisch. Verein VI p. 173 über die Austernfischerei in Norwegen; — **Kellogg** 1901 Bull. U. S. Fish Comm. XIX be- schäftigt sich mit der Clam (Mya arenaria), ihrer Zucht und wirth- schaftlichen Bedeutung; — **Meek** 1900 Rep. North Sea Fish. Comm. mit der Meeresmuschel-Kultur in Northumberland. — **Kellogg** 1902 Bull. N. Y. Mus. VIII berichtet über den Stand der Clams und Scallops (Pecten) verarbeitenden Industrieen im Staate New York. — Ein populäres Werk über die Austernzucht hat **Pottier** 1902 Paris veröffentlicht. — **Holt** 1903 Rep. Fish Ireland 1901 II giebt einen Bericht über die Austernbänke der Grafschaften **W**icklow und **W**exford in Irland.

Perlmuscheln und Perlen.

Ueber die Perlenfischerei bei Ceylon berichtet **Collett** im Ceylon Observer 1900. — **Jameson** 1901 Pr. Z. S. p. 372 erörtert die Synonymie der verschiedenen Perlmuscheln. — Mit der Perlmuschel beschäftigt sich **Seurat** 1901 Rev. Sci. nat. appl. und Enc. Sci. Aide- Memoire. — Ueber die Entstehung der Perlen **Jameson** 1902 Pr. z. S. I. p. 140—166. Er unterscheidet ächte Perlen, Blisters (angewachsene Perlmutterbildungen, welche sich über Fremd- körper bilden, die zwischen Schale und **W**and liegen), und Concretions, unregelmässige Bildungen innerhalb der Gewebe. — **Dubois** 1903 C. R. Ac. Sci. vol. 136 p. 611, und **Perrier** ibid. p. 681 machen Vorschläge wegen der Ansiedelung und künst- lichen Zucht der in dem Golf von Gabès bereits eingewan- derten Perlmuschel des Roten Meeres. — **Dubois** ibid. p. 178 bespricht die Perlenbildung bei Mytilus galloprovincialis. — Die von Seurat vertretene Entstehung der Perlen durch Parasiten be- stätigt **Giard** 1903 C. R. Soc. Biol. LV p. 1222. — Auch **Herdmann** 1903 Nature p. 126 hat den Parasiten in Ceylon gefunden. Der- selbe 1903 giebt einen offiziellen Bericht über die Perlenfischerei im Golf von Mnaar und einen Auszug in Nature vol. 68 p. 620. — Auch **Imthurm** 1903 Spolia Zeylan. I p. 56 giebt eine Skizze des Standes der Perlenfischerei in Ceylon.

Die Flusssperlmuschel in **West**-Frankreich behandelt eingehend **Letacq** 1901 im Naturaliste 1901. — Ueber die nordschleswigsche Perlenmuschel Unio pseudolitoralis Cless. berichtet ein Anonymus im Prometheus 1903 XIV p. 63. — Ueber das Sammeln der Muscheln im Mississippi für die immer wichtiger werdende Perlmutter-Industrie macht **Baker** 1903 Nautilus XVI p. 106 interessante Angaben. — Eine riesige Perle von 24 mm Durchmesser und 185 g Gewicht wurde nach einer Notiz im Nautilus bei Genoa in Wisconsin gefunden und für 2675 Dollars verkauft.

Unsere Kenntniss der Perlmutterbildung hat einen erheblichen Fortschritt gemacht durch die Forschungen von **Jameson** (1902 Pr. zool. Soc. 1901 u. 1902). Er bestätigt die Entdeckung von Philippi, dass es sich bei der Perlenbildung um Unschädlichmachung eines Parasiten (Distoma duplicatum) handelt, und hat diese Trematode bei Margaritana margaritifera L., M. maxima Jam., Pinna nigrina Lam., Hippopus hippopus L. und Tridacna gigas Lam. nachgewiesen, bei Mytilus edulis ist es die Larve von Leucithodendrium somateriae Levinsen, das in erwachsenem Zustand im Darm der Eiderente, auch bei Oedemia nigra lebt. Es gilt dies übrigens nur für die ächten freiliegenden Perlen, nicht auch für die mehr oder minder angewachsenen und die zwischen Schale und Mantel liegenden, durch welche Fremdkörper unschädlich gemacht werden. — **Dubois** (1901 u. 1903) hält den Trematoden bei Mytilus für eine eigene Art (D. margaritarum) und nimmt an, dass mit dem Tode des eingekapselten Schmarotzers meistens der Reiz zur Ablagerung von Perlenmasse aufhört und die Perle zerfällt, was die Seltenheit grosser Perlen erklärt.